# ESERCITAZIONI
# E SIMULAZIONI ON LINE
# CON QUESTO LIBRO

## Testonline

Per accedere alla piattaforma di esercitazione
vai su **www.alphatest.it/testonline**
e segui le istruzioni riportate sul sito.

Per attivare gratuitamente le tue simulazioni
utilizza il **codice libro 24373**

**Codice libro 24373**

TESTUNIVERSITARI

# Alpha Test
# Psicologia
# Test PSI - Tolc SU
# Prove di verifica

edizioni
Alpha Test

Via Mercalli, 14 – 20122 Milano (Italy)
Tel. 02 58 45 981 – fax 02 58 45 98 96
servizi@alphatest.it
www.alphatest.it



**ISBN: 978-88-483-2437-3**

**Ottava edizione: dicembre 2021**
Prima edizione: aprile 2005

Stampato da Legodigit, Lavis (TN)
per conto di Alpha Test S.r.l.
nel dicembre 2021

# Indice

# Prefazione

Per molti giovani di tutto il mondo l'iscrizione all'università è da diversi anni subordinata al superamento di una selezione preliminare, che ha lo scopo di valutare le potenzialità dei singoli studenti di frequentare con profitto il corso di laurea prescelto.

Attualmente, in Italia, molti corsi di alcune importanti università private, alcuni corsi di laurea magistrale a ciclo unico a livello nazionale (Medicina e Chirurgia, Odontoiatria e Protesi dentaria, Medicina Veterinaria, Scienze della Formazione primaria e Architettura) e molti corsi di laurea triennali sono caratterizzati dalla presenza del **numero programmato**: il numero di matricole di questi corsi non può superare il numero di posti programmati annualmente in ogni ateneo.

In generale, la selezione dei candidati che desiderano accedere a un corso universitario a numero programmato viene effettuata sulla base di una prova a test, composta da domande a risposta multipla che valuta il possesso di determinate attitudini e conoscenze. Il risultato di tale prova – predisposta in alcuni casi a cura del ministero dell'Università e della Ricerca (come, per esempio, le prove di accesso ai corsi di Medicina/Odontoiatria e Veterinaria) e in altri casi dalle singole università – determina un **punteggio** in base al quale viene stabilita la **graduatoria dei candidati**. In alcuni casi, alla formazione della graduatoria finale contribuiscono anche i risultati conseguiti dai singoli candidati negli ultimi anni della scuola superiore; il risultato del test è comunque in generale il fattore di gran lunga più importante ai fini dell'ammissione.

Oltre alle prove selettive, sono ormai in uso in molte sedi universitarie – per i corsi ad accesso libero – le **prove valutative**, il cui scopo è misurare se il candidato abbia le conoscenze e attitudini necessarie a le lacune rilevate. Perciò, anche chi sceglie di frequentare un corso universitario ad accesso libero deve spesso affrontare una prova a test.

La presenza dei test di pre-immatricolazione, selettivi o "orientativi", impone quindi agli studenti seriamente motivati di prepararsi in modo mirato al test che vogliono sostenere.

Alpha Test è la prima e la più importante organizzazione in Italia che da oltre 30 anni offre agli studenti tutti gli strumenti necessari per affrontare con successo i test selettivi. Opera a livello nazionale con sedi nelle principali città universitarie e si avvale della collaborazione di decine di esperti. Per le diverse prove di ammissione, Alpha Test organizza in tutta Italia dei corsi specifici di preparazione (alphatest.it/Corsi), pubblica la collana *TestUniversitari* composta da oltre settanta tra manuali ed eserciziari, specifici per ogni area di studi (alphatest.it/Libri-Alpha-Test) e ha sviluppato Alpha Test Academy, il nuovo programma on line di assistenza personalizzata allo studio, che guida e aiuta lo studente nella preparazione al test.

In particolare questo libro è rivolto alla preparazione ai test di ammissione ai corsi universitari dell'area di **Psicologia** (L-24) tra cui i corsi di laurea *Scienze e tecniche psicologiche, Scienze del comportamento e delle relazioni sociali, Scienze e tecniche di psicologia clinica e della salute, Scienze e tecniche di psicologia sociale e delle organizzazioni, Scienze e tecniche di psicologia dello sviluppo e dell'educazione, Scienze e tecniche di psicologia sperimentale, Comunicazione e psicologia, Scienze psicologiche cognitive e psicobiologiche, Scienze psicologiche sociali e del lavoro, Scienze psicologiche della personalità e delle relazioni interpersonali, Scienze e tecniche psicologiche dei processi mentali, Scienze e tecniche di psicologia cognitiva,* e delle aree di **Educazione** (L-19) e **Sociologia** (L-40) tra cui corsi di laurea *Scienze dell'educazione e della formazione, Educatore sociale e culturale, Comunicazione interculturale, Scienze del turismo e comunità locale, Scienze pedagogiche e dei servizi educativi, Servizio sociale* (L-39), *Scienze dell'educazione e dei processi formativi.*

Questo libro dà diritto a svolgere gratuitamente numerose simulazioni del test ufficiale sul sito **alphatest.it/testonline**.

### Testonline.it

Per accedere alla piattaforma di esercitazione è sufficiente andare su **alphatest.it/testonline** e seguire le istruzioni riportate sul sito. Per attivare gratuitamente le simulazioni è necessario utilizzare il codice libro che si trova nella seconda pagina di questo volume.

### Il parere dei lettori è importante

Per continuare a migliorare la qualità delle proprie pubblicazioni, Alpha Test considera estremamente prezioso il parere dei propri lettori ai quali chiede la cortesia di esprimere un giudizio su questo libro nell'apposita sezione "Valuta un libro" del sito alphatest.it. Per ogni valutazione ricevuta Alpha Test devolverà 2 euro alla **Fondazione Francesca Rava–NPH Italia Onlus** che aiuta i bambini orfani, abbandonati, ammalati in Italia e nei paesi più poveri del mondo (www.nphitalia.org).

Per informazioni aggiornate sui libri di Alpha Test i lettori possono visitare il sito internet alphatest.it o richiedere il catalogo gratuito a:


Alpha Test S.r.l.
via Mercalli, 14 – 20122 Milano
tel. 02 58 45 981 – fax 02 58 45 98 96
servizi@alphatest.it



### Ringraziamenti

Alpha Test ringrazia i numerosi lettori, i partecipanti ai corsi e i collaboratori che, con i loro interventi, suggerimenti e in particolare con i giudizi ogni anno forniti al termine dei corsi, hanno contribuito a migliorare nel tempo la qualità dei volumi e dei servizi offerti.

# Caratteristiche di questo libro e natura del test

**Caratteristiche del libro**

Le dieci prove da cui è formato questo eserciziario sono state costruite come segue:

- le **prime 5 prove** sono strutturate sul modello della prova CISIA **TOLC-SU** (Test On Line Cisia Scienze Umane): 50 quesiti, da svolgersi in 100 minuti (per la sua composizione, vedi sopra a p. XI);
- le **restanti 5 prove** sono strutturate sul modello della prova CISIA **Test PSI** (Test Psicologia): 60 quesiti da svolgersi in 110 minuti (per la sua composizione, vedi sopra a p. XI);

Sono infine riportate **2 prove di inglese**, proposte in appendice: fanno da esercitazione per i lettori che dovranno affrontare la corrispondente sezione del test CISIA; si tratta di 30 quesiti a prova, da svolgere in 15 minuti.

Tutte le prove sono comunque formulate secondo alcuni criteri fondamentali:

- le tipologie di esercizi corrispondono a quelle più diffuse nei rispettivi test;
- il grado di difficoltà medio è paragonabile a quello dei quesiti che compongono le prove ufficiali adottate dalle università
- il tempo a disposizione per risolvere le prove è a quello indicato nei rispettivi test.

Per i lettori che si preparano ad affrontare un **test di ateneo** per accedere a un corso di laurea delle aree di Psicologia, di Educazione o di Sociologia, non è stato possibile confezionare una prova simulata apposita, essendo molto variabile la composizione di ogni test sia quanto alla scelta delle discipline sia al numero di quesiti per ciascuna di esse. Lo svolgimento delle simulazioni di questo volume risulta comunque utile, soprattutto tenendo conto che la stragrande maggioranza dei test ufficiali comprende quesiti di logica e di comprensione del testo.

Si consiglia tuttavia a chi dovrà affrontare un test di ateneo di verificare sul bando di interesse la struttura del questionario che dovrà svolgere. Sulla base delle indicazioni del bando (sapendo per esempio se e quali discipline del gruppo umanistico o del gruppo scientifico sono previste e con quale numero di domande) il lettore potrà selezionare in ognuna delle 10 prove del volume i quesiti su cui esercitarsi.

Per la soluzione di tali questionari "autocomposti", il tempo complessivo da utilizzare per simulare i tempi dell'esame è in media di 90 secondi per ciascuna domanda.

Ognuna delle dieci prove del volume è corredata da **due schede per le risposte**: una *scheda vergine* (riportata all'inizio di ciascuna prova) sulla quale il lettore deve indicare l'alternativa che ritiene esatta per ogni quesito e una *scheda delle risposte esatte* (riportata invece al termine di ciascuna prova) su cui è segnalata la soluzione per tutti i quesiti.

Per indicare l'alternativa ritenuta esatta il lettore deve annerire lo spazio corrispondente. È infatti questo il metodo utilizzato sulle schede dei test che ancora utilizzano questionari cartacei.

Una volta completata la prova (**e solo allora**) il lettore può confrontare le risposte indicate sulla scheda vergine con quelle presenti sulla scheda delle risposte esatte.

Per l'**attribuzione del punteggio**, va utilizzato il seguente criterio:

- +1 punto per ogni risposta esatta;
- −0,25 punto per ogni risposta errata;
- 0 punti per ogni quesito lasciato irrisolto.

Questi sono infatti i valori attribuiti nei test **CISIA** ma anche nella maggior parte dei **test di ateneo** a cui questo libro è dedicato.

Si osserva, per concludere, che il punteggio conseguito nelle prove simulate raccolte in questo volume non consente di stabilire se con un risultato analogo il lettore sarà ammesso al corso prescelto (in caso di numero programmato). Infatti, le possibilità di ammissione dipendono non solo dalla performance personale, ma anche dal rapporto tra numero di candidati e posti disponibili (variabile da università a università) e dal punteggio realizzato dagli altri candidati.

In caso, invece, che la prova di accesso abbia funzione valutativa, con attribuzione di obblighi formativi aggiuntivi (OFA), il punteggio che il lettore ottiene in queste prove simulate può essere indicativo. Ogni università infatti indica nel proprio bando le soglie di punteggio al di sotto delle quali lo studente dovrà colmare le lacune riscontrate superando un altro test o un esame.

### Natura del test

Le prove che dovranno affrontare i lettori di questo volume sono, sia per quanto riguarda le caratteristiche pratiche (data e ora di svolgimento della prova, durata ecc.) sia per i contenuti dei test, gestite in autonomia dalle singole sedi universitarie. Infatti – diversamente dalle prove a test organizzate dallo stesso MUR (ministero dell'Università e della Ricerca), quali per esempio le prove per l'accesso ai corsi di Medicina o di Scienze della Formazione primaria, che si svolgono nello stesso giorno, con test uguale in tutte le sedi universitarie e per tutti i candidati – nel caso dell'accesso ai corsi di laurea delle aree Psicologia, Educazione e Sociologia, ciascuna università **o formula un proprio questionario o si serve dei test predisposti dal CISIA**. Ciò comporta che la struttura e la data di svolgimento del test, le materie oggetto della prova e la durata della stessa, l'attribuzione di valore a ogni quesito e i criteri con cui viene elaborata la graduatoria di merito possono variare tra una sede universitaria e l'altra.

In particolare, per i corsi delle aree **Psicologia**, **Educazione** e **Sociologia** numerosi atenei utilizzano le prove di ammissione elaborate dal CISIA: o il **TOLC-SU** (Test On Line CISIA Scienze Umane) o il **Test PSI.**

Ogni studente può svolgere queste prove CISIA in una delle numerose date prefissate durante l'anno, a partire da febbraio/marzo sino a novembre. A seconda del modo di erogazione accettato dalle singole università, il TOLC-SU e il Test PSI si possono sostenere (se previsto) presso le aule dell'ateneo (cosiddetto TOLC all'università) oppure dalla propria abitazione nella modalità TOLC@CASA o TEST PSI @CASA.

**Date e sedi** sono pubblicate sul sito www.cisiaonline.it, alle pagine relative alle due prove.

Ogni prova CISIA somministrata è **diversa** tra un candidato e l'altro ma composta da quesiti equipollenti, estratti dallo stesso database CISIA. Tutti i test di un medesimo tipo hanno perciò pari livello di difficoltà.

Il **TOLC-SU** prevede 3 sezioni, a cui si aggiunge (se l'ateneo lo richiede) una sezione di lingua inglese:

| | | |
|---|---|---|
| • comprensione del testo e conoscenza della lingua italiana | 30 quesiti | 60 minuti |
| • conoscenze e competenze acquisite negli studi / cultura generale | 10 quesiti | 20 minuti |
| • ragionamento logico | 10 quesiti | 20 minuti |
| **Totale** | **50 quesiti** | **100 minuti** |
| • Inglese | 30 quesiti | 15 minuti |
| **Totale con inglese** | **80 quesiti** | **115 minuti** |

Il **Test PSI** prevede 5 sezioni, a cui si aggiunge (se l'ateneo lo richiede) una sezione finale di lingua inglese:

| | | |
|---|---|---|
| • comprensione del testo (3 brani con 5 quesiti associati al brano | 15 quesiti | 30 minuti |
| • matematica di base | 10 quesiti | 20 minuti |
| • biologia | 10 quesiti | 15 minuti |
| • ragionamento verbale | 10 quesiti | 20 minuti |
| • ragionamento numerico | 15 quesiti | 25 minuti |
| **Totale** | **60 quesiti** | **110 minuti** |
| • Inglese | 30 quesiti | 15 minuti |
| **Totale con inglese** | **90 quesiti** | **125 minuti** |

Dall'analisi delle prove CISIA nonché dei bandi e dei **test di ateneo** somministrati negli ultimi anni, si può affermare che in tutte le sedi universitarie, per la composizione delle prove selettive, si sono utilizzati quesiti che riguardano **almeno una o più delle seguenti aree**:

- ragionamento logico, nelle sue varie declinazioni;
- comprensione di testi;

- conoscenze e competenze acquisite negli studi/cultura generale;
- conoscenze scientifiche di base;
- cultura pedagogico-didattica;
- lingua inglese.

Ciascuno di questi ambiti può prevedere varie tipologie di quesiti, diversamente denominati nei bandi ufficiali. Per esempio, nell'area del **ragionamento logico** sono presenti quesiti di ragionamento verbale (proporzioni tra parole, parole da scartare, sinonimi e contrari), ragionamento numerico (serie di numeri e lettere), logica deduttiva (sillogismi, deduzioni, condizioni sufficienti e necessarie) e logica matematica (matrici di numeri, problemi con frazioni e percentuali, calcolo della probabilità, problemi con distanza, velocità e tempo, problemi di lavoro); nell'area **conoscenze e competenze acquisite negli studi/cultura generale** sono presenti quesiti di letteratura, storia, filosofia, geografia, storia dell'arte, cittadinanza e talvolta psicologia e pedagogia; nelle **scienze** sono comprese matematica e biologia, ma talvolta anche chimica, fisica, scienze della Terra.

Per sapere con precisione le discipline e gli argomenti in programma per il test di interesse, si raccomanda al lettore di verificare il **bando del proprio ateneo** per l'anno accademico per il quale si svolgerà l'esame.

Nella tabella seguente si riporta, a titolo esemplificativo, la tipologia di prova utilizzata in alcune delle principali sedi universitarie che negli ultimi anni hanno previsto il test di accesso a Psicologia.

| Sede | Prova | Punteggio |
|---|---|---|
| Bari | 120 minuti per 75 quesiti di: **comprensione della lettura** (20 quesiti); area **logico-matematica** (20 quesiti); **biologia** (10 quesiti); **lingua inglese** (15 quesiti); **storia contemporanea**(10 quesiti). | risposte corrette: + 1; errate: – 0,25; omesse: 0 punti. |
| Bergamo | **TOLC-SU** | risposte corrette: + 1; errate: – 0,25; omesse: 0 punti. |
| Bologna | **TOLC-SU** | risposte corrette: + 1; errate: – 0,25; omesse: 0 punti. |
| Cagliari | **TOLC-SU** | risposte corrette: + 1; errate: – 0,25; omesse: 0 punti. |
| Firenze | 75 minuti per 80 quesiti di: **lingua italiana**: una buona padronanza sotto il profilo della correttezza, della comprensione e della espressione; **scienze naturali**: conoscenze di base di biologia, chimica e fisica; **matematica**: conoscenza di base e padronanza del ragionamento logico-astratto; **lingua inglese**: conoscenze di base che consentano la comprensione di un testo di tipo scolastico o di divulgazione scientifica; **cultura generale**: padronanza dei riferimenti all'attualità storico-politica, elementi di pensiero filosofico, elementi di pensiero economico. | risposte corrette: + 1; errate: – 0,25; omesse: 0 punti. |

| Sede | Prova | Punteggio |
|---|---|---|
| Genova | **Test PSI** | risposte corrette: + 1;<br>errate: – 0,25;<br>omesse: 0 punti. |
| L'Aquila | **Test PSI** | risposte corrette: + 1;<br>errate: – 0,25;<br>omesse: 0 punti. |
| Milano Bicocca | **Test PSI** | risposte corrette: + 1;<br>errate: – 0,25;<br>omesse: 0 punti. |
| Milano/Brescia Cattolica | 40 minuti<br>**analogie, classificazioni, completamento di serie, metafore e lessico** (60 quesiti); **comprensione del testo** (2 brani con 5/6 domande ciascuno)<br>La graduatoria viene stilata valutando per il 50% il voto di diploma di maturità e per il restante 50% il punteggio della prova. | risposte corrette: + 1;<br>errate: – 0,25;<br>omesse: 0 punti. |
| Milano San Raffaele | 60 minuti per 50 quesiti di:<br>**cultura generale** (20 quesiti), con particolare riferimento alla verifica delle conoscenze di biologia; **capacità logiche, statistiche e matematiche** (15 quesiti); **competenze linguistiche** (15 quesiti). | risposte corrette: + 1;<br>errate: – 0,25;<br>omesse: 0 punti. |
| Modena e Reggio Emilia | **TOLC-SU** | risposte corrette: + 1;<br>errate: – 0,25;<br>omesse: 0 punti. |
| Napoli II Università | 75 minuti per 100 quesiti di:<br>**scienze umane e sociali** (20 quesiti); **lingua italiana** (20 quesiti); **logica e matematica** (20 quesiti); **fisica, chimica e biologia** (20 quesiti); **lingua inglese** (20 quesiti). | risposte corrette: + 1;<br>errate: – 0,25;<br>omesse: 0 punti. |
| Napoli Benincasa | 40 minuti per 40 quesiti di:<br>**lingua italiana/ragionamento logico verbale** (10 quesiti); **ragionamento logico-matematico** (10 quesiti); **lingua inglese** (5 quesiti); **biologia** (15 quesiti) | risposte corrette: + 1;<br>errate: – 0;<br>omesse: 0 punti. |
| Padova | **Test PSI** | risposte corrette: + 1;<br>errate: – 0,25;<br>omesse: 0 punti. |
| Palermo | 60 minuti per 60 quesiti di:<br>**logica e comprensione del testo** (15 quesiti); **storia e cultura** (15 quesiti); **inglese** (15 quesiti); **matematica** (15 quesiti). | risposte corrette: + 1;<br>errate: – 0,25;<br>omesse: 0 punti. |
| Pavia | **Test PSI** | risposte corrette: + 1;<br>errate: – 0,25;<br>omesse: 0 punti. |
| Perugia | 120 minuti per 80 quesiti di:<br>**cultura generale** (50 quesiti); **logico-matematica** (15 quesiti); **biologia** (15 quesiti); test solo per OFA | risposte corrette: + 1;<br>errate: – 0,25;<br>omesse: 0 punti. |

| Sede | Prova | Punteggio |
|---|---|---|
| Pisa | 120 minuti per 80 quesiti di:<br>**cultura generale** (20 quesiti); **ragionamento logico-scientifico e problem solving** (20 quesiti); **scienze biologiche** (20 quesiti); **materie filosofiche** (20 quesiti). | risposte corrette: + 1;<br>errate: – 0,25;<br>omesse: 0 punti. |
| Università Europea di Roma | 45 minuti per 70 quesiti di:<br>**abilità logico-verbale** (30 quesiti); **abilità logico-numerica** (30 quesiti); **abilità logico-figurativa** (10 quesiti) | risposte corrette: + 1;<br>errate: – 0,25;<br>omesse: 0 punti. |
| Roma Sapienza | **Test PSI** | risposte corrette: + 1;<br>errate: – 0,25;<br>omesse: 0 punti. |
| LUMSA | 60 minuti per 50 quesiti di:<br>**logica** (25 quesiti); **matematica** (10 quesiti); **cultura generale** (5 quesiti); **biologia** (10 quesiti)<br>50 minuti per 90 quesiti<br>**lingua inglese** | risposte corrette: + 1;<br>errate: – 0,25;<br>omesse: 0 punti. |
| Sassari | **Test PSI** | risposte corrette: + 1;<br>errate: – 0,25;<br>omesse: 0 punti. |
| Torino | **TOLC-SU** | risposte corrette: + 1;<br>errate: – 0,25;<br>omesse: 0 punti. |
| Trento | **TOLC-SU** | risposte corrette: + 1;<br>errate: – 0,25;<br>omesse: 0 punti. |
| Trieste | **Test PSI** | risposte corrette: + 1;<br>errate: – 0,2;<br>omesse: 0 punti. |
| Urbino | 60 minuti per 60 quesiti di:<br>**cultura generale**; **capacità logiche** e **cultura specifica di base** (psicologia, filosofia e inglese). | risposte corrette: + 1;<br>errate: – 0;<br>omesse: 0 punti. |
| Verona | **Test PSI** | risposte corrette: + 1;<br>errate: – 0,25;<br>omesse: 0 punti. |

# I suggerimenti e gli strumenti di Alpha Test per prepararsi al test di ingresso

Il **primo passo** di ogni percorso di preparazione consiste nel procurarsi tutte le informazioni disponibili sul test che si vuole affrontare, cominciando dalle sue precedenti edizioni. Le fonti più autorevoli e aggiornate sono il **sito del ministero dell'Università e della Ricerca** (MUR), i **siti degli atenei** di proprio interesse e **alphatest.it**. Sul sito del MUR gli studenti possono trovare tutta la normativa in materia, mentre sui siti delle singole università e di Alpha Test vengono pubblicati i bandi per i diversi concorsi di ammissione, che integrano le indicazioni del Ministero con le specifiche proprie di ciascuna sede.

Su **alphatest.it** vengono costantemente aggiornati il calendario con le date di svolgimento delle prove a test e la normativa sulle prove di ingresso; vengono inoltre pubblicati i test ufficiali degli ultimi anni risolti e commentati insieme a informazioni e approfondimenti relativi ai diversi corsi di laurea.

Anche i canali social Alpha Test (Facebook, Instagram e Youtube) sono aggiornati in tempo reale su tutte le novità riguardanti sia i test sia le iniziative del Ministero o degli atenei; gli studenti hanno inoltre la possibilità di relazionarsi tra loro e con gli esperti Alpha Test.

Un altro utile strumento a disposizione degli studenti è il **magazine on line** di Alpha Test (**http://magazine.alphatest.it**), dove è possibile consultare centinaia di articoli e approfondimenti in tema di ammissione all'università, con costanti aggiornamenti in tema di metodi e strumenti di studio, orientamento universitario e bandi di concorso.

**Il metodo Alpha Test: libri, Alpha Test Academy, corsi in aula e online**

Il **passo successivo** per conseguire una preparazione completa è costituito dallo **studio individuale** da effettuare sui libri. Tra i volumi che Alpha Test ha realizzato appositamente per chi deve affrontare i test di Medicina, Odontoiatria e Veterinaria i principali sono il MANUALE DI PREPARAZIONE, la raccolta di quesiti suddivisi per materia ESERCIZI COMMENTATI (corredato da un simulatore online), la raccolta di prove simulate PROVE DI VERIFICA e il volume 4000 QUIZ (corredato da un simulatore online). Ai fini dello studio, ciascuno dei quattro volumi è autosufficiente e, allo stesso tempo, complementare rispetto agli altri. Ecco in sintesi le caratteristiche di ciascuno.

- **MANUALE DI PREPARAZIONE**: è il principale strumento di studio. Raccoglie la sintesi di tutti gli argomenti del programma del test, materia per materia. È un valido aiuto a non disperdere gli sforzi di fronte alla vastità dei programmi da svolgere, perché consente lo **studio** e il **ripasso** mirato. L'esposizione degli argomenti è resa più efficace e completa mediante schemi, tabelle, glossari, mentre l'apprendimento è facilitato e consolidato grazie ai numerosi esercizi di esempio (sempre nella forma a risposta multipla), risolti e commentati. Questo volume, da studiare materia per materia, può essere validamente affiancato dall'uso contestuale della piattaforma di studio assistito **AlphaTestAcademy** (descritta alla pagina seguente). Quanto appreso in ogni capitolo del MANUALE può infatti essere subito verificato e fissato, svolgendo – con gradualità, un argomento dopo l'altro – le corrispondenti batterie di esercizi proposte sulla piattaforma di studio on line.
- **ESERCIZI COMMENTATI**: rappresenta un ulteriore step da usare nella fase intermedia della preparazione. Si tratta di un volume di esercitazione guidata, che propone centinaia di quesiti, suddivisi tra le materie oggetto d'esame. Lo studente può svolgere ogni quesito in autonomia e poi andare a verificare la soluzione nel relativo commento che richiama le nozioni necessarie alla sua comprensione e illustra i metodi risolutivi più efficaci. Questo libro, dunque, consente sia di **esercitarsi** sia di **accrescere la preparazione**. Il **simulatore online** che lo correda, combinando i numerosi esercizi a disposizione, permette di comporre numerose prove simulate da svolgere secondo le modalità e i tempi dell'esame ufficiale; allo scadere del tempo prefissato, il programma elabora le risposte e fornisce i risultati, anche in forma grafica.

- **Prove di verifica**: è uno strumento agile ed efficace consigliato per la fase finale del percorso di preparazione, per valutare i propri risultati nella soluzione di prove strutturate, monitorare la propria preparazione e intervenire sulle materie o aree in cui si rilevano incertezze o lacune. Contiene 10 test, composti con domande ufficiali dei concorsi degli ultimi anni, in forma di **prove simulate**, accompagnate da indicazioni pratiche (tempo a disposizione, criteri di calcolo del punteggio ecc.) che consentono di svolgerle e valutarle nei modi dell'esame ufficiale.
- **4000 Quiz – I quesiti delle prove di ammissione**: è una imponente banca dati di quesiti, che include la raccolta completa dei quesiti delle prove ufficiali somministrate in passato. Gli esercizi sono suddivisi per materia; alla fine di ogni sezione sono riportate in tabella le soluzioni di tutti i quesiti. Questo volume può essere utilizzato o in parallelo allo studio del Manuale, o allo stesso modo delle Prove di verifica. Il **simulatore online abbinato** è in grado di comporre numerose prove simulate da svolgere secondo le modalità e i tempi dell'esame ufficiale e consente anche di svolgere delle esercitazioni mirate sulle singole discipline o argomenti d'esame.

## Alpha Test Academy

È l'innovativo sistema di studio online **personalizzato e assistito** che guida e aiuta lo studente nella preparazione ai test. Per ciascuna delle materie e degli argomenti previsti al test, il programma valuta il livello di preparazione dello studente, propone in modo **adattivo** numerose batterie di domande con difficoltà differenziata e corredate da spiegazioni e commenti multimediali (**link**, **videotutorial**), con rimandi a specifici richiami di teoria. Il materiale e l'assistenza offerti da AlphaTestAcademy.it consentono di chiarire lungo il percorso ogni quesito e dubbio individuale anche attraverso un canale diretto con gli esperti Alpha Test, migliorando progressivamente le proprie conoscenze e capacità in vista del test ufficiale.
AlphaTestAcademy.it assiste in ogni momento lo studente in un lavoro di preparazione mirato e specifico e rappresenta quindi un'utile integrazione e affiancamento al manuale di preparazione o a un corso Alpha Test in aula. AlphaTestAcademy.it è un **ambiente interattivo**, con **gruppi di studio virtuali** e forum di discussione per un confronto diretto. Inoltre, fornisce un costante aggiornamento sulle novità normative e sui test ufficiali. L'abbonamento alla piattaforma è in dotazione ai partecipanti ai corsi Alpha Test e viene abilitato al momento dell'iscrizione. Chi ha già acquistato questo volume può godere di uno sconto importante per l'accesso ad AlphaTestAcademy. Per maggiori informazioni o per provare la demo gratuita visitare il sito alphatest.it

## Corsi

Un ulteriore e importante strumento di preparazione alle prove di ammissione che Alpha Test ha ideato per gli studenti più motivati sono i numerosi **corsi in aula** oppure **on line** e di durata differenziata (da pochi giorni di corso ad alcuni mesi). Frequentare un corso Alpha Test consente di completare, perfezionare e consolidare la propria preparazione grazie ai seguenti punti di forza.

1. **La didattica interattiva.** Ogni corso prevede cicli di lezioni e di esercitazioni dedicate al ripasso di tutti gli argomenti oggetto d'esame. Gli studenti possono beneficiare della professionalità di docenti con un'esperienza d'insegnamento unica in Italia, maturata in oltre 30 anni di attività di Alpha Test nel campo specifico della preparazione ai test universitari.
2. **Il materiale supplementare consegnato ai corsi.** Durante le lezioni, a ciascun partecipante viene fornito materiale di studio e di esercitazione aggiuntivo rispetto ai volumi consegnati al momento dell'iscrizione. Si tratta di contenuti didattici estremamente aggiornati e specifici scritti in base alla struttura e ai contenuti del test che si deve affrontare.
3. **I corsi online** prevedono un mix tra lezioni in diretta e *on demand* e si svolgono nell'aula virtuale di **MyDesk**, un sistema di e-learning completo, appositamente realizzato da Alpha Test e già sperimentato con soddisfazione da migliaia di corsisti. **MyDesk** consente infatti ai docenti Alpha Test di seguire gli studenti con la stessa cura che hanno in classe, assicurando quindi la più alta qualità non solo nelle fasi di spiegazione ed esercitazione sulle singole materie ma anche in termini di assistenza e supporto a chiarimento di dubbi individuali. Sono inoltre favoriti il rapporto e il confronto diretto con gli altri studenti nonché la puntuale verifica della progressione nella preparazione.
4. **L'esperienza "sul campo".** In ciascun corso vengono svolte più simulazioni d'esame per mettersi alla prova e per confrontare la propria preparazione con quella di altri candidati.

Infine, chi desidera prepararsi al test di ammissione senza rinunciare a divertimento e nuove amicizie può partecipare a una delle **vacanze-studio Alpha Test** (per informazioni: **alphatest.it/Corsi**).

### Test di autovalutazione online

Su **alphatest.it** è possibile autovalutare il proprio livello di preparazione. Il test gratuito prevede 20 domande tratte dai test ufficiali degli ultimi anni da risolvere in 20 minuti e il suo scopo è aiutare il candidato a impostare al meglio il proprio percorso di studio.

### Test ufficiali e ultimi aggiornamenti disponibili su alphatest.it

Sul sito **alphatest.it** sono pubblicati continui aggiornamenti riguardo alla normativa sui test, con le eventuali integrazioni agli argomenti e ai programmi d'esame.

### App per iOS e Android

Per coloro che possiedono i dispositivi mobili iOS e Android è disponibile la **App AlphaTest** che contiene centinaia di quesiti tratti dalle prove ufficiali con soluzioni commentate dagli esperti Alpha Test. È possibile comporre un numero illimitato di prove simulate.

### Segui Alpha Test anche sui social network

Seguire Alpha Test sui profili Instagram, Facebook e Youtube significa essere informati in tempo reale su tutto quello che riguarda i test, confrontarsi con migliaia di fan e ricevere aggiornamenti e consigli dai docenti. Alpha Test è anche su Twitter e Linkedin.

## Indicazioni per i partecipanti ai corsi Alpha Test

Alpha Test:

- è **la prima** società in Italia specializzata nel preparare gli studenti ai test di ammissione all'università;
- è **l'unica** organizzazione che può vantare un'esperienza di 35 anni e migliaia di corsi già organizzati su tutto il **territorio nazionale**;
- è scelta dall'**84%** degli ammessi a medicina (risultati certificati da una primaria società di indagini di mercato);
- dal 1987 a oggi ha **preparato con successo** ai test universitari **decine di migliaia di studenti** che si sono trovati in vantaggio rispetto alle altre aspiranti matricole;
- propone **corsi** con durata, programmi e costi differenziati a seconda della prova di selezione e delle esigenze dei singoli studenti, comprese **vacanze-studio, corsi online** e **corsi residenziali**;
- vanta un corpo docente composto da oltre 200 esperti rigorosamente selezionati e costantemente formati: docenti e ricercatori universitari, professionisti e insegnanti con un'**esperienza didattica unica** e **specifica** nel campo della preparazione ai test universitari;
- ha sviluppato, per prima in Italia, una **metodologia didattica innovativa** e specifica per affrontare le prove a test, recentemente potenziata dall'ambiente digitale **Mydesk** riservato ai corsisti;
- effettua l'analisi e la discussione in aula delle **prove ufficiali** utilizzate dalle università negli anni passati;
- propone ai suoi corsisti numerose **prove simulate**, che vengono corrette individualmente on line o mediante l'uso di **lettori ottici** simili a quelli per le correzioni dei test ufficiali; ciò consente ai partecipanti di verificare in tempo reale il proprio livello di preparazione e di apprendimento;
- ha sviluppato una collana di volumi specifici per i diversi test di ammissione, già scelti da oltre cinque milioni di studenti, che vengono **forniti ai partecipanti ai corsi** all'atto dell'iscrizione;
- ha sviluppato **AlphaTestAcademy**, la piattaforma di training online personalizzato, attivata per tutti coloro che si iscrivono a un corso;
- mette a disposizione degli studenti un servizio di esercitazione *on line* – all'indirizzo **Testonline.it** – dove è possibile simulare i test di ammissione ai singoli corsi di studio.

I risultati conseguiti nelle prove di ammissione dai corsisti Alpha Test negli scorsi anni – unitamente a quanto sopra elencato – ci consentono di affermare che prepararsi a un test frequentando lo specifico corso Alpha Test rappresenta la scelta migliore per chi è veramente motivato ad accedere al corso universitario desiderato. I dati dicono che in tal modo si aumenta fino a sette volte la probabilità di ammissione rispetto a quella degli altri candidati.

Alpha Test e il suo corpo docente mettono a disposizione l'esperienza maturata e forniscono tutto l'aiuto necessario affinché i propri studenti possano prepararsi nel modo più rapido, completo ed efficace alla prova di selezione. Per accrescere ulteriormente la probabilità di successo è comunque **essenziale l'impegno** degli studenti nelle attività di **studio individuale e di esercitazione prima e durante lo svolgimento del corso**.

Per facilitare la preparazione preliminare degli studenti, Alpha Test consegna già all'atto dell'iscrizione i volumi MANUALE DI PREPARAZIONE, ESERCIZI COMMENTATI, PROVE DI VERIFICA e 4000 QUIZ (quest'ultimo solo per i corsi di maggior durata) e il codice di attivazione per AlphaTestAcademy valido fino al momento del test ufficiale.

**Consigliamo di leggere i libri (almeno il manuale) prima dell'inizio del corso con l'obiettivo di acquisire almeno una conoscenza di base degli argomenti trattati**. Questa raccomandazione vale in particolar modo per chi sceglie di frequentare uno dei corsi Alpha Test di durata minore.

Sempre al momento dell'iscrizione al corso, Alpha Test fornisce una guida operativa con istruzioni e consigli utili per avviare la preparazione anche prima dell'inizio delle lezioni e con importanti informazioni sul test di ammissione di interesse dello studente.

Durante il corso l'attenzione viene focalizzata in modo specifico sulle tipologie di quesiti previsti nella prova di ammissione di interesse. Viene inoltre esaminato e discusso con i docenti un consistente numero di esercizi diversi da quelli presenti nei libri e contenuti in appositi materiali didattici aggiornati ogni anno e distribuiti durante il corso esclusivamente ai partecipanti.

### Informazioni e modalità di iscrizione ai corsi Alpha Test

Le iscrizioni ai corsi Alpha Test per la preparazione ai test di ammissione universitari sono sempre aperte, sino all'esaurimento dei posti disponibili (i corsi sono riservati a un numero limitato di partecipanti per garantire le migliori condizioni di apprendimento).

Le informazioni aggiornate relative al calendario e alla quota di partecipazione di ciascun corso sono disponibili su alphatest.it o chiamando il numero verde 800 017 326.

Per chi avesse già acquistato **presso un centro Alpha Test** l'ultima edizione dei libri in dotazione al corso, è prevista una riduzione della quota di iscrizione al corso pari al 100% del prezzo di copertina dei libri; se i libri sono stati acquistati **in libreria** tale riduzione è pari al 50% del prezzo di copertina.

L'iscrizione ai corsi e l'acquisto dei libri Alpha Test possono essere effettuati:

- **on line** su **alphatest.it**;
- **telefonicamente**, chiamando il numero verde 800 017 326;
- presso uno dei **centri Alpha Test** (per conoscere il più vicino visitare il sito **alphatest.it/Corsi** o chiamare il numero verde 800 017 326);
- scrivendo a **servizi@alphatest.it**.

I libri Alpha Test si possono acquistare anche presso le **migliori librerie**, fisiche e on line, di tutta Italia.

Chi desidera ricevere, gratuitamente e senza impegno, materiale informativo relativo ai corsi e/o ai libri Alpha Test, può visitare il sito internet **alphatest.it** o richiedere il catalogo gratuito a:

Alpha Test S.r.l.
via Mercalli, 14 – 20122 Milano
tel. 02 58 45 981 – fax 02 58 45 98 96
servizi@alphatest.it

# Suggerimenti per affrontare al meglio il test

Per affrontare al meglio un test a risposta multipla è importante conoscere in anticipo le sue caratteristiche più importanti. Per esempio quali siano le modalità di svolgimento della prova, la sua composizione, il numero dei quesiti e delle alternative di risposta, e – se possibile – le tipologie di esercizi che si dovranno risolvere. Ciò infatti consente anche di preparare le opportune "strategie" da attuare per valorizzare al massimo le proprie conoscenze e potenzialità.

Nelle prove di ammissione per corsi a numero programmato, il criterio adottato dalle università italiane per selezionare i candidati è di tipo **comparativo**. Cioè per superare la selezione, **lo studente deve figurare tra i migliori** nella graduatoria. In altre parole, per superare la selezione non vi è una soglia di punteggio da superare ma occorre svolgere il test di ammissione meglio di un certo numero di altri candidati.

Tuttavia, a partire dal 2011, i test di ammissione a base nazionale prevedono comunque una soglia minima qualificante di 20 punti: anche qualora residuassero posti disponibili, i candidati con punteggio inferiore a tale soglia non potrebbero immatricolarsi perché giudicati non idonei. Dunque, totalizzare 20 punti al test rappresenta una condizione necessaria ma non sufficiente per l'immatricolazione ai corsi universitari che prevedono test nazionali.

Prima di addentrarsi nell'analisi dei contenuti dei test e degli esercizi che li compongono, è opportuno considerare alcuni suggerimenti solo in apparenza banali, e invece molto utili al fine di ottimizzare il risultato nella prova di ammissione.

### Prima del test

Il primo suggerimento, di carattere generale, è leggere con grande attenzione e per intero il **bando di concorso**, compresi gli allegati con i programmi di esame. Inoltre bisogna tenere in considerazione anche le **disposizioni** pubblicate dalla sede universitaria dove lo studente svolgerà la prova. Gli atenei e il Ministero, infatti, sono le fonti di informazioni **ufficiali** relative alle norme, alle modalità di selezione, alla struttura e ai contenuti della prova che regola l'ammissione al corso di studi scelto.

In particolare è importante avere ben chiare le indicazioni relative a: modalità di iscrizione alla prova; titoli necessari per potere partecipare al concorso; giorno e ora di svolgimento della prova di interesse, nonché la sua durata ecc.

L'emergenza pandemica ha spinto molte università e corsi di laurea ad adottare prove selettive *computer based*, da svolgere in multisessione (cioè su più turni e/o più giorni) in una pluralità di sedi o addirittura al domicilio dei candidati. Sarà cura dello studente verificare in quale modalità sarà somministrato il test di suo interesse. Sicuramente, in caso di test in presenza, bisognerà ricordare di recarsi all'esame con un documento di identità valido, la ricevuta di iscrizione ed eventuali ricevute di pagamento richieste.

### Il giorno del test

In sede d'esame, prima del suo inizio, di solito vengono comunicate ai candidati le **norme alle quali attenersi durante tutte le fasi di svolgimento del test**. Tali norme riguardano, per esempio: il tempo totale a disposizione, le modalità con cui indicare le risposte sull'apposita scheda cartacea o, in caso di prova computer based, le istruzioni per l'utilizzo della piattaforma; vengono inoltre fornite altre indicazioni su come comportarsi durante l'esame e al suo termine.

È necessario rispettare scrupolosamente tutte le regole, evitando così errori banali ma sostanziali (quale, per esempio, la compilazione errata della scheda per le risposte o l'omissione di una firma), che potrebbero compromettere la validità della prova e quindi l'ammissione.

In alcuni casi, all'interno del test stesso gli esercizi sono preceduti da **istruzioni circa le modalità di risoluzione** dei quesiti e a volte anche da un esempio risolto. È importante in questi casi non lasciarsi prendere dalla fretta di mettersi subito al lavoro, ma dedicare la massima attenzione alla lettura di queste istruzioni, indispensabili per capire la logica degli esercizi e per rispondere correttamente alle domande.

## Domande a risposta multipla

I test che vengono utilizzati per l'ammissione all'università sono costituiti da domande a risposta **chiusa**, le cui risposte sono cioè predefinite: il candidato deve individuare la sola risposta esatta tra le alternative proposte. Per rispondere a una domanda *aperta* (cioè non corredata da risposte prefissate) come per esempio "Qual è la capitale della Colombia?", occorre conoscere l'esatta nozione che consente di dare la risposta. Nel caso di *domande a scelta multipla* è invece possibile procedere anche in maniera diversa.

Si ipotizzi, per esempio, di dover rispondere al medesimo quesito, però a risposta multipla.

---

**1 Qual è la capitale della Colombia?**

- A Delhi
- B Buenos Aires
- C Bogotá
- D Brasilia
- E Santiago

In questo caso è possibile determinare la risposta corretta procedendo in due modi distinti:

1. ragionando come se si trattasse di una domanda aperta: sapendo che la capitale della Colombia è Bogotá, si individua direttamente la risposta corretta (C) senza valutare le altre risposte proposte;
2. se, al contrario, non si conosce la risposta alla domanda, ma si ricordano altri accoppiamenti Paese/capitale, è possibile individuare la risposta corretta eliminando le alternative errate: sapendo che Delhi è la capitale dell'India, Buenos Aires dell'Argentina, Santiago del Cile e Brasilia del Brasile, per esclusione si può concludere che la risposta esatta è la C.

In altre parole, per rispondere correttamente a una domanda a scelta multipla non è sempre strettamente necessario conoscere la risposta esatta: a volte la soluzione può essere individuata indirettamente, escludendo le alternative errate.

Nel caso in cui, procedendo per esclusione, il candidato non riesca a eliminare tutte le alternative errate, il metodo di risposta per eliminazione permette comunque di aumentare le probabilità di individuare la risposta corretta: l'esclusione di una o più risposte riduce infatti il numero delle alternative tra cui si rimane incerti e quindi incrementa la probabilità di individuare l'alternativa corretta.

## Valore dei quesiti e gestione del tempo

Come i partecipanti ai corsi Alpha Test hanno modo di sperimentare durante lo svolgimento delle prove simulate, il **tempo** rappresenta uno dei fattori critici per affrontare con successo un test di ammissione. Infatti, le prove sono spesso progettate e formulate in modo tale da permettere solo ai più preparati e ai più veloci di rispondere, entro i termini concessi, alla totalità delle domande.

È dunque imperativo impiegare razionalmente ogni minuto, avendo ben presente – prima di iniziare la prova – il tempo medio a disposizione per ogni quesito (calcolato sui minuti complessivi divisi per il numero dei quesiti stessi), ed evitando di soffermarsi su una singola domanda per un tempo eccessivamente superiore. In generale, il consiglio è di non superare il tempo medio per più del 20%: questa dilazione per gli esercizi più complessi viene infatti compensata dalla presenza di altri di più veloce risoluzione.

Superare questa soglia può non essere conveniente: nei test di ammissione ai quali questo libro si rivolge, **tutti gli esercizi attribuiscono lo stesso punteggio** e dedicare troppo tempo per risolverne uno particolarmente difficile riduce la possibilità di rispondere correttamente a domande più semplici, ma che hanno lo stesso valore.

Se ogni risposta corretta fa "guadagnare" lo stesso punteggio, a parità di tempo impiegato conviene risolvere due esercizi semplici piuttosto che uno complesso.

Se, per esempio, il tempo a disposizione per l'intero test è di 100 minuti e gli esercizi da risolvere sono 60, il tempo medio per quesito è di 1 minuto e 40 secondi (100 secondi): quindi, bisogna evitare di dedicare più di due minuti allo svolgimento del singolo quesito.

L'obiettivo da raggiungere è rispondere correttamente al maggior numero possibile di esercizi; si consiglia quindi, compatibilmente con i vincoli imposti dalle modalità di svolgimento della prova, di affrontare prima gli esercizi che – per argomento o tipologia – si presume di riuscire a risolvere più facilmente e velocemente, per tornare poi a quelli più ostici per i quali si prevede un dispendio di tempo maggiore.

## Scelta casuale della risposta?

> Ove possibile, è utile evidenziare con un segno di riconoscimento sul fascicolo del test i quesiti su cui si vuole ritornare con calma: sarà così possibile ritrovarli velocemente dopo aver risposto alle domande di più veloce risoluzione. Lo stesso consiglio vale per le domande a cui si è data una risposta che, compatibilmente con il tempo a disposizione, si vorrebbe riconsiderare.

La correzione dei test attribuisce in genere un punteggio positivo per le risposte corrette e, nella più parte dei casi, l'attribuzione di un punteggio negativo per ogni risposta errata (di solito quantificato in una frazione di punto). Ai quesiti omessi, a cui cioè non si è risposto, viene di norma attribuito punteggio nullo. Spesso l'attribuzione di punteggi avviene secondo la seguente modalità:

- risposta esatta: + 1
- risposta errata: – 0,25 (– 1/4)
- risposta omessa: 0

La penalità sulle risposte errate ha lo scopo di annullare il punteggio positivo che, statisticamente, il candidato potrebbe conseguire rispondendo a caso in assenza di tale penalità.

Ma è **conveniente o no rispondere a caso** ai quesiti che non si sanno risolvere?

Si supponga di non conoscere assolutamente le risposte di 20 quesiti (con 5 risposte alternative ciascuno) della prova. Scegliendo a caso, si risponderebbe statisticamente in modo corretto a 4 esercizi (20/5) e si sbaglierebbero i restanti 16 quesiti. Il punteggio totalizzato sarebbe dunque:

- Risposte esatte: $4 \times (+1) = +4$
- Risposte errate: $16 \times (-1/4) = -4$
- Risposte nulle: $0 \times 0 = 0$
- Punteggio totale: $4 - 4 = 0$

Si otterrebbe quindi un punteggio nullo, esattamente identico a quello che si totalizzerebbe scegliendo di non rispondere ai 20 quesiti.

È evidente che il punteggio totalizzato rispondendo casualmente potrà essere tanto maggiore quanto minore sarà il numero di alternative tra cui si è indecisi e quanto minore è la penalità attribuita alle risposte errate. Il numero delle alternative tra cui si è indecisi non coincide necessariamente con quello delle alternative esistenti. Se, per esempio, le alternative proposte sono 5, ma il candidato riesce a eliminarne due perché si sa che sono errate, la valutazione statistica va rivista ragionando su 3 alternative (cioè 5 – 2).

In questa circostanza rispondendo a caso si risponderebbe in modo corretto a 20 esercizi (60/3) e si sbaglierebbero i restanti 40 quesiti:

- Risposte esatte: $20 \times (+1) = +20$
- Risposte errate: $40 \times (-0{,}25) = -10$
- Risposte nulle: $0 \times 0 = 0$
- Punteggio totale: $20 - 10 = +20$

Quindi, se restasse invariata la struttura dei quesiti con 5 alternative, è sufficiente scartare almeno una alternativa per rendere statisticamente conveniente rispondere a caso a un quesito che non si sa risolvere.

Nella pratica, scartare almeno una alternativa di risposta è cosa possibile anche quando l'argomento del quesito risulti poco o per nulla noto al candidato. Infatti quasi sempre almeno una delle risposte fornite è palesemente errata. Si veda per esempio:

2 **In base alla Costituzione, l'Italia è:**

- A una repubblica regionale
- B uno Stato federale
- C una repubblica democratica, fondata sul lavoro
- D una repubblica presidenziale, fondata sul lavoro
- E uno Stato federato

Anche senza ricordare la definizione precisa che la Costituzione dà dello Stato italiano, è facile riuscire a escludere le alternative B ed E che si segnalano per l'evidente implausibilità. L'Italia infatti è uno Stato unitario che non si articola al suo interno in altre entità statali né è a sua volta parte di uno Stato federale. Al candidato resterà dunque, eventualmente, il dubbio tra tre sole alternative (la risposta esatta è C).

## Scheda per le risposte e correzioni

Se la prova in presenza prevede l'utilizzo di una scheda cartacea (eventualità sempre meno diffusa), il candidato – una volta individuata la risposta che si ritiene corretta per un dato quesito – la deve segnare sull'apposita *scheda per le risposte*, distinta dal fascicolo contenente gli esercizi. L'operazione, in sé semplicissima, va tuttavia svolta con grande attenzione: si tratta infatti di evidenziare la lettera che identifica la risposta che si vuole indicare in corrispondenza del numero dell'esercizio. Scambiare un numero di esercizio per un altro è la più banale delle sviste e comporta spesso gravi conseguenze.

Per la correzione delle schede vengono utilizzati *elaboratori elettronici* dotati di *lettori ottici*, il candidato deve quindi contrassegnare come indicato nelle istruzioni lo spazio (un "cerchietto" o "quadratino") corrispondente all'alternativa ritenuta esatta.

In alcune selezioni è consentito effettuare correzioni sulla scheda delle risposte. È comunque consigliabile **limitarle al minimo**.

Sia la scheda sia il metodo di correzione del test ufficiale possono essere differenti ed è quindi importante leggere attentamente le istruzioni e le procedure di svolgimento della prova. Sulle schede per le risposte sono solitamente presenti aree (con cerchi neri, codici a barre o altro) indispensabili al corretto funzionamento del sistema ottico di lettura e correzione. All'interno di tali aree è importante non apporre alcun segno di scrittura che potrebbe pregiudicare il corretto funzionamento del lettore.

✔ **Si raccomanda quindi di non apporre alcun segno al di fuori delle caselle previste e di non sgualcire o piegare la scheda.**

Prove di verifica

# PRIMA PROVA

Alpha Test

## Scheda per le risposte della prima prova

CONTRASSEGNARE LE RISPOSTE RELATIVE ALLE DOMANDE DELLA PRIMA PROVA

| | A | B | C | D | E | | A | B | C | D | E |
|---|---|---|---|---|---|---|---|---|---|---|---|
| 1 | ▢ | ▢ | ▢ | ▢ | ▢ | 26 | ▢ | ▢ | ▢ | ▢ | ▢ |
| 2 | ▢ | ▢ | ▢ | ▢ | ▢ | 27 | ▢ | ▢ | ▢ | ▢ | ▢ |
| 3 | ▢ | ▢ | ▢ | ▢ | ▢ | 28 | ▢ | ▢ | ▢ | ▢ | ▢ |
| 4 | ▢ | ▢ | ▢ | ▢ | ▢ | 29 | ▢ | ▢ | ▢ | ▢ | ▢ |
| 5 | ▢ | ▢ | ▢ | ▢ | ▢ | 30 | ▢ | ▢ | ▢ | ▢ | ▢ |
| 6 | ▢ | ▢ | ▢ | ▢ | ▢ | 31 | ▢ | ▢ | ▢ | ▢ | ▢ |
| 7 | ▢ | ▢ | ▢ | ▢ | ▢ | 32 | ▢ | ▢ | ▢ | ▢ | ▢ |
| 8 | ▢ | ▢ | ▢ | ▢ | ▢ | 33 | ▢ | ▢ | ▢ | ▢ | ▢ |
| 9 | ▢ | ▢ | ▢ | ▢ | ▢ | 34 | ▢ | ▢ | ▢ | ▢ | ▢ |
| 10 | ▢ | ▢ | ▢ | ▢ | ▢ | 35 | ▢ | ▢ | ▢ | ▢ | ▢ |
| 11 | ▢ | ▢ | ▢ | ▢ | ▢ | 36 | ▢ | ▢ | ▢ | ▢ | ▢ |
| 12 | ▢ | ▢ | ▢ | ▢ | ▢ | 37 | ▢ | ▢ | ▢ | ▢ | ▢ |
| 13 | ▢ | ▢ | ▢ | ▢ | ▢ | 38 | ▢ | ▢ | ▢ | ▢ | ▢ |
| 14 | ▢ | ▢ | ▢ | ▢ | ▢ | 39 | ▢ | ▢ | ▢ | ▢ | ▢ |
| 15 | ▢ | ▢ | ▢ | ▢ | ▢ | 40 | ▢ | ▢ | ▢ | ▢ | ▢ |
| 16 | ▢ | ▢ | ▢ | ▢ | ▢ | 41 | ▢ | ▢ | ▢ | ▢ | ▢ |
| 17 | ▢ | ▢ | ▢ | ▢ | ▢ | 42 | ▢ | ▢ | ▢ | ▢ | ▢ |
| 18 | ▢ | ▢ | ▢ | ▢ | ▢ | 43 | ▢ | ▢ | ▢ | ▢ | ▢ |
| 19 | ▢ | ▢ | ▢ | ▢ | ▢ | 44 | ▢ | ▢ | ▢ | ▢ | ▢ |
| 20 | ▢ | ▢ | ▢ | ▢ | ▢ | 45 | ▢ | ▢ | ▢ | ▢ | ▢ |
| 21 | ▢ | ▢ | ▢ | ▢ | ▢ | 46 | ▢ | ▢ | ▢ | ▢ | ▢ |
| 22 | ▢ | ▢ | ▢ | ▢ | ▢ | 47 | ▢ | ▢ | ▢ | ▢ | ▢ |
| 23 | ▢ | ▢ | ▢ | ▢ | ▢ | 48 | ▢ | ▢ | ▢ | ▢ | ▢ |
| 24 | ▢ | ▢ | ▢ | ▢ | ▢ | 49 | ▢ | ▢ | ▢ | ▢ | ▢ |
| 25 | ▢ | ▢ | ▢ | ▢ | ▢ | 50 | ▢ | ▢ | ▢ | ▢ | ▢ |

# PRIMA PROVA

Tempo a disposizione: 100 minuti

## Comprensione del testo e conoscenza della lingua italiana - Testo 1

**In base alle informazioni contenute nel brano seguente, rispondere alle successive domande.**

**[1]** La crisi del debito che colpì numerosi Paesi in via di sviluppo ebbe tre cause principali: una cattiva politica macroeconomica da parte dei Paesi debitori; una politica poco prudente di finanziamento da parte delle banche; e l'incremento dei tassi di interesse reali. L'aumento dei tassi di interesse reali fino a circa il 6% nel 1982 arrivò a sestuplicare l'onere reale degli interessi per i Paesi indebitati, modificando completamente la natura del problema del debito. Un simile incremento per un periodo così protratto non si era mai visto in precedenza. Durante le crisi precedenti, quando i prestiti venivano concessi a un tasso di interesse fisso, i tassi di interesse reali diminuivano a causa della deflazione. Ma quando il livello dei prezzi si stabilizzava, l'onere reale degli interessi rimaneva più elevato solo in proporzione alla diminuzione dei prezzi. Ed era comunque possibile che l'inflazione riducesse tale onere. In questa crisi, invece, il tasso di interesse reale aumentò in modo significativo e rimase elevato per molti anni, mostrando scarsi segni di diminuzione. L'inflazione, ormai, non portava alcun sollievo ai Paesi debitori.

**[2]** Il timore di un collasso finanziario negli Stati Uniti fu una delle principali motivazioni alla base dell'approccio iniziale alla crisi del debito. I pagamenti di interessi dai Paesi debitori eccedettero i nuovi prestiti negli anni 1984, 1985, e 1986. Le banche statunitensi ridussero la propria esposizione nei confronti dell'America Latina nel 1985. Nel 1982, le nove principali banche commerciali statunitensi avevano un ammontare di prestiti nei confronti dei Paesi in via di sviluppo pari al 250% del proprio capitale; alla metà del 1986, le stesse banche avevano un grado di capitalizzazione sufficiente a sopportare anche la completa perdita dei prestiti nei confronti dell'America Latina. Anche dopo che le banche aumentarono gli accantonamenti a riserva, esse continuarono a riportare in bilancio i prestiti ai Paesi in via di sviluppo al valore nominale. Il mercato secondario attribuiva invece a tali prestiti un valore decisamente inferiore.

**[3]** L'attuale strategia di approccio al problema del debito dei Paesi in via di sviluppo è basata sull'allungamento della scadenza effettiva del debito. Ogni metodo che consente di ridurre il flusso di fondi in uscita dai Paesi debitori aiuterà gli stessi Paesi a crescere economicamente nel breve periodo. Ma un ulteriore finanziamento non rappresenta la soluzione al problema del debito. Fino a quando i tassi di interesse reali resteranno intorno al 6%, i Paesi debitori avranno grandi difficoltà a uscire dal problema del debito. Vi sono due possibilità. O si continua con l'approccio corrente, o si ricorre a una qualche forma di cancellazione del debito. Per anni i Paesi in via di sviluppo hanno pagato il prezzo del debito nella forma di un basso tasso di crescita del PIL e di diminuzioni sostanziali dei salari reali. Milioni di persone residenti in questi Paesi rimangono a livelli di reddito ridotti semplicemente per gli interessi degli azionisti delle banche creditrici. Mediante una cancellazione del debito, i singoli Paesi e le istituzioni multilaterali potrebbero cominciare a pensare alle necessarie politiche di sviluppo orientate alla crescita. Ciò sarebbe possibile senza aumentare l'onere fiscale per i residenti dei Paesi sviluppati.

1 **Sulla base di quanto affermato nel testo, si può ricavare che per l'autore l'effetto più dannoso della crisi del debito:**

A è il livello forzosamente basso dei salari reali percepiti dai residenti dei Paesi debitori

B sono i problemi connessi al rimborso del debito causati dall'elevato livello dei tassi di interesse

C è la drastica diminuzione delle prospettive di crescita nel lungo periodo dei Paesi debitori

D è la scarsa attenzione posta al problema dalle banche creditrici

E sono le perdite subite dalle banche internazionali

2 **Sulla base di quanto affermato nel paragrafo [1], si può affermare che:**

A la crisi del debito si manifestò con meccanismi analoghi a quanto accaduto in precedenza

B la deflazione, in passato, aveva avuto anche effetti benefici per i Paesi debitori

C le banche creditrici avevano concesso prestiti sovrastimando l'inflazione attesa nei Paesi debitori

D un incremento dell'inflazione nei Paesi debitori analogo a quello che ha scatenato la crisi non si era mai visto

E il tasso di interesse fisso applicato dalle banche creditrici è stato del 6%

3 **Il brano fornisce informazioni che consentono di rispondere a una o più delle seguenti domande. Quali?**

**I) Vi sono stati errori di politica economica da parte dei Paesi debitori che hanno contribuito a determinare il problema del debito?**

**II) Vi sono attualmente dei provvedimenti volti a estendere la scadenza effettiva del debito?**

**III) Il mercato secondario del debito dei Paesi in via di sviluppo attribuisce al debito un valore pari a quello attribuito dalle banche che lo detengono?**

A Solo la I)

B Solo la II)

C La I) e la III)

D La II) e la III)

E La I), la II) e la III)

4 **Sulla base dei dati riportati nel paragrafo [2], quale tra le seguenti affermazioni è corretta?**

A Nel 1986 i nuovi prestiti statunitensi ai Paesi debitori furono incrementati rispetto all'anno precedente

B Nel 1986 le banche statunitensi cominciarono a ridurre la propria esposizione nei confronti dei Paesi dell'America Latina rispetto all'anno precedente

C Nel 1985 i Paesi debitori, complessivamente, pagarono meno interessi rispetto al 1982

D Nel 1984 i Paesi debitori, complessivamente, pagarono per gli interessi una somma maggiore rispetto all'ammontare di nuovi prestiti ricevuti

E Dal 1982 al 1986 l'esposizione delle banche creditrici aumentò costantemente

**5** **Quale delle seguenti definizioni rappresenta meglio *l'approccio iniziale* alla crisi del debito (paragrafo [2])?**

A Una pressione crescente verso i Paesi debitori perché pagassero gli interessi sul debito
B Un aumento dei tassi di interesse per favorire le banche creditrici
C Una diminuzione dell'assicurazione contro le perdite per le nove principali banche statunitensi
D Un crescente coinvolgimento dei Paesi OCSE per aiutare i Paesi debitori
E Un decremento dei nuovi prestiti e un aumento della capitalizzazione delle banche creditrici

**6** **Se il brano dovesse continuare, quale sarebbe probabilmente l'argomento affrontato dall'autore?**

A Le varie forme possibili di cancellazione del debito
B Le alternative alla cancellazione del debito per la soluzione del problema
C La reazione delle banche creditrici all'idea della cancellazione del debito
D Le prospettive realistiche per i Paesi debitori se le attuali politiche continuassero
E Gli effetti dell'aumento dei prestiti all'America Latina nel 1984

**7** **Il brano suggerisce che la crisi debitoria dei Paesi in via di sviluppo differiva da altre precedenti crisi debitorie in quanto l'aumento dei tassi di interesse:**

**I) era parzialmente cancellato da un aumento dei prezzi**
**II) era relativamente limitato se confrontato con la variazione dei prezzi**
**III) era più significativo e più duraturo**

A Solo la I)
B Solo la III)
C La I) e la II)
D La I) e la III)
E La II) e la III)

**8** **Che significato dà alla frase in cui è inserita, alla quartultima riga del paragrafo [3], la parola semplicemente?**

A Che la riduzione dei livelli di reddito dei residenti è proporzionale a quella degli interessi dovuti
B Che la riduzione dei livelli di reddito è pari agli interessi dovuti dalle banche creditrici agli azionisti
C Che i livelli di reddito dei residenti sono mantenuti bassi per contenere gli interessi pagati dalle banche ai propri azionisti
D Che per la sola esistenza degli elevati interessi che i Paesi debitori devono pagare alle banche creditrici, i livelli di reddito restano bassi
E Che le banche creditrici applicano il medesimo tasso di interesse ai Paesi debitori e ai propri azionisti

**9** **Nel paragrafo [1] ricorre la parola *onere*, che potrebbe essere sostituita con:**

A peso
B compito
C sconto
D pagamento
E fatica

**10 Alla penultima riga del paragrafo [2] la parola *esse*:**

- A non è un pronome
- B è un pronome indefinito
- C vale come "le nove principali banche commerciali statunitensi"
- D vale come "tutte le banche"
- E è una particella pronominale

**Comprensione del testo e conoscenza della lingua italiana - Testo 2**

**In base alle informazioni contenute nel brano seguente, rispondere alle successive domande.**

**[1]** Non che fosse grasso: era soltanto immenso e fortissimo; la sua testa sfiorava (nelle case abitate dai comuni mortali) il rosone inferiore dei lampadari; le sue dita potevano accartocciare come carta velina le monete da un ducato; e fra villa Salina e la bottega di un orefice era un frequente andirivieni per la riparazione di forchette e cucchiai che la sua contenuta ira, a tavola, gli faceva spesso piegare in cerchio. **[2]** Quelle dita, d'altronde, sapevano anche essere di tocco delicatissimo nel maneggiare e carezzare e di ciò si ricordava a proprio danno Maria Stella, la moglie; e le viti, le ghiere, i bottoni smerigliati dei telescopi, cannocchiali, e "cercatori di comete" che lassù, in cima alla villa, affollavano il suo osservatorio privato si mantenevano intatti sotto lo sfioramento leggero. **[3]** I raggi del sole calante quel pomeriggio di Maggio accendevano il colorito roseo, il pelame color del miele del Principe; denunziavano essi l'origine tedesca di sua madre, di quella principessa Carolina la cui alterigia aveva congelato, trent'anni prima, la corte sciattona delle Due Sicilie. **[4]** Ma nel sangue di lui fermentavano altre essenze germaniche ben più incomode per quell'aristocratico siciliano nell'anno 1860, di quanto potessero essere attraenti la pelle bianchissima ed i capelli biondi nell'ambiente di olivastri e di corvini: un temperamento autoritario, una certa rigidità morale, una propensione alle idee astratte che nell'habitat molliccio della società palermitana si erano mutati in prepotenza capricciosa, perpetui scrupoli morali e disprezzo per i suoi parenti e amici che gli sembrava andassero alla deriva nel lento fiume pragmatistico siciliano.

(Giuseppe Tomasi di Lampedusa, *Il Gattopardo*, Feltrinelli 1958)

**11 In [1] leggiamo che l'uomo era "immenso e fortissimo". Le due caratteristiche sono dunque espresse attraverso:**

- A due aggettivi qualificativi, superlativi assoluti
- B due aggettivi qualificativi, superlativi relativi
- C due aggettivi qualificativi, il primo dei quali superlativo assoluto
- D due aggettivi qualificativi, il secondo dei quali superlativo assoluto
- E rispettivamente, un aggettivo superlativo assoluto e un superlativo relativo, entrambi qualificativi

**12 Il "rosone inferiore dei lampadari" in [1] indica una composizione simmetrica in vetro che in architettura rimanda soprattutto alla facciata delle:**

- A chiese barocche
- B chiese romaniche e gotiche
- C banche d'affari rinascimentali
- D corporazioni tre-quattrocentesche
- E chiese bizantine

**13 Il titolo del protagonista del ritratto offerto dal brano, compare:**

- A già in [1]
- B sia in [1] che in [2]
- C solo in [3]
- D solo nelle righe finali
- E sia in [2] che in [3]

**14 Di villa Salina, stando al testo, possiamo dire che:**

A non era casa di comuni mortali
B ospitava la bottega di un orefice
C si trovava in centro a Palermo
D aveva un osservatorio privato
E si trovava nella campagna palermitana

**15 Cosa sono i "cercatori di comete" citati in [2]?**

A Cannocchiali galileiani
B Telescopi con ghiere e bottoni smerigliati
C Lampadari
D Strumenti di misurazione
E Nessuna delle precedenti è corretta

**16 Quale sostantivo o aggettivo connota nel testo la corte delle Due Sicilie?**

A Incomoda
B Antitedesca
C Sciattona
D Congelata
E Altera

**17 A quale anno si può datare l'apparizione a corte della principessa Carolina?**

A 1860
B 1830
C 1820
D 1827
E Non si può datare

**18 Tra le essenze germaniche del Principe non figurava:**

A temperamento autoritario
B rigidità morale
C propensione alle idee astratte
D pragmatismo
E Capelli biondi

**19 In [3], "alterigia" è:**

A aggettivo riferito alla principessa Carolina
B sostantivo riferito al principe
C sostantivo riferito alla principessa Carolina
D aggettivo riferito alla società palermitana
E sostantivo riferito alla società palermitana

**20 Verso chi nutriva disprezzo il Principe?**

A Gli orefici in generale
B L'habitat della società palermitana
C In particolare verso la madre
D La principessa Carolina
E Amici e parenti

**Comprensione del testo e conoscenza della lingua italiana - Testo 3**

**In base alle informazioni contenute nel brano seguente, rispondere alle successive domande.**

*Nessun effetto Greta. I verdi in Svezia vanno così male da mettere a rischio l'intero movimento ambientalista* (di Ferdinando Cotugno, Linkiesta, 25 settembre 2020)

**[1]** La storia di Miljöpartiet de Gröna, il partito dei Verdi svedesi, è una parabola che dimostra come non ci sia un nessun capitale politico troppo grande da non poter essere sprecato. Nel paese dove è nato il più importante movimento ambientalista dei nostri tempi, il partito ambientalista è al minimo nei sondaggi, sotto la soglia di sbarramento del 4%.

**[2]** Se si votasse oggi invece che nel 2022 le strade sarebbero piene di studenti che protestano per l'ambiente, nella Giornata d'azione globale per il clima, mentre i Verdi sarebbero fuori dal Parlamento.

**[3]** I loro corrispettivi europei in questo momento si dividono in due categorie, quelli che riescono a tradurre il pensiero ecologista in un'offerta politica di successo e di massa, come di recente alle elezioni municipali in Francia, e quelli che languono sull'orlo della scomparsa, come in Svezia o in Italia. Se a Stoccolma c'è un «effetto Greta Thunberg», in questo momento sta funzionando al contrario.

**[4]** Ovviamente il miglior modo di sprecare un capitale politico è provare a usarlo, cioè governare. I Verdi svedesi sono membro di minoranza del governo da sei anni e due elezioni, e questa è una prima chiave per capire cosa è andato storto: l'affaticamento del potere.

**[5]** «I Verdi hanno perso tutte le battaglie politiche che hanno provato a combattere», spiega Niklas Bodin, docente di Scienze Politiche alla Mittuniversistet, che da anni studia il partito e le sue evoluzioni. Non sono riusciti a chiudere le centrali a carbone né il piccolo aeroporto cittadino di Stoccolma, il Bromma, e non stanno riuscendo a impedire che l'azienda petrolifera Preem espanda le sue raffinerie.

**[6]** Il contesto politico non ha aiutato: sono andati al governo quando è iniziata la crisi dei migranti, che in Svezia ha avuto (e continua ad avere) un impatto forte sull'opinione pubblica.

**[7]** «Avevano una piattaforma decisamente progressista in materia, piena di promesse che non hanno potuto mantenere». Al di là della complicata convivenza con i ragazzi in sciopero per il clima, in questa storia c'è un nodo di fondo difficile da sciogliere per i partiti ambientalisti. Quando vanno al governo sono troppo piccoli per imporre la propria piattaforma, ma se non riescono a imporla perdono consenso e diventano ancora più piccoli. «In questo momento vivono una crisi di fiducia nella società svedese: sono davvero in grado di avere un impatto sulle politiche ambientali?».

**[8]** Oggi i sondaggi li danno al 3,8 per cento. La curva è stata preoccupante: nel 2010 avevano avuto il 7,3 per cento dei voti, nel 2014 – quando sono andati al governo – il 6,8 per cento, nel 2018 – quando hanno mantenuto il posto al governo – il 4,4 per cento.

---

**21** **Nel testo riportato, il nome della più famosa ambientalista al mondo degli ultimi anni compare solo:**

- **A** nel titolo
- **B** nel titolo e in [3]
- **C** in [3] e [7]
- **D** nel titolo e in [4]
- **E** in [3] e [5]

---

**22** **La locuzione "capitale politico" usata in [1] rimanda al significato di capitale usato in:**

- **A** paleografia
- **B** geografia
- **C** diritto
- **D** finanza
- **E** nessuna delle precedenti è corretta

**23** **Dal periodo [2] è possibile dedurre che una parte significativa degli studenti che scendono in piazza per la tutela ambientale:**

A votano per i Verdi
B rifiutano di partecipare alle elezioni
C lo fa seguendo una moda
D votano solo per partiti con più del 4% di preferenze
E nessuna delle precedenti è corretta

**24** **Secondo quanto riportato in [3], in Francia i Verdi:**

A superano numericamente sia quelli italiani sia quelli svedesi
B sono stabilmente al governo e fanno sentire la propria voce
C hanno avuto successo alle elezioni municipali
D hanno avuto successo alle elezioni politiche
E ignorano Greta Thunberg

**25** **In Svezia, l'esperienza di governo dei Verdi:**

A ha portato agli stessi risultati che in Francia
B è riuscita a tradurre il pensiero ecologista in politiche efficaci
C non è riuscita a tradurre il pensiero ecologista in politiche efficaci
D ha coinciso con una fase espansiva e di cambiamento del Paese
E è stata sostenuta dagli studenti

**26** **Dal testo si ricava che in Svezia le elezioni politiche si svolgono:**

A ogni due anni
B ogni quattro anni
C con periodicità variabile
D ogni sei anni
E ogni cinque anni

**27** **Quale percentuale di consensi ha consentito ai Verdi svedesi di andare al governo?**

A 4%
B 7,3%
C 6,8%
D 4,4%
E 8,6%

**28** **In [3] si legge che se in Svezia c'è un effetto Thunberg questo sta funzionando al contrario, che equivale a dire:**

A che non c'è
B che è dannoso all'ambiente
C che traduce efficacemente in politica le istanze ecologiste
D che funziona solo fuori dal Parlamento
E che Greta Thunberg in Svezia non è popolare

**29** **Tra gli obiettivi falliti dai Verdi svedesi, come esposti in [5] e [6], non rientra:**

A la mancata chiusura dell'aeroporto Bromma

B la mancata chiusura delle centrali a carbone

C l'espansione delle raffinerie petrolifere Preem

D la crisi dei migranti

E tutte le precedenti sono corrette

**30** **In [7] ricorre due volte il sostantivo "piattaforma", sinonimo di:**

A struttura piana, fissa o mobile

B rivendicazione imprescindibile

C programma di base

D sistema di elaborazione dati configurato

E agenda politica

## Conoscenze e competenze acquisite negli studi

**31** **Ogni individuo, in quanto membro della società, ha diritto alla sicurezza sociale, nonché alla realizzazione attraverso lo sforzo nazionale e la cooperazione internazionale ed in rapporto con l'organizzazione e le risorse di ogni Stato, dei diritti economici, sociali e culturali indispensabili alla sua dignità ed al libero sviluppo della sua personalità.**

**In quale dei seguenti testi è possibile leggere questo articolo?**

A Costituzione italiana

B Dichiarazione universale dei diritti umani ONU

C Statuto albertino

D Magna Charta

E Carta dei diritti fondamentali dell'Unione europea (Carta di Nizza)

**32** **«Ti prego, *njanja*, raccontami ancora di quando i francesi arrivarono a Mosca».**

**Questo chiedevo spesso la sera, da bambino, non appena mi trovavo ben sistemato sotto le coltri del mio lettuccio a sponde. E Vera Artamovna, la mia vecchia bambinaia, non si faceva pregare troppo. La sua voglia di raccontarla, quella storia, superava quasi la mia di starla a sentire. (A. Herzen, *Passato e pensieri*)**

**Scegli la deduzione corretta ricavabile dall'incipit sopra riportato.**

A Il narratore è verosimilmente francese

B La bambinaia ha un ruolo decisivo nella storia

C Il narratore è verosimilmente russo

D La voce narrante è quella di un rivoluzionario sovietico

E Il racconto si colloca nei primi anni del XIX secolo

**Osserva l'immagine e rispondi alle domande che seguono.**

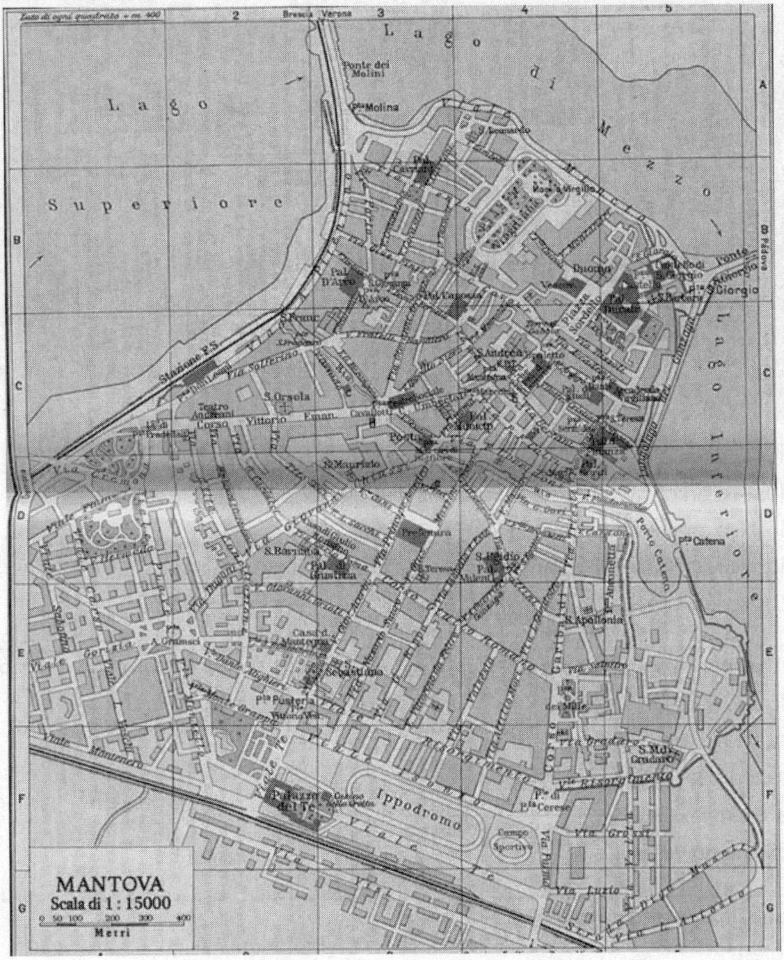


**33 Quale fra le seguenti alternative descrive correttamente l'immagine?**

A L'immagine è una riproduzione di un pianta della città di Mantova

B L'immagine è una riproduzione di una carta topografica della città di Mantova

C L'immagine è una riproduzione di una carta geografica della città di Mantova

D L'immagine è una riproduzione di una mappa turistica della città di Mantova

E Tutte le precedenti sono corrette

**34 Da quale fiume sono formati i tre laghi che bagnano Mantova?**

A L'Adige

B L'Oglio

C Il Brenta

D Il Mincio

E Il Po

**35** **Quale tra le seguenti è la corretta didascalia dell'immagine proposta?**

- A Mosaico romano raffigurante la Battaglia di Isso (100 a.C. ca.)
- B Mosaico greco raffigurante la Battaglia delle Termopili (V secolo a.C.)
- C Mosaico greco raffigurante la Battaglia di Isso (100 a.C. ca.)
- D Mosaico romano raffigurante la Battaglia di Canne (180 a.C. ca.)
- E Mosaico romano raffigurante la Battaglia di Isso (120 d.C. ca.)

**36** **Chi è l'autore di *Il mulino del Po*?**

- A Alberto Moravia
- B Cesare Pavese
- C Riccardo Bacchelli
- D Carlo Emilio Gadda
- E Sebastiano Vassalli

**37** **L'Indonesia è una ex colonia:**

- A inglese
- B tedesca
- C olandese
- D francese
- E spagnola

**38** **Nell'ambito della Pubblica amministrazione, la "Carta dei Servizi" è:**

- A una guida informativa sugli orari e sulle modalità di utilizzo dei servizi offerti da un'istituzione
- B un dépliant che pubblicizza un nuovo servizio
- C il documento di programmazione annuale dei servizi offerti da una Pubblica amministrazione
- D un impegno formale che assume un ufficio della Pubblica Amministrazione nei confronti dei suoi utenti a garanzia del rispetto di standard di servizio definiti
- E il documento che formalizza le responsabilità e gli ambiti di intervento dei diversi enti, organismi e istituzioni cui il cittadino può rivolgersi o da cui può ricevere atti e comunicazioni

**Indica quale tra le seguenti rappresentazioni soddisfa la relazione insiemistica esistente tra gli elementi proposti.**

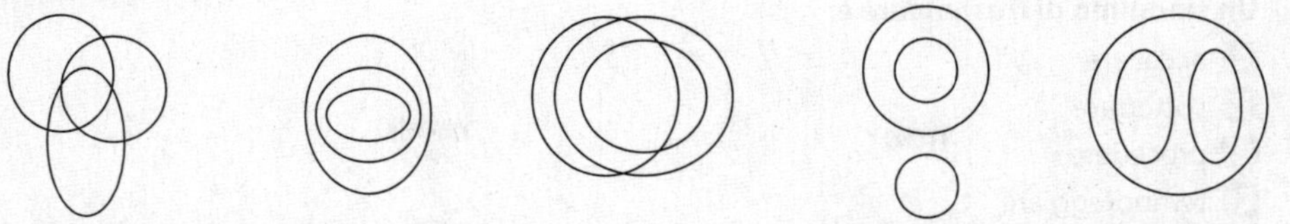

Diagramma 1 Diagramma 2 Diagramma 3 Diagramma 4 Diagramma 5

**39** **1. Regioni**
**2. Province**
**3. Città metropolitane**

A Diagramma 1
B Diagramma 2
C Diagramma 3
D Diagramma 4
E Diagramma 5

**40** **1. Consiglio comunale**
**2. Consiglieri comunali**
**3. Assessori**

A Diagramma 1
B Diagramma 2
C Diagramma 3
D Diagramma 4
E Diagramma 5

**Ragionamento logico**

**41** **Completare la seguente proporzione:**

**Litro : X = Y : petrolio**

A X = chilometro, Y = trivella
B X = acqua, Y = barile
C X = peso, Y = ambiente
D X = litro, Y = giacimento
E X = acqua, Y = giacimento

**Negli esercizi seguenti individuare la parola da scartare.**

**42**

A Divario B Dividendo C Discrepanza D Discordanza E Distanza

**43**

A Panchina B Trono C Sgabello D Scranno E Bracciolo

**Rispondere ai seguenti quesiti.**

**44** **Un sinonimo di *trasfondere* è:**

- A accollare
- B sotterrare
- C precedere
- D temporeggiare
- E trasmettere

**45** **Delle tre società Alpha, Beta e Gamma almeno due sono lussemburghesi. Sapendo che se Alpha è lussemburghese anche Beta lo è, che se Gamma è lussemburghese lo è anche Alpha, e che tra Beta e Gamma almeno una è non lussemburghese, si può dedurre che:**

- A Alpha, Gamma e Beta sono lussemburghesi
- B Alpha non è lussemburghese e Beta è lussemburghese
- C Gamma non è lussemburghese e Beta è lussemburghese
- D Alpha e Gamma sono lussemburghesi
- E Gamma è lussemburghese e Beta non è lussemburghese

**46** **"È sbagliato negare che è falso che il quadro non è stato dipinto da Cimabue". Basandosi sulla precedente affermazione, individuare quale delle seguenti alternative è esatta.**

- A Il quadro non è stato dipinto da Cimabue
- B Il quadro è stato dipinto da un pittore sconosciuto
- C Il quadro è stato dipinto da Cimabue
- D Non è certo che il quadro sia stato dipinto da Cimabue
- E Non si può conoscere quale pittore ha dipinto il quadro

**47** **Laura dice a Danilo: "Se venerdì starò bene, giocherò la partita. Se starà bene anche Betty la porterò a giocare con me". È venerdì, Danilo va a vedere la partita e vede Laura in tribuna a guardare la partita. Allora sicuramente:**

- A Laura sta bene, ma Betty no
- B Laura e Betty non stanno bene
- C Laura sta bene, Betty non ha voluto giocare la partita con lei
- D Betty non sta bene
- E Laura non sta bene

**Risolvere i seguenti problemi.**

**48** **Una persona sta correndo a 18 km/h lungo una strada sulla cui perpendicolare è appostato un killer. Nel momento esatto in cui l'atleta si trova a 15 m dal centro dell'incrocio e il killer a 400, quest'ultimo spara un colpo con velocità di 200 m/s e un secondo colpo dopo un secondo. Quale colpo centrerà il bersaglio?**

- A Il secondo
- B Nessuno dei due
- C Tutti e due
- D Il primo
- E Nessuna delle precedenti alternative è corretta

**49** **Qual è l'ordine per valore crescente delle frazioni sotto riportate?**

**a = 152/150 b = 3/7 c = 8/11 d = 5/8**

A b < d < c < a

B c < b < d < a

C d < b < a < c

D b < c < d < a

E c < a < b < d

**50** **Un gioco per computer è stato scontato del 20% e viene così venduto a 80 euro. Quanto costava senza lo sconto?**

A Più di 100 euro

B Meno di 100 euro

C 100 euro

D 96 euro

E Non ci sono dati sufficienti per determinarlo

# Soluzioni della prima prova

**Alpha Test** — **Risposte esatte della prima prova**

VERIFICARE LE RISPOSTE RELATIVE ALLE DOMANDE DELLA PRIMA PROVA

| | A | B | C | D | E | | A | B | C | D | E |
|---|---|---|---|---|---|---|---|---|---|---|---|
| 1 | □ | □ | ■ | □ | □ | 26 | □ | ■ | □ | □ | □ |
| 2 | □ | ■ | □ | □ | □ | 27 | □ | □ | ■ | □ | □ |
| 3 | □ | □ | □ | □ | ■ | 28 | ■ | □ | □ | □ | □ |
| 4 | □ | □ | □ | ■ | □ | 29 | □ | □ | □ | ■ | □ |
| 5 | □ | □ | □ | □ | ■ | 30 | □ | □ | ■ | □ | □ |
| 6 | ■ | □ | □ | □ | □ | 31 | □ | ■ | □ | □ | □ |
| 7 | □ | ■ | □ | □ | □ | 32 | □ | □ | ■ | □ | □ |
| 8 | □ | □ | □ | ■ | □ | 33 | □ | ■ | □ | □ | □ |
| 9 | ■ | □ | □ | □ | □ | 34 | □ | □ | □ | ■ | □ |
| 10 | □ | □ | ■ | □ | □ | 35 | ■ | □ | □ | □ | □ |
| 11 | □ | □ | □ | ■ | □ | 36 | □ | □ | ■ | □ | □ |
| 12 | □ | ■ | □ | □ | □ | 37 | □ | □ | ■ | □ | □ |
| 13 | □ | □ | ■ | □ | □ | 38 | □ | □ | □ | ■ | □ |
| 14 | □ | □ | □ | ■ | □ | 39 | □ | □ | □ | □ | ■ |
| 15 | □ | □ | □ | □ | ■ | 40 | □ | □ | □ | ■ | □ |
| 16 | □ | □ | ■ | □ | □ | 41 | □ | ■ | □ | □ | □ |
| 17 | □ | ■ | □ | □ | □ | 42 | □ | ■ | □ | □ | □ |
| 18 | □ | □ | □ | ■ | □ | 43 | □ | □ | □ | □ | ■ |
| 19 | □ | □ | ■ | □ | □ | 44 | □ | □ | □ | □ | ■ |
| 20 | □ | □ | □ | □ | ■ | 45 | □ | □ | ■ | □ | □ |
| 21 | □ | ■ | □ | □ | □ | 46 | □ | □ | ■ | □ | □ |
| 22 | □ | □ | □ | ■ | □ | 47 | □ | □ | □ | □ | ■ |
| 23 | □ | □ | □ | □ | ■ | 48 | ■ | □ | □ | □ | □ |
| 24 | □ | □ | ■ | □ | □ | 49 | ■ | □ | □ | □ | □ |
| 25 | □ | □ | ■ | □ | □ | 50 | □ | □ | ■ | □ | □ |

Prove di verifica

# SECONDA PROVA

Alpha Test

## Scheda per le risposte della seconda prova

CONTRASSEGNARE LE RISPOSTE RELATIVE ALLE DOMANDE DELLA SECONDA PROVA

| | A | B | C | D | E | | A | B | C | D | E |
|---|---|---|---|---|---|---|---|---|---|---|---|
| 1 | | | | | | 26 | | | | | |
| 2 | | | | | | 27 | | | | | |
| 3 | | | | | | 28 | | | | | |
| 4 | | | | | | 29 | | | | | |
| 5 | | | | | | 30 | | | | | |
| 6 | | | | | | 31 | | | | | |
| 7 | | | | | | 32 | | | | | |
| 8 | | | | | | 33 | | | | | |
| 9 | | | | | | 34 | | | | | |
| 10 | | | | | | 35 | | | | | |
| 11 | | | | | | 36 | | | | | |
| 12 | | | | | | 37 | | | | | |
| 13 | | | | | | 38 | | | | | |
| 14 | | | | | | 39 | | | | | |
| 15 | | | | | | 40 | | | | | |
| 16 | | | | | | 41 | | | | | |
| 17 | | | | | | 42 | | | | | |
| 18 | | | | | | 43 | | | | | |
| 19 | | | | | | 44 | | | | | |
| 20 | | | | | | 45 | | | | | |
| 21 | | | | | | 46 | | | | | |
| 22 | | | | | | 47 | | | | | |
| 23 | | | | | | 48 | | | | | |
| 24 | | | | | | 49 | | | | | |
| 25 | | | | | | 50 | | | | | |

# SECONDA PROVA

Tempo a disposizione: 100 minuti

**Comprensione del testo e conoscenza della lingua italiana - Testo 1**

**In base alle informazioni contenute nel brano seguente, rispondere alle successive domande.**

**[1]** Un passo avanti molto importante della teoria della personalità negli ultimi venticinque anni è stato, secondo me, la progressiva consapevolezza che nessuno può essere compreso adeguatamente se isolato dal suo contesto sociale. L'esperienza e il comportamento di ognuno, sia egli considerato sano o pazzo, sono comprensibili, almeno in parte, come risposte al comportamento passato o presente di altri verso di lui e intorno a lui.

**[2]** Ciononostante, il linguaggio e le etichette usati dagli psichiatri sono ancora orientati verso la definizione di individui malati o devianti. La nosologia psichiatrica classifica i pazienti degli psichiatri come disturbati, ma non possiede categorie per etichettare le situazioni interpersonali che possono disturbarli. Abbiamo bisogno di linguaggi appropriati, di schemi e di modelli con cui pensare agli effetti causati sulle persone dal contesto sociale – famiglie, scuole, chiese, fabbriche e circoli – e alle relazioni fra piccoli gruppi microsociali e relativo contesto macrosociale: la Società nel suo insieme.

**[3]**La psicoanalisi presuppone, almeno in teoria, che il senso di persecuzione di una persona sia in parte o totalmente causato da fantasie determinate dall'istinto o filogeneticamente. Certo, molti psicanalisti sanno che le storie di persecuzione infantile raccontate dai loro pazienti sono vere. Ma questo, sebbene valido, non è soddisfacente, se essi non hanno una teoria con cui spiegare come la persecuzione avvenuta nel passato possa in seguito dare origine a certe strane esperienze. Si consideri un individuo che ritenga certi eventi verificatisi nella sua mente (pensieri, sentimenti, percezioni, ricordi ecc.) come cattivi, pazzi, osceni, impuri, sporchi o pericolosi. Se egli desidera considerarsi buono, sano, decente, puro, pulito e sicuro, ha bisogno di adottare certe tattiche mediante le quali affrontare quegli eventi, quando gli appaiono alla coscienza o prima del loro apparire. Si possono sfuggire i pericoli o gli elementi "cattivi" del mondo che ci circonda; basta allontanarsene. Ma in questo caso la fuga non è attuabile, non si può ritirare la nostra mente da se stessa.

**[4]** C'è una scappatoia possibile e spesso usata: fingere che certi eventi non si verifichino nella nostra mente, cioè escluderli dal campo della coscienza. Ma fuori dalla coscienza non significa fuori dalla mente; è solo un'apparenza. Come gli oggetti del mondo esterno non scompaiono quando voltiamo loro la schiena, così gli eventi della nostra mente non cessano di verificarsi per il fatto che ci distogliamo da loro. E, anche fuori dalla consapevolezza, essi sono spesso sottoposti a mutamenti.

**[5]** Freud usava parecchi termini per indicare le operazioni con cui allontaniamo o manteniamo lontani dalla consapevolezza determinati eventi, per esempio rimuovere (*verdrängen*), rinnegare (*verleugnen*) e rifiutare (*verwerfen*); e alcuni per indicare una inconsapevolezza parziale, per esempio condannare (*verurteilen*) e negare (*verneinen*). René Laforgue, psicanalista francese, usò un termine tradotto in italiano con *scotomizzare*, cioè rendere qualcuno cieco a qualcosa; molti psicanalisti parlano di ripudio o negazione di eventi. Tutti questi termini rappresentano dei mezzi mediante i quali ci si priva di alcune possibilità della nostra mente. Uso questi termini in modo intercambiabile, dal momento che trovo difficile distinguere in pratica le singole operazioni a cui si riferiscono. Qui, per comodità, mi riferisco a uno di questi, alla rimozione. Attraverso lo strumento della rimozione la mente cerca di espropriare da se stessa degli elementi che ritiene inappropriati; cambia cioè il "me-cattivo" nel "non-me".

1 **Nel primo paragrafo, in "l'esperienza e il comportamento di ognuno", *ognuno* è:**

A aggettivo indefinito

B aggettivo indicativo

C pronome indefinito

D pronome personale

E avverbio di quantità

2 **In [2] viene citata la "nosologia psichiatrica". Cosa indica il termine *nosologia*?**

A Il disturbo di personalità

B La classificazione sistematica delle malattie

C Il disturbo deviante

D È sinonimo di eziologia

E Lo studio delle devianze

3 **Quale fra i seguenti termini non può essere sinonimo di *campo* in "campo della coscienza" (paragrafo 4)?**

A Dominio

B Spettro

C Parte

D Sfera

E Ambito

4 **Nel brano è usato il termine *psicoanalisi*?**

A No, mai

B Sì, in tutti e 5 i 5aragrafi

C Solo nel paragrafo [3]

D Solo negli ultimi 2 paragrafi

E Nei paragrafi [2] e [3]

5 **La necessità di linguaggi appropriati, insieme a quella di schemi e modelli, viene citata come necessaria nel brano per:**

A etichettare le situazioni più gravi

B studiare gli effetti provocati dal contesto sociale sui singoli

C isolare esperienze estreme e dannose

D studiare gli effetti provocati dai singoli sul contesto sociale

E Nessuna delle precedenti

6 **Qual è secondo l'autore il limite principale della psicoanalisi?**

A L'incapacità di riconoscere il legame tra personalità di un individuo e ambiente in cui quest'ultimo è cresciuto

B L'incapacità di associare ai diversi eventi interpersonali che caratterizzano la vita di un individuo gli effetti da essi prodotti sulla personalità dell'individuo stesso

C Il rifiuto che certi eventi di tipo interpersonale si siano verificati

D La mancanza di una teoria che spieghi in modo sistematico come determinati eventi interpersonali del passato possano dare origine a esperienze successive nel campo della personalità

E Il determinismo nel legame tra contesto sociale e sviluppo della personalità

7 **L'intento dell'autore di questo brano è:**

A chiarire il significato di alcuni termini utilizzati dalla nosografia psichiatrica
B analizzare l'influenza del contesto sociale sulla personalità di un individuo
C criticare la psicanalisi
D affermare che non tutti gli individui definiti "malati" o "devianti" dalla psicoanalisi sono effettivamente tali
E mostrare che non è possibile allontanare dalla mente di un individuo determinati eventi prescindendo dalle influenze sociali che li hanno determinati

8 **Quale delle seguenti affermazioni è contenuta nel brano?**

A I termini "rimozione" e "scotomizzazione" hanno esattamente lo stesso significato
B Secondo tutti gli psicanalisti molte storie di persecuzione infantile non sono vere
C Gli individui definiti "sani" hanno subito minore influenza dal contesto sociale rispetto ai "pazzi"
D Gli individui definiti "sani" hanno subito maggiore influenza dal contesto sociale rispetto ai "pazzi"
E Scotomizzare è un termine che richiama l'idea di negazione di eventi

9 **Secondo l'autore del brano, Freud usava Il termine *verurteilen*:**

A per indicare una inconsapevolezza parziale di determinati eventi
B come sinonimo di *verdrängen*
C nella stessa accezione della psichiatria degli ultimi 25 anni
D nel senso dell'italiano *negare*
E nel senso dell'italiano *rinnegare*

10 **In quale paragrafo del brano si afferma che "molti psicanalisti sanno che le storie di persecuzione infantile raccontate dai loro pazienti sono vere"?**

A Nel paragrafo [1]
B Nel paragrafo [2]
C Nel paragrafo [3]
D Nel paragrafo [4]
E Nel paragrafo [5]

## Comprensione del testo e conoscenza della lingua italiana - Testo 2

**In base alle informazioni contenute nel brano seguente, rispondere alle successive domande.**

Al centro della Sicilia, un enorme labirinto di macerie e cemento ricopre una collina rasa al suolo da un terremoto: è il Cretto di Burri, la più celebre opera di land art italiana, nata dal genio dell'omonimo artista umbro.

Nella notte tra il 14 e il 15 gennaio 1968 un violento terremoto colpì la Sicilia occidentale, radendo al suolo Gibellina, piccolo comune nella valle del Belice a poco più di 20 km da Calatafimi. La città nuova fu ricostruita poco distante, e l'allora **[1]** sindaco del paese, Ludovico Corrao, chiamò a raccolta alcuni tra i più celebri architetti e artisti del tempo per contribuire con le proprie opere alla *città d'arte* che immaginava di edificare, nel tentativo di sublimare il dolore di una comunità traumatizzata e lacerata.

Tra questi c'era l'artista Alberto Burri, demiurgo della materia, che ideò una colossale opera di land art con la tecnica del cretto, ovvero, nel linguaggio ______ **[2]**, la *"fenditura in senso radiale che si riscontra nei tronchi di alberi piuttosto vecchi"* (Treccani). Le macerie della vecchia città furono raccolte e, armate con il cemento, vennero trasformate in un'enorme e omogenea struttura labirintica, posta come un sudario sul lato della piccola collina, a perenne monumento evocativo di quella tragedia.

SECONDA PROVA

Le faglie, che ricordano le vecchie strade del paese, si stagliano oggi con la loro neutralità ecrù **[3]** sui colori accesi del cielo e della macchia siciliana circostante.
Un paesaggio evocativo che ogni anno, dalla sua ultimazione nel 2015, richiama turisti, curiosi e fotografi, come l'italo-tedesco Daniel Farò, che ne ha immortalato lo scenario metafisico **[4]** cogliendone a pieno la potenza visiva ed evocativa.

(*Il cretto di Burri*, di Daniele Biaggi, *Wired*, 24 settembre 2020)

SECONDA PROVA

**11 In [1] *allora* è:**
- A congiunzione correlativa temporale
- B congiunzione correlativa conclusiva
- C congiunzione disgiuntiva
- D avverbio di valutazione
- E avverbio di tempo

**12 A Calatafimi, nel Risorgimento ci fu una battaglia vinta dalle truppe:**
- A borboniche
- B garibaldine
- C mazziniane
- D franco-piemontesi
- E austriache

**13 Il termine corretto da inserire in [2] è:**
- A architettonico
- B biologico
- C siciliano
- D botanico
- E artistico

**14 Su Alberto Burri, dal brano, possiamo logicamente dedurre tutte le alternative tranne una, quale?**
- A Era d'origine umbra
- B Era famoso nel 1968
- C Ideò un'opera colossale
- D Partecipò a tutti i lavori fino all'ultimazione
- E Realizzava opere materiche

**15 Burri viene definito "demiurgo della materia". Cosa significa in questo caso *demiurgo*?**
- A Artefice, creatore
- B Magistrato
- C Libero lavoratore
- D Appassionato
- E Nessuna delle precedenti è corretta

**16 Alla base dell'opera progettata da Burri c'era:**
- A il recupero dell'evocazione mitica
- B l'esaltazione del cemento
- C il riuso delle macerie
- D la protesta contro l'architettura tradizionale
- E l'esaltazione della Sicilia

**17 A cosa viene paragonato il Cretto di Burri?**

A Alla nuova Gibellina
B A un labirinto
C A una collina artificiale
D A un albero
E A un sudario

**18 Quale tra i seguenti è un contrario di *ecrù* [3]?**

A Bianco sporco
B Color corda
C Color Sabbia
D Colorato
E Bicromo

**19 Individuare l'unica affermazione errata sul Cretto di Burri.**

A L'opera è stata inaugurata nel 2015
B L'idea dell'opera fu del sindaco di Gibellina
C L'opera è un monumento evocativo del terremoto del 1968
D L'opera è su una collina immersa nella macchia siciliana
E È un'opera celebre

**20 Quale termine meglio descrive lo "scenario metafisico" in [4]?**

A Transeunte
B Contingente
C Derivato
D Universale
E Raccolto

**Comprensione del testo e conoscenza della lingua italiana - Testo 3**

**In base alle informazioni contenute nel brano seguente, rispondere alle successive domande.**

**[1]** Mia madre è morta nel momento in cui nascevo, e così per tutta la mia vita non c'è mai stato nulla fra me e l'eternità; alle mie spalle soffiava sempre un vento nero e desolato. All'inizio della mia vita non avevo modo di sapere che sarebbe stato così; lo scoprii solo verso la metà della mia vita, proprio quando non ero più giovane e mi resi conto che avevo meno di certe cose che prima avevo in abbondanza, e più di quelle cose che non avevo avuto quasi affatto. E questa _____ di una perdita e di un guadagno mi spinse a guardarmi indietro e avanti: al principio di me c'era questa donna dal viso che non avevo mai visto, ma alla fine di me non c'era niente, non c'era nessuno fra me e la stanza nera del mondo. Giunsi a pensare che per tutta la vita ero stata ritta sull'orlo di un precipizio, che quella perdita mi aveva reso vulnerabile, dura e senza difese; nel capire questo mi sentii sopraffatta dalla tristezza e dalla vergogna e dalla pietà per me stessa.

**[2]** Quando mia madre morì, lasciandomi piccola e inerme di fronte al mondo, mio padre mi prese e mi affidò alle cure della stessa donna che pagava per lavargli i panni. È possibile che le abbia fatto osservare la differenza tra i due fagotti: uno era sua figlia, non la sua unica figlia nel mondo ma la sola che aveva avuto dalla sola donna che aveva sposato fino a quel momento; l'altro erano i suoi panni sporchi. Ne avrà maneggiato uno con più garbo, avrà dato istruzioni più sollecite per l'uno rispetto all'altro, avrà richiesto che si prestasse più attenzione all'uno che all'altro, ma quale dei due non saprei, perché era un uomo molto vanitoso, e per lui il suo _____ era molto importante. Che io fossi un peso per lui, lo so: che i suoi panni sporchi fossero un peso per lui, lo so; che non sapeva come prendersi cura di me da solo, né come lavarsi i panni da solo, lo so.



SECONDA PROVA

**[3]** Aveva vissuto con mia madre in una casa molto piccola. Era povero, ma non perché fosse buono; non aveva ancora fatto abbastanza cose cattive per diventare ricco. La casa era su una collina, e lui era sceso a piedi tenendo precariamente in una mano la bambina e nell'altra i panni, e li aveva dati, fagotto e bambina, a una donna. La donna non era ______ sua, né di mia madre; si chiamava Eunice Paul e aveva già sei figli, l'ultimo ancora piccolo. Ecco perché aveva ancora un po' di latte in seno da darmi, ma nella mia bocca aveva un sapore acido e io non volevo berlo. Abitava in una casa lontana dalle altre case, e da lì c'era una gran veduta del mare e delle montagne, e quando ero irascibile e incapace di consolarmi da sola mi sistemava su qualche vecchia pezza e mi metteva all'ombra di un albero, e alla vista di quel mare e di quelle montagne, così impietose, mi spendevo tutta in lacrime.

(Jamaica Kinkead, *Autobiografia di mia madre*)

**21 Il termine che manca in [1] è:**

A un avverbio
B avventura
C memoria
D lo stesso che manca in [3]
E scoperta

**22 Quante volte ricorre in [1] il colore nero e cosa descrive?**

A Solo una, il mondo
B Non è presente in [1] ma in [2]
C Due, il vento e il mondo
D Due, il vento e il precipizio
E Nessuna delle precedenti è corretta

**23 La perdita cui si accenna alla penultima riga di [1] è:**

A solo simbolica
B quella della madre
C quella del padre
D di fiducia verso gli altri
E di innocenza

**24 In [1] compare il termine *precipizio*, di cui non è sinonimo:**

A abisso
B burrone
C strapiombo
D tracolla
E dirupo

**25 Dal periodo [2] si ricava che il padre della voce narrante:**

A aveva avuto anche un figlio maschio
B era un padre adottivo
C aveva già avuto altri figli
D conviveva con una lavandaia
E aveva altre mogli

**26 Il termine che manca in [2] è:**

- A carattere
- B aspetto
- C linguaggio
- D lavoro
- E patrimonio

**27 In [2] vengono dette una serie di cose sul padre, che di lui compongono un ritratto:**

- A poco lusinghiero
- B molto lusinghiero
- C incentrato sull'aspetto e la vanità
- D poco intelligibile
- E affettuoso

**28 Il termine che manca in [3] è:**

- A paziente
- B parente
- C amante
- D amica
- E conoscente

**29 Della casa natale della voce narrante, come descritto in [3] si può dire che era:**

- A lontana dalle altre case
- B sulla collina
- C in riva al mare
- D con vista di mare e montagne
- E in città

**30 Chi o cosa faceva compagnia alla protagonista in [3] nei momenti di irascibilità e scontento?**

- A Un albero e la collina
- B Eunice Paul e i suoi sei figli naturali
- C Delle vecchie pezze e il paesaggio
- D Solo la natura
- E Nessuna delle precedenti alternative è corretta

**Conoscenze e competenze acquisite negli studi**

**31 Nella caserma Lenin di Barcellona, il giorno prima di arruolarmi nella milizia, vidi un miliziano italiano che se ne stava in piedi davanti al tavolo degli ufficiali.**

**(G. Orwell, *Omaggio alla Catalogna*)**

**Scegli la deduzione corretta ricavabile dall'incipit sopra riportato.**

- A Anche la voce narrante è un italiano
- B Chi scrive è un nativo di Barcellona
- C La voce narrante è quella di un ufficiale comunista
- D Il contesto rimanda alla guerra civile spagnola
- E Le milizie alla caserma Lenin riunivano i volontari giunti dall'Italia

SECONDA PROVA

**32** **Completa correttamente le lacune del seguente testo.**

**Tra gli orrori di cui la storia del Novecento è stata prodiga, pochi sono paragonabili alla condizione dei besprizornye, come venivano chiamati nella _____ postrivoluzionaria gli innumerevoli bambini e ragazzini rimasti orfani in seguito alla guerra, alla guerra civile o alla carestia. Stimati tra i sei e i sette milioni nel _____ , sporchi, vestiti di stracci, vagavano da soli o in gruppi per le città e le campagne in cerca di cibo, spostandosi nel paese aggrappati alle balestre sotto i vagoni dei treni, trovando riparo dal gelo negli scantinati delle stazioni o dentro i cassonetti, spinti dalla fame a un crescendo di aggressività e violenza che arrivava fino al cannibalismo. Né potevano offrire un'alternativa a quella vita gli orfanotrofi pubblici: strutture, in tutto simili ai lager dove bambini scheletrici giacevano ammassati in condizioni spaventose. E se negli anni Venti il problema viene studiato sul piano sociale, politico, giudiziario, psicologico ed educativo, in seguito saranno imposti il silenzio e la censura da parte di uno Stato che non può certo ammettere un simile sfacelo nel 'paradiso' della società _____ .**

A Germania; 1922; nazionalsocialista
B Siberia; 1952; russa
C Russia; 1922; sovietica
D Turchia; 1937; ottomana
E Unione Sovietica; 1916; sovietica

**33** **Cosa significa *mobbing*?**

A Comportamento di un'azienda che isola ed emargina uno o più lavoratori perché si licenzino
B In ambienti di lavoro, persecuzione ed emarginazione nei confronti di un singolo individuo da parte del gruppo in cui è inserito
C L'insieme dei comportamenti aggressivi tipici di alcuni animali, soprattutto uccelli, nei confronti di un predatore
D Atteggiamento molesto e intimidatorio nei confronti di un famigliare
E Forma di sopraffazione da parte di una persona che usa la propria forza o potere per intimorire o danneggiare una persona più debole

**Indica quale tra le seguenti rappresentazioni soddisfa la relazione esistente tra gli elementi proposti.**

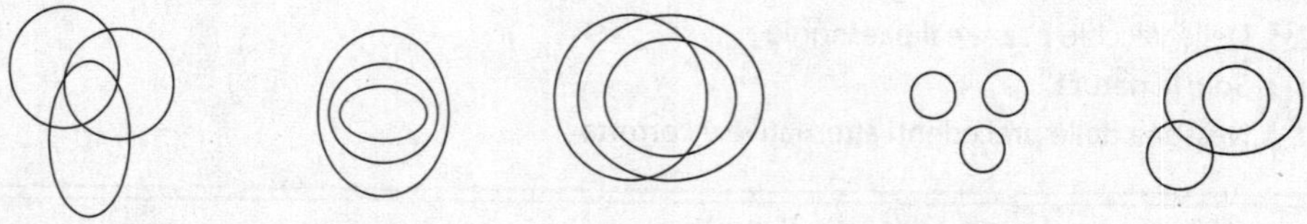

Diagramma 1 Diagramma 2 Diagramma 3 Diagramma 4 Diagramma 5

**34** **1. Paesi europei**
**2. Paesi membri dell'Unione europea**
**3. Paesi della zona euro**

A Diagramma 5
B Diagramma 3
C Diagramma 1
D Diagramma 4
E Diagramma 2

35 **1. Consiglio europeo**
**2. Consiglio dell'Unione europea**
**3. Commissione europea**

- A Diagramma 1
- B Diagramma 2
- C Diagramma 3
- D Diagramma 4
- E Diagramma 5

**Osserva le immagini e rispondi alle domande.**

1

2

3

36 **Indica il corretto ordine cronologico delle opere proposte.**

- A 2, 1, 3
- B 2, 3, 1
- C 3, 1, 2
- D 3, 2, 1
- E 1, 2, 3

**37** **Attribuisci le opere al loro autore.**

A 1: Klimt; 2: Renoir; 3: Van Gogh

B 1: Klimt; 2: Monet; 3: Ligabue

C 1: Schiele; 2: Monet; 3: Van Gogh

D 1: Schiele, 2: Renoir; 3: Van Gogh

E 1: Klimt; 2: Monet; 3: Van Gogh

---

**38** **Il sistema aristotelico del sapere si articola in scienze teoretiche, pratiche e poietiche; in quale dei tre gruppi rientra la logica?**

A Nelle poietiche

B Nelle teoretiche

C Sia nelle pratiche sia nelle teoretiche

D Nelle pratiche

E In nessuno dei tre gruppi

---

**39** **Osserva l'immagine e individua l'alternativa che la contestualizza correttamente.**

PER LA DIFESA DELLA PACE E DEGLI INTERESSI ITALIANI NELL'ADRIATICO

**Le nostre truppe entrate a Tirana**

**La capitale albanese occupata stamane alle 9.30**

*La ignominiosa fuga di Zog e del suo Governo - La Legazione d'Italia saldo fortilizio in mezzo alla furia brigantesca*

**La Spagna firma il Patto anticomintern**

Alle ore 9.30 le truppe italiane sono entrate a Tirana. (Stefani).

*Pax adriatica*

I criminali liberati e armati da Zog

Appello agli albanesi

A Seconda guerra mondiale: occupazione italiana di Tirana del 9 aprile 1938

B Prima guerra mondiale: occupazione italiana di Tirana del 9 aprile 1915

C Seconda guerra mondiale: occupazione italiana di Tirana del 9 aprile 1939

D Prima guerra mondiale: occupazione italiana di Tirana del 9 aprile 1917

E Vigilia della prima guerra mondiale: occupazione italiana di Tirana del 9 aprile 1912

---

**40** **Quale dei titoli seguenti è un'opera del drammaturgo tedesco Bertolt Brecht?**

A *Opera al nero*

B *Minima moralia*

C *L'opera aperta*

D *L'Opera da tre soldi*

E *Il tamburo di latta*

## Ragionamento logico

**41 Alcuni rettili strisciano. I serpenti non hanno le zampe. Le tartarughe sono rettili. Attenendosi alle precedenti affermazioni, quale delle seguenti deduzioni è logicamente corretta?**

A Le tartarughe strisciano
B Non tutti i rettili nuotano.
C Le tartarughe nuotano
D I serpenti sono rettili
E Alcuni rettili non strisciano

**42 *Proscritto* significa:**

A testo aggiunto dopo la firma
B colui che è bandito, scacciato
C persona spregevole
D persona dispersa
E Imposto

**Leggere il seguente problema e rispondere alle relative domande.**

Nello Stato di Abajo le 6 principali città sono:

- Demasiado, che è a 20 km in linea retta a est di Amanecer;
- Cortado, che è a 10 km in linea retta a sud-ovest di Amanecer;
- Estrella, che si trova a 20 km in linea retta a nord-ovest di Amanecer;
- Farol, che si trova a sud di Demasiado in linea retta;
- Bastante, che è a nord di Demasiado in linea retta.

**43 Se Bastante si trova a 20 km da Demasiado, allora la strada che la collega direttamente in linea retta ad Amanecer è lunga:**

A più di 60 km
B più di 50 km
C meno di 40 km
D più di 70 km
E mendo di 30 km

**44 Se l'unica strada che collega Cortado a Bastante è quella che passa prima per Amanecer e Demasiado, la distanza tra le due città è sicuramente:**

A non inferiore a 30 km
B maggiore di 40 km
C non inferiore a 60 km
D maggiore di 50 km
E inferiore a 30 km

**45 Una strada rettilinea che collega Estrella a Bastante per quale delle altre città può passare?**

A Farol
B Cortado
C Amanecer
D Soltanto per una
E Nessuna

SECONDA PROVA

**Risolvere i seguenti problemi.**

**46** **L'attrazione di un parco di divertimenti è un veicolo su rotaia che avanza a 120 km/h; in tre occasioni inverte istantaneamente la direzione di marcia per 5 secondi a 60 km/h riprendendo poi, ognuna delle tre volte, la direzione e la velocità originaria. Quanto misura il percorso sapendo che il veicolo impiega un minuto a completarlo?**

- A 0,5 km
- B 1.250 m
- C 45 sec
- D 1 km
- E 1,5 km

**47** **Arturo e Bartolomeo fanno una corsa campestre. A 2500 metri dal traguardo, Arturo si ferma per 4 minuti ad aspettare l'amico, quindi ripartono insieme mantenendo le precedenti rispettive velocità e, in un quarto d'ora, Arturo vince con un minuto di vantaggio su Bartolomeo. Quanto misura l'intero percorso?**

- A 10 km
- B 3.000 hs
- C 12,5 km
- D 12 km
- E 6 km/h

**48** **Qual è la probabilità che, estraendo una carta da un mazzo di quaranta carte contenente quattro assi, si peschi un asso?**

- A 0,4
- B 0,1
- C 4
- D 0,01
- E 0,5

**49** **Un terzo dei tram di Milano è fermo per sciopero. Affinché Giovanni arrivi al lavoro in tempo occorre che almeno 80 tram siano destinati alla linea 24 che egli percorre abitualmente. Sapendo che i tram di Milano sono complessivamente 660 e che l'azienda tramviaria destina, durante lo sciopero, un quinto dei tram circolanti alla linea 24, Giovanni riuscirà ad arrivare in tempo al lavoro malgrado prenda il tram durante lo sciopero?**

- A Sì
- B No
- C Dipende da quanto dura lo sciopero
- D Riuscirà ad arrivare, ma non in orario
- E Non ci sono dati sufficienti per rispondere

**50** **Lanciando una moneta e pescando da un'urna contenente tre palline nere e una bianca, qual è la probabilità di ottenere rispettivamente testa e pallina bianca, svolgendo le due azioni contemporaneamente?**

- A Una su otto
- B Una su due
- C Una su quattro
- D Una su dodici
- E Due su cinque

# Soluzioni della seconda prova

Alpha Test

**Risposte esatte della seconda prova**

VERIFICARE LE RISPOSTE RELATIVE ALLE DOMANDE DELLA SECONDA PROVA

| | A | B | C | D | E | | A | B | C | D | E |
|---|---|---|---|---|---|---|---|---|---|---|---|
| 1 | □ | □ | ■ | □ | □ | 26 | □ | ■ | □ | □ | □ |
| 2 | □ | ■ | □ | □ | □ | 27 | ■ | □ | □ | □ | □ |
| 3 | □ | □ | ■ | □ | □ | 28 | □ | ■ | □ | □ | □ |
| 4 | □ | □ | ■ | □ | □ | 29 | □ | ■ | □ | □ | □ |
| 5 | □ | ■ | □ | □ | □ | 30 | □ | □ | ■ | □ | □ |
| 6 | □ | □ | □ | ■ | □ | 31 | □ | □ | □ | ■ | □ |
| 7 | □ | □ | □ | □ | ■ | 32 | □ | □ | ■ | □ | □ |
| 8 | □ | □ | □ | □ | ■ | 33 | □ | ■ | □ | □ | □ |
| 9 | ■ | □ | □ | □ | □ | 34 | □ | □ | □ | □ | ■ |
| 10 | □ | □ | ■ | □ | □ | 35 | □ | □ | □ | ■ | □ |
| 11 | □ | □ | □ | □ | ■ | 36 | ■ | □ | □ | □ | □ |
| 12 | □ | ■ | □ | □ | □ | 37 | □ | □ | □ | □ | ■ |
| 13 | □ | □ | □ | ■ | □ | 38 | □ | ■ | □ | □ | □ |
| 14 | □ | □ | □ | ■ | □ | 39 | □ | □ | ■ | □ | □ |
| 15 | ■ | □ | □ | □ | □ | 40 | □ | □ | □ | ■ | □ |
| 16 | □ | □ | ■ | □ | □ | 41 | □ | □ | □ | □ | ■ |
| 17 | □ | □ | □ | □ | ■ | 42 | □ | ■ | □ | □ | □ |
| 18 | □ | □ | □ | ■ | □ | 43 | □ | □ | ■ | □ | □ |
| 19 | □ | ■ | □ | □ | □ | 44 | ■ | □ | □ | □ | □ |
| 20 | □ | □ | □ | ■ | □ | 45 | □ | □ | □ | □ | ■ |
| 21 | □ | □ | □ | □ | ■ | 46 | □ | ■ | □ | □ | □ |
| 22 | □ | □ | ■ | □ | □ | 47 | □ | □ | ■ | □ | □ |
| 23 | □ | ■ | □ | □ | □ | 48 | □ | ■ | □ | □ | □ |
| 24 | □ | □ | □ | ■ | □ | 49 | ■ | □ | □ | □ | □ |
| 25 | □ | □ | ■ | □ | □ | 50 | ■ | □ | □ | □ | □ |

Prove di verifica

# TERZA PROVA

Alpha Test

# Scheda per le risposte della terza prova

CONTRASSEGNARE LE RISPOSTE RELATIVE ALLE DOMANDE DELLA TERZA PROVA

| | A | B | C | D | E | | A | B | C | D | E |
|---|---|---|---|---|---|---|---|---|---|---|---|
| 1 | | | | | | 26 | | | | | |
| 2 | | | | | | 27 | | | | | |
| 3 | | | | | | 28 | | | | | |
| 4 | | | | | | 29 | | | | | |
| 5 | | | | | | 30 | | | | | |
| 6 | | | | | | 31 | | | | | |
| 7 | | | | | | 32 | | | | | |
| 8 | | | | | | 33 | | | | | |
| 9 | | | | | | 34 | | | | | |
| 10 | | | | | | 35 | | | | | |
| 11 | | | | | | 36 | | | | | |
| 12 | | | | | | 37 | | | | | |
| 13 | | | | | | 38 | | | | | |
| 14 | | | | | | 39 | | | | | |
| 15 | | | | | | 40 | | | | | |
| 16 | | | | | | 41 | | | | | |
| 17 | | | | | | 42 | | | | | |
| 18 | | | | | | 43 | | | | | |
| 19 | | | | | | 44 | | | | | |
| 20 | | | | | | 45 | | | | | |
| 21 | | | | | | 46 | | | | | |
| 22 | | | | | | 47 | | | | | |
| 23 | | | | | | 48 | | | | | |
| 24 | | | | | | 49 | | | | | |
| 25 | | | | | | 50 | | | | | |

# TERZA PROVA

Tempo a disposizione: 100 minuti

**Comprensione del testo e conoscenza della lingua italiana - Testo 1**

**In base alle informazioni contenute nel brano seguente, rispondere alle successive domande.**

**[1]** Dal primo gennaio del prossimo anno l'Europa cambia musica in materia di cibo. Diventa operativo un pacchetto di norme approvato nel novembre del 2015: il regolamento sul *novel food*. **[2]** Sono gli alimenti nuovi o insoliti, che non sono di casa sulle tavole degli europei ma non per questo non potrebbero prendere piede nei prossimi anni. Cibi a base di alghe, per esempio, oppure ottenuti da vegetali che si sono riprodotti in modi non tradizionali, o con strutture molecolari modificate. O ancora, gli insetti. **[3]** Dal prossimo anno, si potranno vendere liberamente in tutti gli Stati europei gli insetti commestibili o i prodotti che li hanno tra gli ingredienti, dopo aver ricevuto un'autorizzazione generale da parte della UE e non, come prima, un via libera da ciascun Paese comunitario. Anche in Italia, quindi, grilli, camule, formiche e cavallette non saranno più un tabù.

**[4]** Chi vorrà vendere insetti commestibili in Italia, troverà un numero di clienti sufficienti a giustificare l'investimento? Secondo una ricerca della Società Umanitaria di Milano e del suo Centro Studi per lo Sviluppo Sostenibile (CSS), sì.

**[5]** Il 47% degli intervistati si è dichiarato favorevole alla liberalizzazione degli insetti in tavola e il 28% è interessato a mangiarli. «Questi dati dimostrano una disponibilità maggiore di quanto ci aspettassimo» osserva Andrea Mascaretti, presidente del CSS. «Pensiamo che in Italia il primo ristorante di *sushi* è stato aperto negli anni Settanta a Roma. Ci sono voluti trent'anni perché diventasse comune. Con gli insetti potrebbe avvenire in minor tempo».

**[6]** L'impulso a integrare le diete con gli insetti arriva dalla comunità scientifica. Da anni i ricercatori hanno lanciato un allarme sulle conseguenze che la produzione di proteine da fonti animali potrebbe avere sull'ambiente, se dovesse sfamare i 9 miliardi di persone che abiteranno il pianeta nel 2050. Gli insetti sembrano una buona soluzione al problema. Già 2 miliardi di persone li consumano, hanno un buon apporto di proteine e la loro produzione risparmia acqua ed energia e inquina di meno. Per un chilo di carne bovina, ad esempio, si consumano da 7 a 10 chili di mangime.

**[7]** Se le ragioni della scienza sono chiare, i regolatori si domandano come reagiranno i consumatori. «Una grande sfida nell'introduzione delle proteine da insetti all'interno della catena alimentare umana sembra essere l'alternativa tra quello che si definisce "fattore disgusto" e l'accettazione pubblica degli insetti commestibili», si legge in un documento del Parlamento europeo.

**[8]** Per questo la Società Umanitaria ha interrogato i consumatori. Tra aprile e maggio ha intervistato un campione di 500 persone ed è emerso che in Italia abbattere il muro del rifiuto degli insetti non è impossibile. Circa la metà degli intervistati è concorde con la liberalizzazione del commercio. **[9]** La percentuale generale, 47%, è più alta tra chi mangia pietanze etniche (57%), ritiene importante rispettare l'ambiente (50%), fa viaggi all'estero o acquista prodotti a chilometro zero (49%). I giovani (nati tra il 1990 e il 2003) sono più propensi degli adulti (1934-1969). Tra gli uomini il consenso è al 58%, mentre tra le donne scende al 42%.

**1** **Al punto [6], nella frase «Gli insetti sembrano una buona soluzione al problema. Già 2 miliardi di persone li consumano, hanno un buon apporto di proteine e la loro produzione risparmia acqua ed energia e inquina di meno», *la loro produzione* significa:**

- A la produzione di 2 miliardi di persone
- B la produzione di insetti
- C la produzione di proteine
- D ciò che gli insetti producono
- E ciò che 2 miliardi di persone producono

**2** **Al punto [7], nella frase «Se le ragioni della scienza sono chiare, i regolatori si domandano come reagiranno i consumatori», *se* introduce:**

- A una frase coordinata alla principale
- B una alternativa a ciò che è espresso dalla principale
- C una condizione al verificarsi di ciò che è espresso nella frase principale
- D un'ipotesi
- E una domanda indiretta

**3** **Al punto [5], l'espressione *liberalizzazione degli insetti in tavola* indica:**

- A la liberazione di insetti sulle tavole
- B il libero commercio di insetti commestibili
- C la possibilità di acquistare e mangiare insetti non allevati
- D la liberazione delle tavole dagli insetti
- E il libero commercio di insetti in condizioni di non cattività

**4** **Al punto [1], l'espressione *cambia musica* significa:**

- A sceglierà un nuovo inno europeo
- B darà un'accelerata alla legislazione in materia alimentare
- C farà applicare le recenti leggi sui "cibi nuovi"
- D proporrà nuovi abbinamenti tra musica e degustazione
- E indicherà le musiche giuste per l'allevamento degli insetti commestibili

**5** **Qual è il senso dei punti [8]-[9]?**

- A Molti intervistati sono ambientalisti e non c'è da stupirsi se sono favorevoli
- B La contrarietà ai "nuovi cibi" è meno radicata nelle donne adulte che però viaggiano molto
- C I più favorevoli sono quelli che si preoccupano dell'ambiente e non hanno paura del diverso
- D I più contrari sono i maschi adulti che viaggiano poco all'estero e non frequentano ristoranti etnici
- E Oltre la metà degli intervistati è favorevole, quindi non sarà difficile superare la diffidenza degli altri

**6 Qual è il senso complessivo del brano?**

- **A** La diffidenza contro gli insetti commestibili sarà difficilmente superabile a causa del "fattore disgusto"
- **B** In Italia i consumatori sono in maggioranza troppo tradizionalisti e chiusi per accettare facilmente questi "nuovi cibi"'
- **C** I consumatori italiani faticheranno ad accettare nuove imposizioni dalla UE, specie in campo gastronomico
- **D** L'atteggiamento degli italiani nei confronti dei "nuovi cibi" potrebbe essere meno sfavorevole di quanto ci si aspetta
- **E** Le ragioni degli scienziati a favore delle diete a base di insetti avranno poca presa sulle abitudini di consumo dei cittadini italiani

**7 A chi si riferisce l'espressione *i regolatori* (punto [7])?**

- **A** Agli scienziati
- **B** Ai membri dei Parlamenti nazionali
- **C** Ai cittadini intervistati
- **D** Ai membri del Parlamento europeo
- **E** Ai sondaggisti del CSS

**8 Al punto [3] *che* si riferisce:**

- **A** ai prodotti
- **B** agli insetti commestibili
- **C** a tutti gli Stati europei
- **D** a nessuno dei precedenti: è una congiunzione
- **E** agli insetti commestibili o ai prodotti

**9 Al punto [5], dichiarando «Pensiamo che in Italia il primo ristorante di sushi è stato aperto negli anni Settanta a Roma. Ci sono voluti trent'anni perché diventasse comune. Con gli insetti potrebbe avvenire in minor tempo», il Presidente del CSS intende dire che:**

- **A** i cambiamenti nell'alimentazione degli italiani sono sempre stati lenti, ma costanti
- **B** ci vorranno almeno trent'anni prima che gli insetti siano accettati come cibo dagli italiani
- **C** se il *sushi* ci ha messo così tanto ad affermarsi è perché non era tanto comune; gli insetti ci sono più famigliari, quindi ci metteranno meno
- **D** prima che apra un ristorante con menu di soli insetti, il *sushi* dovrà passare di moda
- **E** il primo ristorante con menu a base di insetti potrebbe aprire in meno di trent'anni

**10 Al punto [6] l'autore ci informa del fatto che:**

- **A** nel 2050 il regime attuale di consumi di carne sarà ecologicamente insostenibile
- **B** allevare insetti per fini alimentari riduce l'effetto serra
- **C** gli scienziati sono allarmati per l'integrazione delle diete a base di proteine animali
- **D** molte persone invece di un chilo di carne bovina sono costrette a mangiare dai 7 a i 10 chili di mangime
- **E** una dieta a base di insetti è una buona soluzione per il problema della fame nel mondo

TERZA PROVA

## Comprensione del testo e conoscenza della lingua italiana - Testo 2

**In base alle informazioni contenute nel brano seguente, rispondere alle successive domande.**

**[1]** Ero meravigliato di esser vivo, ma stanco di aspettare soccorsi. Stanco soprattutto degli alberi che crescevano lungo il burrone, dovunque ci fosse posto per un seme che capitasse a finirvi i suoi giorni. Il caldo, quell'atmosfera morbida, che nemmeno la brezza del mattino riusciva a temperare, dava alle piante l'aspetto di animali impagliati. Da quando il camion s'era rovesciato, proprio alla curva della prima discesa, il dente aveva ripreso a dolermi, e ora un impulso che sentivo irresistibile (forse l'impazienza della nevralgia) mi spingeva a lasciare quel luogo. «Io me ne vado» dissi alzandomi.

**[2]** Il soldato che fumava soddisfatto, ormai pronto a dividere con me gli imprevisti della nuova avventura, si rabbuiò. «E dove?» chiese. «Giù al fiume». Non vedevamo ancora il fiume, ma era là sotto, nella sua valle scavata da secoli e guardata da qualche pigro coccodrillo a caccia di lavandaie. Pensavo di trovare un autocarro per risalire dall'altra parte. Dovevo esservi prima di sera o sciupavo uno dei quattro giorni che m'avevano concesso per trovare un dentista.

**[3]** Sì, dovevo andarmene. Oltre la valle, nel cielo bianco, appariva il ciglio opposto dell'altipiano. Il fiume aveva scavato attorno alle montagne lasciandole asciutte come ossi. Tra i due cigli correvano chilometri, quanti non so, perché le distanze ingannano con questa luce che disegna le più lontane minuzie: forse cinque o sei. E, oltre il ciglio, la vita calma dei depositi. Ancora avanti, e la parola domenica avrebbe riacquistato valore. Avrei trovato il primo letto con le lenzuola, il primo giornalaio. E un dentista.

**[4]** Il soldato non voleva cedere. «Aspetti» disse «passerà qualcuno ». Guardai il camion che giaceva con le ruote contro la scarpata e scossi la testa: non passava nessuno. Era passato soltanto un colonnello, annoiato come un generale. E la petulanza del soldato cominciava a infastidirmi. Essersi salvati insieme non mi sembrava più una buona ragione per mostrarci fotografie, raccontarci i fatti propri, azzardare le solite previsioni sul nostro ritorno in Italia. Pure, mi dispiaceva abbandonarlo. «E così, mi lascia solo|».

**[5]** Cominciai a raccogliere la mia roba, lo zaino, il cinturone con la rivoltella. Per mitigare la mia fuga cercai un pretesto, ma era un cattivo pretesto: gli dissi che se avessi trovato un camion giù al fiume (spesso i conducenti si fermavano a fare il bagno), sarei tornato ad aiutarlo. Il soldato finse di crederci e questa sua improvvisa ed ostile condiscendenza mi fece arrossire. Mi strinse la mano senza calore, veramente deluso. Dopo cinquanta passi, un gomito della strada me li nascose, lui e il suo autocarro, e d'allora non li ho più rivisti.

Ennio Flaiano, *Tempo di uccidere*

**11** **In [1] *Alzandomi*, è forma verbale:**

- A pronominale i
- B riflessiva
- C attiva
- D riflessiva apparente
- E passiva

**12** **In [1] compare il termine *nevralgia*, che indica un:**

- A dolore legato a una patologia ossea
- B accesso di nevrosi
- C dolore legato all'infiammazione di un nervo
- D dolore causato da una caduta o danneggiamento muscolare
- E raro caso di tumore dentale

**13** **In quali parti del brano, da [1] a [5], troviamo battute o dialoghi tra virgolette basse?**

- **A** In tutte
- **B** Meno nell'ultima, in tutte
- **C** Solo in [3]
- **D** Solo in [2]
- **E** Nessuna delle precedenti è corretta

**14** **A quale proposito e dove vengono citate delle lavandaie?**

- **A** In [2] come equivalenti agli alberi impagliati di [1]
- **B** In [1] come equivalenti agli alberi impagliati
- **C** In [2] e in [5] come vittime
- **D** In [2] come possibili prede dei coccodrilli
- **E** Non sono mai citate nel brano

**15** **Quale tra i seguenti è un sinonimo di *ciglio*, che compare più volte, anche al plurale, in [3]?**

- **A** Orlo
- **B** Vetta
- **C** Fossa
- **D** Sentina
- **E** Crinale

**16** **Dopo l'incidente, i due superstiti hanno visto passare qualcuno?**

- **A** No, nessuno è passato da lì
- **B** Solo delle lavandaie
- **C** Un colonnello e un generale
- **D** Solo un colonnello
- **E** Un colonnello e un soldato

**17** **Cosa indica il termine *depositi*, che compare in [4]?**

- **A** Strutture civili
- **B** Villaggi ospitali
- **C** Strutture militari
- **D** Materiali accumulati
- **E** Non è possibile rispondere

**18** **In [4] il soldato viene definito come:**

- **A** annoiato
- **B** petulante
- **C** infastidito
- **D** indolente
- **E** ostile

**19** **Perché la voce narrante ha fretta e non vuole aspettare?**

- **A** Deve tornare in licenza in Italia
- **B** Ha paura di un attacco dei nemici
- **C** Deve raggiungere il comando cui è assegnato
- **D** Ha bisogno di trovare un dentista
- **E** Deve compiere al più presto la sua missione

**20** **Dopo aver letto l'intero brano, possiamo logicamente dedurre che:**

A la voce narrante è un sottufficiale

B la voce narrante è un ufficiale

C il soldato è l'autista dell'autocarro

D il fuggitivo è un disertore

E il fuggitivo ha una falsa identità

TERZA PROVA

**Comprensione del testo e conoscenza della lingua italiana - Testo 3**

**In base alle informazioni contenute nel brano seguente, rispondere alle successive domande.**

**[1]** Riappare Los Angeles. La città senza confini ha trovato il modo di riprendersi la scena con un'altra *walk of fame*: fatta di terzi tempi. Essendo un patrimonio emotivo riservato a un ristretto numero di "losangelini", il basket dei Lakers, tornato ai vertici dopo dieci anni, esprime significati profondi che ben riflettono lo spirito frammentario di una megalopoli che nessuno ha mai osato misurare, una città-stato che nel corso degli anni si è fatta, costruita e modellata attraverso l'unico pane che ha sempre avuto a disposizione: la diversità, la sterminata diversità. Un valore assoluto. E forse il cibo perfetto.

**[2]** Vedere tutta Los Angeles è praticamente impossibile. Viverla per un attimo può essere un sogno. A condizione di accettare le sue violente imposizioni, forse la si può annusare. Magari immaginando che ciò che si respira arrivando da sud-ovest, ossia dal deserto, sia il profumo giusto: "Warm smell of colitas rising up through the air", cantavano gli Eagles, gruppo che fu l'espressione in purezza delle ambiguità di una vita al massimo ma piena di lati di oscuri. Proprio come Los Angeles. Lo sport è una delle tante raffigurazioni iconiche di questo luogo quasi irreale: il club di Santa Monica che ha partorito i grandi velocisti era l'Eden dell'atletica, il basket, il "Coliseum", le due edizioni dei giochi olimpici, separate da più di cinquant'anni, e la terza prevista per il 2028, la finale di Pasadena dei Mondiali di calcio del '94, sono le altre tessere del mosaico della luce agonistica.

**[3]** Ma cos'è Los Angeles? E chi lo sa. Dicevano che fosse l'ultima spiaggia, che fosse lei l'ultima frontiera, lei l'ultima chance per realizzare l'*american dream*. Ma una volta fatta benzina e preso contatto, tutti si son domandati: ci riusciremo? Ci siamo riusciti? Quasi mai. Perché dietro ogni festa, a Los Angeles, spunta sempre un'ombra, o addirittura un dolore. Il cielo non è mai limpido. Ripensiamo ai Doors, che portarono William Blake a cena in un localino di Venice Beach. I Lakers campioni si trascinano dietro i rottami dell'aereo che ha portato via Kobe Bryant. Nell'anno di LeBron, il Covid ha sostituito l'Aids che è diventato l'accompagnamento della magica esistenza di Earvin Johnson. E guarda caso tutto avviene nell'anno in cui la morte di George Floyd ha rievocato il pestaggio di Rodney King, avvenuto a Los Angeles, miccia epocale delle più moderne rivolte. Altri odori, gli odori acri delle barricate. Nel film forse più "losangelino" di tutti i tempi, "La fiamma del peccato" di Billy Wilder, che sta a Los Angeles come New York sta al "Ritratto di Jeannie" di William Dieterle, l'odore di cui si parla è quello del caprifoglio e casualmente è un odore che porta con sé i sentori acidi dell'omicidio. Altre angosce.

**[4]** Non c'è delizia senza tragedia. Non c'è un solo canyon che non nasconda una zona morta, là in fondo, dove nasce il blues e dove si muore per overdose. Non c'è ricchezza che non possa, nella Los Angeles del cinema e dei quartieri alti, sfociare in un massacro (Charlie Manson). Né canzone che possa dirsi immune da un'inspiegabile, incancellabile malinconia. Chiedete a Joni Mitchell o a Jackson Browne.

Enrico Sisti, *la Repubblica*, 12 ottobre 2020

**21** **In avvio di brano, *Città senza confini* è:**

A una metafora

B un'iperbole

C un eufemismo

D un climax

E una similitudine

22 **Il *patrimonio emotivo* in [1] è:**

- A il fascino di Los Angeles
- B il basket dei Lakers
- C la scena che la città si è ripresa
- D i terzi tempi
- E i migliori posti a sedere per assistere alle partite di basket

23 **Oltre al basket, in [2] vengono citati altri sport per descrivere la grandezza della "luce agonistica" di Los Angeles. Trova l'intruso.**

- A Calcio
- B Atletica leggera
- C Sport olimpici
- D Football
- E Sono tutti citati

24 **Dalla lettura del periodo [2] ricaviamo che a sud-ovest di Los Angeles c'è:**

- A il mare
- B il deserto
- C il confine messicano
- D il Colisium
- E Santa Monica

25 **In [3] viene citato un brano dei Doors in cui compare William Blake, poeta e artista inglese vissuto:**

- A nel tardo Cinquecento
- B nel primo Novecento
- C tra Sette e Ottocento
- D nel tardo Ottocento
- E all'epoca dei Doors

26 **In [3] viene citato "Ritratto di Jeannie" che è possibile identificare come:**

- A un film
- B un brano musicale
- C un libro su New York
- D una scultura
- E un quadro

27 **Individua l'unico odore che non viene mai menzionato in [3].**

- A Delle barricate
- B Del caprifoglio
- C Della vittoria
- D Dell'omicidio
- E Tutti i precedenti

TERZA PROVA

**28 Alla fine del brano, nell'ultima riga di [4], l'uomo e la donna citati, hanno a che fare con:**

A il cinema

B Charlie Manson

C le tragedie

D I quartieri alti

E le canzoni

**29 Il termine usato dall'autore del brano al singolare o al plurale per indicare Los Angeles o i suoi abitanti quante volte compare nel brano da [1] a [4]?**

A Una sola

B Due

C Tre

D Quattro

E Sei



**30 Nel brano, da [1] a [4] vengono citati gruppi musicali e persone, alcune del mondo dello sport, altre dello spettacolo, altre protagonisti di fatti di cronaca. L'unico citato solo per nome è:**

A un cantante

B la vittima di un pestaggio

C un magnate

D LeBron

E un attore

## Conoscenze e competenze acquisite negli studi

**31 Completa correttamente le lacune del seguente testo.**

**La trama di "Fu sera e fu mattina" parte da una data precisa, il 17 giugno 997, quando l'Inghilterra era sotto il costante attacco da parte dei Vichinghi e presto sarebbe stata conquistata dai Normanni. Non è ancora l'alba quando a Combe, sulla costa sudoccidentale dell'Inghilterra, il giovane costruttore di barche Edgar si prepara con trepidazione a fuggire di nascosto con la donna che ama. Ma i suoi piani vengono spazzati via in un attimo da una feroce incursione dei _____ , che mettono a ferro e fuoco la sua cittadina, distruggendo ogni cosa e uccidendo chiunque capiti loro a tiro. Edgar sarà costretto a partire con la sua famiglia per ricominciare tutto da capo nel piccolo e desolato villaggio di Dreng's Ferry. Dall'altra parte della _____ , in terra normanna, la giovane contessa Ragna, indipendente e fiera, si innamora perdutamente del nobile inglese Wilwulf e decide impulsivamente di sposarlo e seguirlo nella sua terra, contro il parere di suo padre, il conte Hubert di Cherbourg. Si accorgerà presto che lo stile di vita al quale era abituata in _____ è ben diverso da quello degli inglesi, la cui società arretrata vive sotto continue minacce di violenza e dove Ragna si ritroverà al centro di una brutale lotta per il potere.**

A Vichinghi; contea; Inghilterra

B Normanni; pianura; Scozia

C Vichinghi; Manica; Normandia

D Celti; costa; Irlanda

E Vichinghi; Senna; Normandia

**32** **Scegli l'alternativa che elenca le opere raffigurate nel corretto ordine cronologico.**

1

2

3

4

- A 1, 2, 3, 4
- B 2, 4, 3, 1
- C 2, 1, 4, 3
- D 2, 4, 1, 3
- E 2, 1, 3, 4

**33** **1939. 1° gennaio – Il Duce è tornato a Roma ieri sera ed abbiamo avuto un lungo colloquio. È molto scontento della situazione dell'A.O. e pronuncia un giudizio severo sul Duca d'Aosta. (Galeazzo Ciano, *Diario 1939-43*)**

**Scegli la deduzione corretta ricavabile dall'incipit sopra riportato.**

- A Il Diario è sicuramente apocrifo
- B Con A.O. si indica l'Africa Orientale
- C Con A.O. si indica l'Anschuss Os
- D Il Duca d'Aosta a quella data era già defunto
- E Il Duca d'Aosta avrebbe dovuto partecipare all'incontro

**34** **"Mani pulite" è stata una:**

- A stagione di inchieste giudiziarie
- B famosa campagna di riduzione delle infezioni ospedaliere
- C campagna antirazzista
- D inchiesta giornalistica sugli abusi sui minori
- E commissione parlamentare che ha indagato sulla corruzione

**35** **Qual è la situazione rappresentata sulla carta proposta?.**

- **A** L'Europa durante la Prima guerra mondiale, con i principali fronti, nel 1915
- **B** L'Europa all'inizio della Seconda guerra mondiale, dopo le annessioni tedesche del 1939
- **C** L'Europa nel 1914, allo scoppio della Prima guerra mondiale
- **D** Le modifiche territoriali degli Stati europei dopo la Prima guerra mondiale (1918)
- **E** L'Europa ai tempi della Guerra fredda, con la Cortina di ferro (dal 1946)

**36** **In borsa, una "vendita allo scoperto" indica una:**

- **A** cessione di immobili non ancora ultimati
- **B** vendita di terreni agricoli
- **C** cessione di titoli che ancora non si possiedono
- **D** cessione di azioni di società in liquidazione
- **E** cessione di titoli mentre le contrattazioni sono sospese

**37** **La forma statale che assicura il rispetto e la salvaguardia dei diritti e delle libertà dell'uomo e della donna, insieme alle tutele e garanzie dello Stato sociale, si dice:**

- **A** Habeas corpus
- **B** Stato liberale
- **C** Stato di diritto
- **D** Stato costituzionale
- **E** democratica

**38** **Scegli l'alternativa che associa correttamente i grafici seguenti al loro nome.**

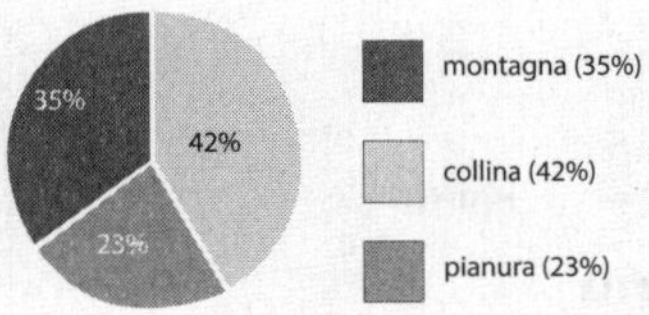


1

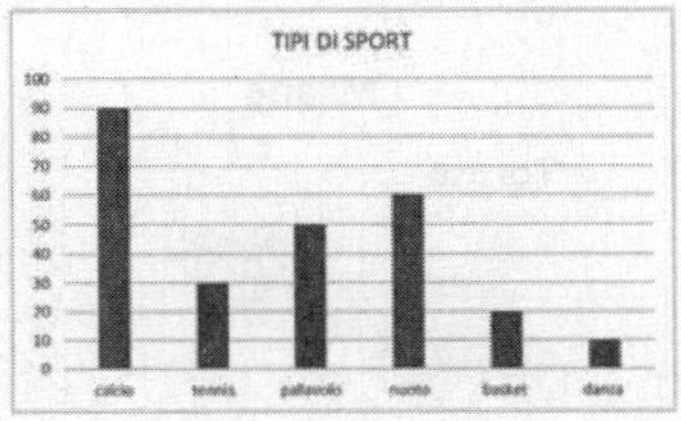


2

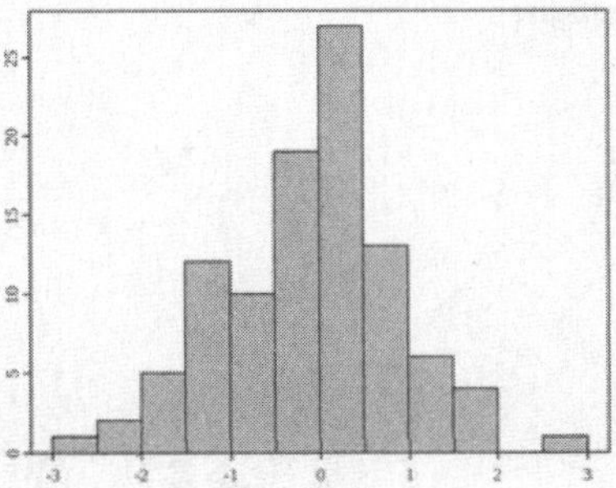

3

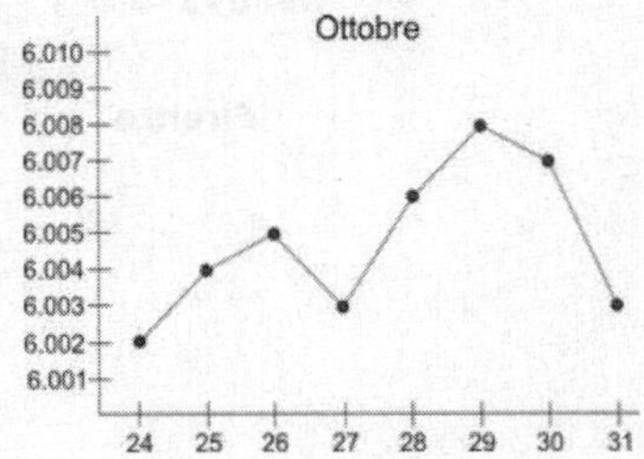


4

- A 1: diagramma; 2: grafico a barre; 3: istogramma; 4: areogramma
- B 1: diagramma; 2: istogramma; 3: grafico a barre; 4: areogramma
- C 1: areogramma; 2: istogramma; 3: grafico a barre; 4: diagramma
- D 1: diagramma; 2: areogramma; 3: grafico a barre; 4: istogramma
- E 1: areogramma; 2: grafico a barre; 3: istogramma; 4: diagramma

**39** **La carta mostra i Paesi membri dell'Unione europea nell'anno:**

- A 2013
- B 2007
- C 1990
- D 1995
- E 2004

40 **Cosa rappresenta la carta proposta?:**

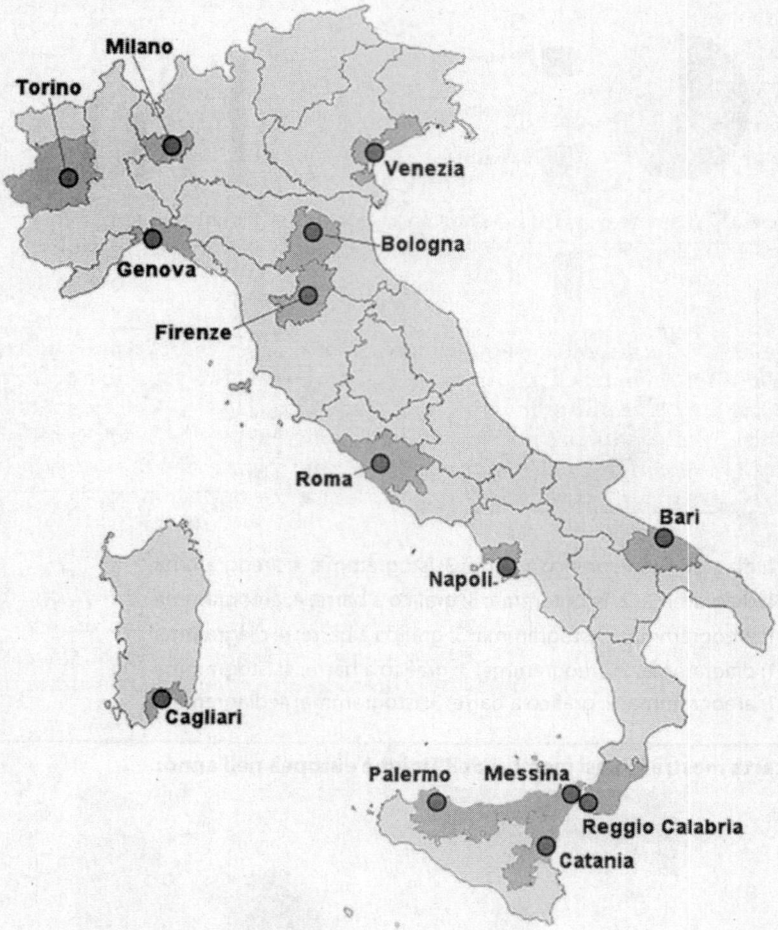


- (A) Le città italiane con oltre 500.000 abitanti e l'estensione delle rispettive province
- (B) Le città italiane con oltre 1.000.000 di abitanti e l'estensione delle rispettive province
- (C) I capoluoghi italiani con oltre 100.000 abitanti e l'estensione delle rispettive province
- (D) I capoluoghi metropolitani in Italia e l'estensione delle rispettive province
- (E) Il territorio delle città metropolitane in Italia

## Ragionamento logico

41 **Indicare la parola da scartare.**

- (A) Mar Ligure
- (B) Mare Mediterraneo
- (C) Mar Nero
- (D) Mar Baltico
- (E) Mar Caspio

**42** **Completare la serie: casa, salto, Torino, nome, ...?.**

A Nonno
B Pizza
C Metro
D Nave
E Napoli

**43** **Se sono necessarie quattro persone e un giorno per trovare un ago in un pagliaio, quanti giorni sarebbero necessari a otto persone per trovare gli aghi di sei pagliai?**

A 2 B 3 C 3,5 D 1,5 E 4

**44** **Stefano ha a sua disposizione due combinazioni di mezzi pubblici per raggiungere il posto di lavoro. Può prendere il tram che va a 15 km/h per i 5/6 del tragitto e poi l'autobus che va a 25 km/h, oppure può prendere il tram per 1/3 del tragitto, la metropolitana che va a 60 km/h per metà percorso e poi l'autobus. Supponendo (idealmente) che non vi siano tempi d'attesa per i vari cambi di mezzo e sapendo che, con la seconda alternativa, Stefano può partire un quarto d'ora dopo, quanto dista la sua casa dal lavoro?**

A 15 km B 1000 m C 12 km D 49 min E 10 km

**45** **La società WWW, per fornire un incentivo ai propri tre dipendenti, decide di conferire a ognuno di loro un premio pari all'1% della quota di fatturato compresa tra 20 e 25 milioni di euro e uno pari al 2% per l'eventuale quota eccedente i 25 milioni. Quale sarà l'esborso complessivo della società WWW per i premi ai dipendenti se il fatturato risulterà di 27 milioni di euro?**

A 4.000.000 euro
B 270 mila euro
C 1,62 milioni di euro
D 420.000 euro
E 0,9 milioni di euro

**46** **Cecilia, Dario ed Eleonora partecipano a una corsa campestre lunga un chilometro. In tre minuti Cecilia completa la sua fatica, Dario impiega un terzo del tempo di Cecilia, mentre a Eleonora occorre un tempo pari alla differenza tra quello di Cecilia e quello di Dario. Quanti secondi passano prima che tutti e tre abbiano tagliato il traguardo?**

A 360
B 300
C 180
D 6
E 1 min e 40 sec

**47** **Anna è più vecchia di Elisa, Andrea è più vecchio di Anna. Elisa è più vecchia di Andrea. Se le prime due affermazioni sono vere la terza è**

A falsa
B vera
C incerta
D verosimile
E probabile

TERZA PROVA

48 **Durante gli studi universitari la media di profitto degli esami viene calcolata in trentesimi, per poi essere convertita in centodecimi al termine del corso. Un voto finale di 99 a quale media equivale in trentesimi?**

A 24
B 29
C 26,5
D 27
E 28,5

49 **In un sacchetto ci sono palline bianche, nere e rosse. La probabilità di estrarre, pescando a caso, una pallina rossa o una nera è la stessa; la probabilità di estrarne una bianca è del 20%; la differenza tra palline rosse e bianche è pari a 8. Quante palline ci sono nel sacchetto?**

A 48
B 40
C 32
D 36
E 24

50 **Pietro e Luca mangiano 52 cetrioli in 20 secondi, Luca e Giacomo ne mangiano 26 in 10 secondi, i tre insieme ne mangiano 120 in 30 secondi. In un minuto, chi mangia più cetrioli?**

A Luca
B Giacomo
C Pietro
D Ne mangiano lo stesso numero
E Non è possibile rispondere

TERZA PROVA

# Soluzioni della terza prova

Alpha Test

**Risposte esatte della terza prova**

VERIFICARE LE RISPOSTE RELATIVE ALLE DOMANDE DELLA TERZA PROVA

| | A | B | C | D | E | | A | B | C | D | E |
|---|---|---|---|---|---|---|---|---|---|---|---|
| 1 | □ | ■ | □ | □ | □ | 26 | ■ | □ | □ | □ | □ |
| 2 | □ | □ | ■ | □ | □ | 27 | □ | □ | ■ | □ | □ |
| 3 | □ | ■ | □ | □ | □ | 28 | □ | □ | □ | □ | ■ |
| 4 | □ | □ | ■ | □ | □ | 29 | □ | ■ | □ | □ | □ |
| 5 | □ | □ | ■ | □ | □ | 30 | □ | □ | □ | ■ | □ |
| 6 | □ | □ | □ | ■ | □ | 31 | □ | □ | ■ | □ | □ |
| 7 | □ | □ | □ | ■ | □ | 32 | □ | □ | ■ | □ | □ |
| 8 | ■ | □ | □ | □ | □ | 33 | □ | ■ | □ | □ | □ |
| 9 | □ | □ | □ | □ | ■ | 34 | ■ | □ | □ | □ | □ |
| 10 | ■ | □ | □ | □ | □ | 35 | ■ | □ | □ | □ | □ |
| 11 | ■ | □ | □ | □ | □ | 36 | □ | □ | ■ | □ | □ |
| 12 | □ | □ | ■ | □ | □ | 37 | □ | □ | ■ | □ | □ |
| 13 | □ | □ | □ | □ | ■ | 38 | □ | □ | □ | □ | ■ |
| 14 | □ | □ | □ | ■ | □ | 39 | □ | □ | □ | □ | ■ |
| 15 | ■ | □ | □ | □ | □ | 40 | □ | □ | □ | □ | ■ |
| 16 | □ | □ | □ | ■ | □ | 41 | □ | □ | □ | □ | ■ |
| 17 | □ | □ | ■ | □ | □ | 42 | □ | □ | ■ | □ | □ |
| 18 | □ | ■ | □ | □ | □ | 43 | □ | ■ | □ | □ | □ |
| 19 | □ | □ | □ | ■ | □ | 44 | □ | □ | □ | □ | ■ |
| 20 | □ | □ | ■ | □ | □ | 45 | □ | ■ | □ | □ | □ |
| 21 | □ | ■ | □ | □ | □ | 46 | □ | □ | ■ | □ | □ |
| 22 | □ | ■ | □ | □ | □ | 47 | ■ | □ | □ | □ | □ |
| 23 | □ | □ | □ | ■ | □ | 48 | □ | □ | □ | ■ | □ |
| 24 | □ | ■ | □ | □ | □ | 49 | □ | ■ | □ | □ | □ |
| 25 | □ | □ | ■ | □ | □ | 50 | □ | □ | □ | □ | ■ |

Prove di verifica

# QUARTA PROVA

Alpha Test

# Scheda per le risposte della quarta prova

CONTRASSEGNARE LE RISPOSTE RELATIVE ALLE DOMANDE DELLA QUARTA PROVA

| | A | B | C | D | E | | A | B | C | D | E |
|---|---|---|---|---|---|---|---|---|---|---|---|
| 1 | | | | | | 26 | | | | | |
| 2 | | | | | | 27 | | | | | |
| 3 | | | | | | 28 | | | | | |
| 4 | | | | | | 29 | | | | | |
| 5 | | | | | | 30 | | | | | |
| 6 | | | | | | 31 | | | | | |
| 7 | | | | | | 32 | | | | | |
| 8 | | | | | | 33 | | | | | |
| 9 | | | | | | 34 | | | | | |
| 10 | | | | | | 35 | | | | | |
| 11 | | | | | | 36 | | | | | |
| 12 | | | | | | 37 | | | | | |
| 13 | | | | | | 38 | | | | | |
| 14 | | | | | | 39 | | | | | |
| 15 | | | | | | 40 | | | | | |
| 16 | | | | | | 41 | | | | | |
| 17 | | | | | | 42 | | | | | |
| 18 | | | | | | 43 | | | | | |
| 19 | | | | | | 44 | | | | | |
| 20 | | | | | | 45 | | | | | |
| 21 | | | | | | 46 | | | | | |
| 22 | | | | | | 47 | | | | | |
| 23 | | | | | | 48 | | | | | |
| 24 | | | | | | 49 | | | | | |
| 25 | | | | | | 50 | | | | | |

## QUARTA PROVA

Tempo a disposizione: 100 minuti

**Comprensione del testo e conoscenza della lingua italiana - Testo 1**

**In base alle informazioni contenute nel brano seguente, rispondere alle successive domande.**

**[1]** Non basta dire che la storia è il giudizio storico, ma bisogna soggiungere che ogni giudizio è giudizio storico, o storia senz'altro. **[2]** Se il giudizio è rapporto di soggetto e predicato, il soggetto, ossia il fatto, quale che esso sia, che si giudica, è sempre un fatto storico, un diveniente, un processo in corso, perché fatti immobili non si ritrovano né si concepiscono nel mondo della realtà. **[3]** È giudizio storico anche la più ovvia percezione giudicante (se non giudicasse, non sarebbe neppure percezione, ma cieca e muta sensazione): per esempio, che l'oggetto che mi vedo innanzi al piede è un sasso, e che esso non volerà via da sé come un uccellino al rumore dei miei passi, onde converrà che io lo discosti col piede o col bastone; perché il sasso è veramente un processo in corso, che resiste alle forze di disgregazione o cede solo a poco a poco, e il mio giudizio si riferisce a un aspetto della sua storia.

**[4]** Ma neppur qui ci si può arrestare, rinunziando a svolgere l'ulteriore conseguenza: che il giudizio storico non è già un ordine di conoscenze, ma è la conoscenza senz'altro; la forma che tutta riempie ed esaurisce il campo conoscitivo, non lasciando posto per altro.

**[5]** In effetto, ogni concreto conoscere non può non essere, al pari del giudizio storico, legato alla vita, ossia all'azione, momento della sospensione o aspettazione di questa, rivolto a rimuovere, come si è detto, l'ostacolo che incontra quando non scorge chiara la situazione da cui essa dovrà prorompere nella sua determinatezza e particolarità. **[6]** Un conoscere per il conoscere, non solo, diversamente da quel che taluni immaginano, non ha punto dell'aristocratico né del sublime, esemplato come è in effetto sul passatempo idiota degli idioti e dei momenti di idiozia che sono in ognuno di noi, ma realmente non accade mai in quanto intrinsecamente è impossibile, venendogli meno con lo stimolo della pratica la materia stessa e il fine del conoscere. **[7]** E quegli intellettuali che disegnano come via di salvazione il distacco dell'artista o del pensatore dal mondo che lo attornia, la sua deliberata impartecipazione ai volgari contrasti pratici – volgari in quanto pratici –, non si avvedono di disegnare nient'altro che la morte dell'intelletto. In una vita paradisiaca, senza lavoro e senza travaglio, in cui non si urti in ostacoli da superare, neppur si pensa, perché è venuto meno ogni motivo di pensare, e neppure, propriamente, si contempla, perché la contemplazione attiva e poetica chiude in sé un mondo di pratiche lotte e di affetti.

da Benedetto Croce, *La storia come pensiero e azione* (1938)

**1** **Complessivamente, nel brano, Croce:**

- **A** incoraggia l'intellettuale a scontrarsi con gli ostacoli e i travagli pratici del mondo circostante
- **B** esorta l'intellettuale a salvarsi chiudendosi in una torre d'avorio
- **C** difende il valore dell'arte per l'arte, che resta lontana dalla volgarità dei conflitti
- **D** sottolinea la differenza tra conoscenza e giudizio e afferma che all'intellettuale deve interessare solo la prima
- **E** sottolinea la differenza tra conoscenza e giudizio e afferma che la prima deve essere la premessa del secondo

QUARTA PROVA

**2** **Stando al brano, la morte dell'intelletto si ha:**

A quando l'azione toglie spazio alla conoscenza
B quando il pensiero non ha ostacoli pratici da superare
C quando l'uomo non sa coltivare la propria libertà di pensare per pensare
D quando ci si dedica alla contemplazione poetica
E quando il giudizio scaturisce dai contrasti

**3** **Stando al brano, il giudizio storico:**

A necessita di soggetto e predicato
B non può applicarsi a oggetti mobili
C è di tipo diverso dal giudizio comune che ci guida nelle azioni
D si applica alla muta e cieca sensazione
E nessuna delle altre risposte è corretta

**4** **Spiega il significato di *soggiungere* al punto [1].**

A Dire a bassa voce
B Ammettere
C Dedurre
D Aggiungere
E Correggere

**5** **Spiega il significato dell'espressione *esaurisce il campo conoscitivo* al punto [4].**

A Occupare completamente l'ambito della conoscenza
B Stanca le energie conoscitive
C Inaridisce le possibilità del sapere
D Integra le conoscenze umane
E Consuma le possibilità di conoscere

**6** **Spiega il significato dell'espressione *non ha punto* (al punto [6]).**

A Non ha motivo
B Non ha carattere
C Non ha nulla
D Non ha scopo
E Non ha collegamento

**7** **In [3], l'espressione *un aspetto della sua storia* indica:**

A il fatto che il sasso è un processo in corso
B l'incontro tra l'autore e il sasso, dal punto di vista di quest'ultimo
C una fase del processo in corso che è il sasso
D la resistenza del sasso alle forze di disgregazione
E nessuna delle precedenti è corretta

**8** **Quale fra le seguenti è la migliore sintesi del punto [6]?**

A La conoscenza fine a sé stessa non solo non è nobile ma non è proprio possibile
B La conoscenza fine a sé stessa è propria degli idioti che non hanno interessi pratici
C La conoscenza fine a sé stessa non è affatto più nobile di quella finalizzata
D Alcuni pensano che la conoscenza fine a sé stessa sia sublime, ma di fatto è inutile
E La conoscenza fine a sé stessa è un passatempo idiota, e tutti abbiamo momenti di idiozia

**9** **Nella frase seguente (punto [2]), quale è la proposizione principale?**

«Se il giudizio è rapporto di soggetto e predicato, il soggetto, ossia il fatto, quale che esso sia, che si giudica, è sempre un fatto storico, un diveniente, un processo in corso, perché fatti immobili non si ritrovano né si concepiscono nel mondo della realtà.»

A perché fatti immobili non si ritrovano
B il soggetto è sempre un fatto storico
C il soggetto, ossia il fatto, quale che esso sia
D Se il giudizio è rapporto di soggetto e predicato
E né si concepiscono nel mondo della realtà

**10** **Individuare l'errore ella frase seguente (punto [6]).**

Un conoscere per il conoscere, non solo, diversamente da quel che taluni immaginano, non ha punto dell'aristocratico né del sublime, esemplato come è in effetto sul passatempo idiota degli idioti e dei momenti di idiozia che sono in ognuno di noi, ma realmente non accade mai in quanto intrinsecamente è impossibile, venendogli meno con lo stimolo della pratica la materia stessa e il fine del conoscere.

A taluni
B esemplato
C in effetto
D intrinsecamente
E la frase non presenta errori



**Comprensione del testo e conoscenza della lingua italiana - Testo 2**

**In base alle informazioni contenute nel brano seguente, rispondere alle successive domande.**

**[1]** C'è un libro molto bello da regalare a Natale, sperando sia finalmente tornata la voglia di onorare la festa perché noi italiani abbiamo famiglie numerose. Oppure a gennaio quando l'inverno è davvero freddo e allora è il momento giusto per sognare un viaggio dall'altro capo del mondo, dove invece arriva l'estate.

**[2]** In effetti esistono viaggi più letterari e immaginari di altri, viaggi che hai sempre desiderato, che continui a mettere in programma e poi per un motivo o per l'altro (famiglia, soldi, lavoro e ora ci si mettono pure le restrizioni) rimandi e intanto il tempo passa ed è quasi certo che non si farà. Nell'______ di molti la Patagonia è uno di quei luoghi da visitare intanto per la distanza pressoché incalcolabile in termini chilometrici, poi perché laggiù sembrerebbe trovarsi vicino al nulla e, infine, andiamo a rovesciare un concetto pigro: là è il Sud del mondo eppure non si discosta affatto dal Nord e allora può darsi che i due emisferi in qualche modo combacino rimettendo in discussione tutto.

**[3]** Questo libro, pubblicato da Lazy Dog Press, 35 euro ben spesi, è l'ultima opera di Lorenzo Mattotti, il più conosciuto e stimato dei nostri illustratori anche se davvero mi viene difficile stabilire il confine tra l'illustrazione appunto (per non chiamarla fumetto) e quella più nobile e accademica del disegno e della pittura. Non credo Mattotti abbia mai concepito un lavoro così scarno, senza il supporto di alcun elemento aggiuntivo, che sia parola o narrazione. Siamo piuttosto nei pressi del quaderno di viaggio, una ricostruzione a distanza della memoria. «Cerco di derivare, di estrarre la mia ______ dalla Patagonia che ho attraversato».

**[4]** La letteratura, più che l'arte, gli viene in soccorso. Bruce Chatwin, Luis Sepulveda, Francisco Coloane sono alcuni dei riferimenti immediati, eppure Mattotti non ha voluto compilare un suo libro di viaggio, non ha raccolto testimonianze né ha ripreso fotografie. Restano, al contrario, meravigliose pagine disegnate al tratto, silenziose e quasi astratte, che ripetono gli stessi elementi in maniera ossessiva, in un luogo dove la natura riesce a farla da padrona e l'uomo la insegue per questo. Il ______ perfetto per ricordarci che cos'è il silenzio e, possibilmente, rimuoverlo da noi come un viaggio solitario (che non faremo) e riflettere, pensare, andar lontano anche se, per il momento, con la mano di altri.

Luca Beatrice, www.linkiesta.it, 13/10/2020

**11** **In [1] compaiono sia *oppure* sia *allora*. Entrambi possono essere congiunzione:**

- A ma non avverbio
- B anche avverbio
- C "oppure" anche avverbio
- D "allora" anche avverbio
- E entrambi soltanto congiunzione

**12** **L'unico tipo di viaggio non nominato in [2] è quello:**

- A famigliare
- B immaginario
- C letterario
- D desiderato
- E procrastinato

**13** **Il termine che manca in [2] è:**

- A Esperienza
- B Immaginario
- C Idea
- D Immagine
- E Ignoranza

**14** **In quale paragrafo compare per la prima volta il nome dell'autore del libro recensito nell'articolo?**

- A Secondo
- B Primo
- C Quarto
- D Terzo
- E L'autore non è mai citato

**15** **Il termine che manca in [3] è:**

- A Patagonia
- B visione
- C arte
- D illustrazione
- E esperienza

**16** **Uno degli aggettivi usati nel brano per recensire il libro di Mattotti è:**

- A stimato
- B scarno
- C scarso
- D sospeso
- E fotografico

**17** **Dal brano possiamo ricavare che i disegni di Mattotti hanno per soggetto:**

- A i più celebri libri sulla Patagonia
- B alcuni esploratori della Patagonia
- C la natura della Patagonia
- D l'uomo in Patagonia
- E gli animali della Patagonia

QUARTA PROVA

**18** **Il termine che manca in [4] riprende l'attacco dell'articolo ed è:**

A viaggio
B regalo
C pensiero
D volume
E momento

**19** **All'interno di una libreria, in quale settore avresti più probabilità di trovare il libro di Lorenzo Mattotti sulla Patagonia?**

A Narrativa e Poesia
B Saggistica e Varia
C Arte e Fumetti
D Viaggi e tempo libero
E Fotografia e reportage

**20** **In [4] perché l'uomo insegue la natura?**

A Per proteggerla
B Perché la natura regna incontrastata come in pochi altri luoghi
C Per sopravvivere in un ambiente estremo
D Perché questo, secondo l'autore, è il destino dell'uomo
E Perché la natura lo costringe

**Comprensione del testo e conoscenza della lingua italiana - Testo 3**

**In base alle informazioni contenute nel brano seguente, rispondere alle successive domande.**

**[1]** Eravamo molto giovani. Credo che in quell'anno non dormissi mai. Ma avevo un amico che dormiva meno ancora di me, e certe mattine lo si vedeva già passeggiare davanti alla Stazione nell'ora che arrivano e partono i primi treni. L'avevamo lasciato a notte alta, sul portone; Pieretto aveva fatto un altro giro, e visto l'alba addirittura, bevuto il caffè. Adesso studiava le facce assonnate di spazzini e di ciclisti. Nemmeno lui ricordava i discorsi della notte: vegliandoci sopra, li aveva smaltiti, e diceva tranquillo: «Si fa tardi. Vado a letto».

**[2]** Qualcuno degli altri, che ci trottava dietro, non capiva che cosa facessimo a una cert'ora, finito il cinema, finite le risorse, le osterie, i discorsi. Si sedeva con noi tre sulle panchine, ci ascoltava brontolare o sghignazzare, s'infiammava all'idea di andare a svegliare le ragazze o aspettare l'aurora sulle colline, poi a un nostro cambiamento di umore tentennava e trovava il coraggio di tornarsene a casa. L'indomani costui ci chiedeva: «Che cos'avete poi fatto?». Non era facile rispondergli. Avevamo ascoltato un ubriaco, guardato attaccare i manifesti, fatto il giro dei Mercati, visto passare delle pecore sui corsi. Allora Pieretto diceva: «Abbiamo fatto conoscenza con una donna».

L'altro non ci credeva ma restava interdetto.

«Ci vuole ______ » diceva Pieretto. «Si passa e ripassa sotto il balcone. Tutta la notte: lei lo sa, se ne accorge. Non c'è bisogno di conoscerla, se lo sente nel sangue. Viene il momento che non ne può più, salta dal letto, e ti spalanca le persiane. Tu appoggi la scala...

Ma fra noi tre non si parlava volentieri di donne. Non, almeno, sul serio. Né Pieretto né Oreste mi dicevano tutto di sé. Per questo mi piacevano. Le donne, quelle che separano, sarebbero venute più tardi. Per adesso parlavamo soltanto di questo mondo, della pioggia e del sole, e tanto ci piaceva che andare a dormire ci pareva di perdere davvero tempo.

**[3]** Una notte di quell'anno eravamo in riva a Po, sulla panchina del viale. Oreste aveva borbottato: «Andiamo a letto».

«Accucciati lì,» gli avevamo detto «perché vuoi sprecare l'estate? Non puoi dormire con un occhio solo?». Oreste, appoggiato sulla guancia alla spalliera della panchina, ci guardò di sottecchi.

lo dicevo che in città non si sarebbe mai dovuto dormire.
«È sempre acceso, sempre giorno. Bisognerebbe far qualcosa ogni notte».
«È che siete ragazzi,» disse Pieretto «siete ragazzi e siete ingordi».
«Tu cosa sei?» dissi «un vecchio?».
Oreste saltò su d'improvviso: «I vecchi, dicono, non dormono mai. Noi giriamo di notte. Vorrei sapere chi è che dorme».
Pieretto ghignava.

Cesare Pavese, *Il diavolo sulle colline*

---

**21 In "avevo un amico che dormiva meno ancora di me" [1], *meno ancora* è:**

A locuzione avverbiale
B termine di paragone
C aggettivo qualificativo comparativo
D aggettivo qualificativo superlativo
E avverbio di quantità

---

**22 In [2] chi sono gli "altri"?**

A Gli altri ragazzi assidui del gruppo di amici
B I ciclisti citati in 1.
C Altri ragazzi che facevano tardi nella stessa città
D Non è possibile rispondere
E Altri ragazzi che conoscevano i 3 amici

---

**23 I tre amici protagonisti del brano:**

A girano per i cinema e le osterie
B parlano volentieri di donne
C fanno il giro dei Mercati
D non parlano volentieri di donne
E sono molto giovani

---

**24 In [2] il termine mancante è:**

A perseveranza
B fortuna
C coraggio
D cuore
E fegato

---

**25 Nel brano di Pavese, le donne "che separano" rimandano:**

A all'essere molto giovani
B al mistero della notte
C all'età adulta
D alla vecchiaia
E alle difficoltà della vita coniugale

**26** **Solo una delle seguenti specie animali viene citata nel brano. Quale?**

- A Cani
- B Bovini
- C Suini
- D Caprini
- E Ovini

**27** **In [3] descrivendo una panchina, Pavese cita una parte del corpo umano. A quale regione anatomica appartiene?**

- A Gambe
- B Volto
- C Braccia
- D Torace
- E Busto

**28** **Quale elemento della città in cui è ambientato il brano proposto è un intruso?**

- A Fiume Po
- B Stazione ferroviaria
- C Cinema
- D Stazione delle corriere
- E Osterie

**29** **Oltre al narratore, quanti ragazzi sono nominati espressamente nel brano?**

- A Uno
- B Due
- C Tre
- D Quattro
- E Non è possibile rispondere

**30** **In [3] "di sottecchi" significa:**

- A di nascosto, alla chetichella
- B all'improvviso, con gesto di sfida
- C apertamente, con sincerità
- D ammiccando, con complicità
- E di traverso, in modo obliquo

## Conoscenze e competenze acquisite negli studi

**31** **Mi accingo a scrivere la guerra che il popolo romano combatté contro Giugurta, re della Numidia, in primo luogo perché fu grande, sanguinosa e di alterne vicende, e poi perché allora, per la prima volta, si pose un freno all'arroganza della nobiltà.**

**(Sallustio, *La guerra giugurtina*)**

**Scegli la deduzione corretta ricavabile dall'incipit sopra riportato.**

- A L'autore è un alleato di Giugurta
- B L'autore parteggia per i nobili romani
- C La grande guerra descritta si concluse con un nulla di fatto
- D L'autore partecipò in prima persona agli scontri
- E Nessuna delle precedenti è corretta

**32** **Completa correttamente le lacune del seguente testo.**

**Quando l'Imperatore della Cina decreta che un uomo per ogni famiglia dovrà arruolarsi nell'Armata _____ per difendere il Paese dall'attacco degli Invasori del Nord, Hua Zhou rispetta la chiamata, nonostante sia ormai anziano e malato. Sua figlia maggiore, Mulan, per proteggerlo da un'inevitabile morte in battaglia, ruba la spada e l'armatura di suo padre, si traveste da _____ e fugge durante la notte per presentarsi al luogo designato con il nome di Hua Jun. Mulan dovrà affrontare un duro addestramento cercando continuamente di mantenere nascosta la propria _____ e durante questo difficile periodo capirà chi è veramente.**

- **A** Imperiale; uomo; identità
- **B** del Sol Levante; sacerdote; natura;
- **C** Nepalese; prostituta; sessualità
- **D** Tibetana; monaco; missione
- **E** rossa; soldato; identità

**33** **Quale fra le affermazioni seguenti non è corretta in base a quanto rappresentato nell'immagine?.**

**I PAESI A SECONDA DEL LORO COMMERCIO INTERNAZIONALE**

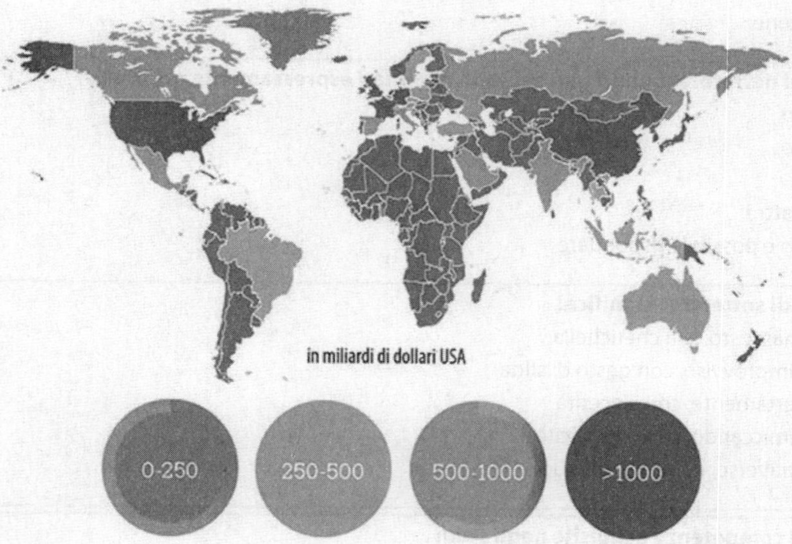


- **A** Il volume del commercio internazionale di Canada, India, Messico e Russia è compreso tra i 500 e i 1000 miliardi di dollari Usa
- **B** Tra i primi Paesi al mondo per volume di commercio internazionale figurano Cina, Giappone e Stati Uniti
- **C** Tutti i Paesi "BRICS" si collocano nella seconda fascia, con un volume di commercio internazionale compreso tra i 500 e i 1000 miliardi di dollari Usa
- **D** L'Africa è il solo continente del quale tutti i Paesi rientrano tra quelli con il minor volume di commercio internazionale
- **E** Il volume del commercio internazionale di ciascuno dei primi tre Paesi del mondo per popolazione è pari al almeno 500 miliardi di dollari Usa

**34** **Osserva l'immagine e scegli la corretta didascalia tra quelle proposte.**

- **A** Cartolina celebrativa della presa di Tripoli dell'ottobre 1911
- **B** Cartolina celebrativa della conquista dell'impero, diffusa dal regime fascista
- **C** Cartolina celebrativa della presa di Tripoli (1916)
- **D** Cartolina celebrativa del colonialismo italiano (1889)
- **E** Cartolina celebrativa dell'A.O.I. diffusa durante il ventennio

**35** **Quale affermazione relativa al sistema economico cinese è corretta alla luce di quanto rappresentato nel grafico?**

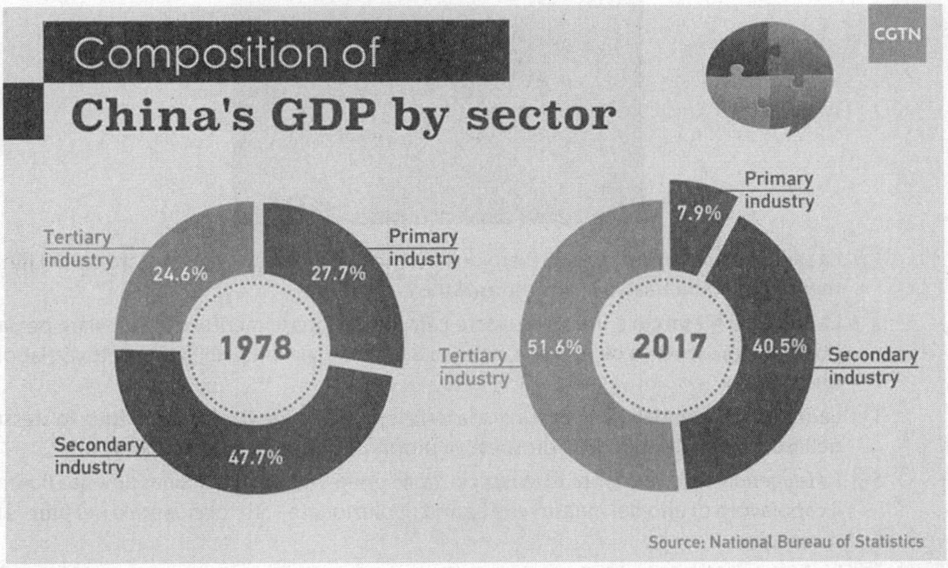


- **A** Tra 1978 e 2017 l'economia cinese si è fortemente terziarizzata, con un processo che può dirsi ormai compiuto
- **B** Tra 1978 e 2017 la Cina ha visto crescere la propria industrializzazione in parallelo con la perdita di importanza dell'agricoltura
- **C** Nonostante lo sviluppo degli ultimi decenni, nel 2017 l'economia cinese non era ancora paragonabile a quella dei Paesi più sviluppati, per quanto riguarda il peso relativo dei 3 settori e in particolare per il grado di terziarizzazione
- **D** Negli ultimi 40 anni la produzione dell'industria cinese è diminuita, a vantaggio delle attività del settore terziario
- **E** Negli ultimi 40 anni la Cina ha visto crollare la propria produzione agricola

**36** **Osserva l'immagine e scegli tra le alternative quella più pertinente circa le caratteristiche dell'opera.**

- **A** La *Leggenda della vera croce* di Piero della Francesca è una delle opere cardine del Rinascimento per i temi trattati e la composizione cromatica
- **B** La *Trinità* di Masaccio è una delle opere cardine del Rinascimento, in particolare per la composizione prospettica della scena, definita a partire dalle leggi della prospettiva elaborate da Brunelleschi
- **C** La *Trinità* di Piero della Francesca è una delle opere cardine del Rinascimento: lo stesso Brunelleschi definì le leggi della prospettiva proprio a partire da questo modello
- **D** La *Leggenda della vera croce* di Masaccio, tra le opere maggiori del Rinascimento fiorentino, è il capolavoro di uno dei maestri che hanno rivoluzionato l'arte occidentale nei primi anni del XV secolo
- **E** La *Trinità* di Masaccio è l'opera che più di altre annuncia il passaggio dallo stile pienamente rinascimentale dei maestri fiorentini al successivo manierismo di artisti quali Pontormo e Rosso Fiorentino

**37** **Quale tra le seguenti affermazioni, a proposito di Inghilterra, Regno Unito e Gran Bretagna, non è corretta?**

- **A** L'Inghilterra si trova in Gran Bretagna
- **B** Il Regno Unito si estende interamente in Gran Bretagna
- **C** La Gran Bretagna è una delle isole britanniche
- **D** Scozia e Galles si trovano in Gran Bretagna
- **E** L'Inghilterra è parte del Regno Unito

QUARTA PROVA

**38** **In particolare è alla medicina che generalmente ci si riferisce con il termine di ______, anche se non mancano interpretazioni più generali: di conseguenza la domanda è rivolta principalmente all'evoluzione della scienza medica, dove il rischio che si è percepito è che l'uomo si trasformi da soggetto a oggetto della manipolazione, considerando la sperimentazione senza controllo fin nella più intima struttura della biologia.**

**Qual è il termine mancante nel testo, oggetto del discorso?**

A Eutanasia

B Accanimento terapeutico

C Bionica

D Bioetica

E Cibernetica

**39** **Osserva l'immagine e scegli la corretta didascalia tra quelle proposte.**

A Veduta aerea di Pienza, la città ideale di Pio II, con la caratteristica pianta a raggiera

B La città-fortezza di Palmanova, dalla caratteristica pianta stellata, costruita dai veneziani a fine XVI secolo

C Veduta aerea di Palmanova, fatta costruire da Pio II nel XV secolo, con la caratteristica pianta stellata

D Palmanova, città fortezza edificata dagli austriaci tra 1798 e 1804

E Pienza, città ideale edificata nel Rinascimento su disegno di Leon Battista Alberti

**40** **Fino a non molto tempo fa, il modello dell'evoluzione umana che veniva presentato era quello lineare, con la classica immagine che riportava la successione di Australopiteco, [1], [2], Neanderthal, Sapiens, rappresentati con una crescente statura eretta che raggiunge la piena verticalizzazione solo con l'ultima specie. Questa visione è totalmente errata e superata. È infatti assodato che nel tempo di sono avute molte specie appartenenti al genere Homo e [3], e che molti di questi [4] si sono non solo succeduti nel tempo, ma anche sovrapposti. Questa nuova visione è chiamata "[5] evolutivo".**

**Scegli l'alternativa che completa correttamente il testo ai punti numerati.**

- A Erectus; Habilis; ominidi; Australopitecus; cespuglio
- B Habilis; Erectus; Australopitecus; ominidi; labirinto
- C Habilis; Erectus; Australopitecus; Australopitechi; cespuglio
- D Erectus; Habilis; Australopitecus; ominidi; cespuglio
- E Habilis; Erectus; Australopitecus; ominidi; cespuglio

QUARTA PROVA

## Ragionamento logico

**41** **Un sinonimo di *sapido* è:**

- A superbo
- B arguto
- C scarso
- D sottile
- E negligente

**42** **Completare la seguente proporzione.**

**Unire : X = costruire : Y**

- A X = pezzi, Y = mattone
- B X = separare, Y = demolire
- C X = incollare, Y = rammendare
- D X = tagliare, Y = edificio
- E X = sposare, Y = abbattere

**43** **Indicare la parola da scartare.**

- A Aleatorio
- B Caduco
- C Provvisorio
- D Precario
- E Temporaneo

**44** **In una piscina di 25 metri, Alessandra è impegnata in tre serie di 10 vasche a stile libero. A causa dello scarso allenamento, il tempo impiegato nella seconda serie risulta superiore del 25%. Sapendo che la differenza tra la prima e la seconda serie è di 50 secondi, a quale velocità media Alessandra affronta l'ultima serie che, rispetto alla precedente, registra un'ulteriore diminuzione della velocità pari al 50%?**

- A 2,4 km/h
- B 6'40"
- C 1,25 m/sec
- D 50 cm/sec
- E 3,6 km/h

45 **Qual è la percentuale di sconto applicata a un articolo che viene venduto a 22 euro a fronte di un prezzo originario di 25 euro?**

A 20%
B – 3.000
C 12%
D 22/25
E 15%

46 **Luciana e Ruggero costruiscono insieme una casa in tre anni. Paola e Ruggero riescono a costruirla in due mesi. Quante case costruirebbero i tre insieme in un anno?**

A 6
B 4
C 2
D Non ci sono dati sufficienti per rispondere al quesito
E 1/3

47 **Un quadrato ha un'area pari a 25 $cm^2$. Se ogni lato viene aumentato di 1 cm, di quanto aumenta in percentuale l'area?**

A 44%
B 50%
C 20%
D 33%
E 66%

48 **Un'amaca costa 100 euro se acquistata a prezzo intero e viene scontata del 10% se acquistata insieme a una tenda che costa tre volte il prezzo dell'amaca (non scontato). Quanto spende chi, approfittando dell'offerta, acquista sia la tenda sia l'amaca?**

A 390 euro
B 400 euro
C 360 euro
D 440 euro
E 380 euro

49 **La somma di due numeri è 4 volte la loro differenza; il loro prodotto è 9 volte il loro quoziente. Quali sono i due numeri?**

A 4; 3
B 6; 4
C 6; 2
D 5; 3
E 5; 2

50 **Qual è la probabilità che, lanciando un dado e di seguito una moneta, si ottenga "sei" dal dado e "croce" dalla moneta?**

A 1/12
B 1/6
C 1/2
D 1/36
E 1/4

# Soluzioni della quarta prova

**Alpha Test** — **Risposte esatte della quarta prova**

VERIFICARE LE RISPOSTE RELATIVE ALLE DOMANDE DELLA QUARTA PROVA

| | A | B | C | D | E | | A | B | C | D | E |
|---|---|---|---|---|---|---|---|---|---|---|---|
| 1 | ■ | □ | □ | □ | □ | 26 | □ | □ | □ | □ | ■ |
| 2 | □ | ■ | □ | □ | □ | 27 | □ | ■ | □ | □ | □ |
| 3 | ■ | □ | □ | □ | □ | 28 | □ | □ | □ | ■ | □ |
| 4 | □ | □ | □ | ■ | □ | 29 | □ | ■ | □ | □ | □ |
| 5 | ■ | □ | □ | □ | □ | 30 | □ | □ | □ | □ | ■ |
| 6 | □ | □ | ■ | □ | □ | 31 | □ | □ | □ | □ | ■ |
| 7 | □ | □ | ■ | □ | □ | 32 | ■ | □ | □ | □ | □ |
| 8 | ■ | □ | □ | □ | □ | 33 | □ | □ | ■ | □ | □ |
| 9 | □ | ■ | □ | □ | □ | 34 | ■ | □ | □ | □ | □ |
| 10 | □ | □ | □ | □ | ■ | 35 | □ | □ | ■ | □ | □ |
| 11 | □ | □ | □ | ■ | □ | 36 | □ | ■ | □ | □ | □ |
| 12 | ■ | □ | □ | □ | □ | 37 | □ | ■ | □ | □ | □ |
| 13 | □ | ■ | □ | □ | □ | 38 | □ | □ | □ | ■ | □ |
| 14 | □ | □ | □ | ■ | □ | 39 | □ | ■ | □ | □ | □ |
| 15 | ■ | □ | □ | □ | □ | 40 | □ | □ | □ | □ | ■ |
| 16 | □ | ■ | □ | □ | □ | 41 | □ | ■ | □ | □ | □ |
| 17 | □ | □ | ■ | □ | □ | 42 | □ | ■ | □ | □ | □ |
| 18 | □ | ■ | □ | □ | □ | 43 | ■ | □ | □ | □ | □ |
| 19 | □ | □ | ■ | □ | □ | 44 | □ | □ | □ | ■ | □ |
| 20 | □ | ■ | □ | □ | □ | 45 | □ | □ | ■ | □ | □ |
| 21 | □ | □ | ■ | □ | □ | 46 | □ | □ | □ | ■ | □ |
| 22 | □ | □ | □ | □ | ■ | 47 | ■ | □ | □ | □ | □ |
| 23 | □ | □ | □ | ■ | □ | 48 | ■ | □ | □ | □ | □ |
| 24 | ■ | □ | □ | □ | □ | 49 | □ | □ | □ | ■ | □ |
| 25 | □ | □ | ■ | □ | □ | 50 | ■ | □ | □ | □ | □ |

QUARTA PROVA

Prove di verifica

# QUINTA PROVA

Alpha Test

## Scheda per le risposte della quinta prova

CONTRASSEGNARE LE RISPOSTE RELATIVE ALLE DOMANDE DELLA QUINTA PROVA

| | A | B | C | D | E | | A | B | C | D | E |
|---|---|---|---|---|---|---|---|---|---|---|---|
| 1 | | | | | | 26 | | | | | |
| 2 | | | | | | 27 | | | | | |
| 3 | | | | | | 28 | | | | | |
| 4 | | | | | | 29 | | | | | |
| 5 | | | | | | 30 | | | | | |
| 6 | | | | | | 31 | | | | | |
| 7 | | | | | | 32 | | | | | |
| 8 | | | | | | 33 | | | | | |
| 9 | | | | | | 34 | | | | | |
| 10 | | | | | | 35 | | | | | |
| 11 | | | | | | 36 | | | | | |
| 12 | | | | | | 37 | | | | | |
| 13 | | | | | | 38 | | | | | |
| 14 | | | | | | 39 | | | | | |
| 15 | | | | | | 40 | | | | | |
| 16 | | | | | | 41 | | | | | |
| 17 | | | | | | 42 | | | | | |
| 18 | | | | | | 43 | | | | | |
| 19 | | | | | | 44 | | | | | |
| 20 | | | | | | 45 | | | | | |
| 21 | | | | | | 46 | | | | | |
| 22 | | | | | | 47 | | | | | |
| 23 | | | | | | 48 | | | | | |
| 24 | | | | | | 49 | | | | | |
| 25 | | | | | | 50 | | | | | |

# QUINTA PROVA

Tempo a disposizione: 100 minuti

**Comprensione del testo e conoscenza della lingua italiana - Testo 1**

**In base alle informazioni contenute nel brano seguente, rispondere alle successive domande.**

**Parte 1**

Le stupefacenti scoperte dello zoologo di Monaco Karl von Frisch sul cosiddetto "Linguaggio" delle api hanno destato un enorme scalpore e pertanto il riprendere l'argomento in questa sede è un po' come portar vasi a Samo. Ma i risultati di quelle indagini si sono dimostrati così fecondi per la ricerca successiva che non sarà inutile parlarne brevemente.

L'ape è un essere sociale che vive in comunità, e l'ordinata convivenza nello "Stato" delle api fa supporre a priori l'esistenza di un certo tipo di scambio di informazioni fra i singoli individui dello sciame.

Che questa ...**[ 1]**... si stabilisca nella ricerca del cibo è noto da tempo. Quando un'ape ha trovato in qualche ...**[ 2]**... una fonte di cibo, ritorna all'alveare e dà l'...**[3]**... alle compagne che in grande numero si dirigono verso il posto indicato per spartirsi il compito della ...**[ 4]**... del polline.

Qualcosa del ...[ 5]... sappiamo che avviene anche per le formiche.

(da AA.VV., *Comportamento animale e umano*, Feltrinelli, 1971)

**Parte 2**

Il "linguaggio delle api" di cui si parla in questo libro, scoperto dallo scienziato austriaco Karl von Frisch è una delle manifestazioni più straordinarie che possiamo trovare in quel nuovo settore dello scibile che è stato di recente battezzato con il termine non so quanto felice di zoosemiotica (Sebeok, trad. it. 1973). Per zoosemiotica intendiamo lo studio dei sistemi di "comunicazione" tra animali della stessa specie o di specie diverse, comunicazione che abbia, in ogni caso, una precisa finalità biologica. Secondo Sebeok, zoosemiotica e antroposemiotica occuperebbero due territori in parte distinti, che verrebbero a sovrapporsi in quelle zone marginali in cui l'uomo condivide alcuni sistemi di comunicazione con gli altri esseri viventi. In senso ampio, approssimando il discorso, possiamo affermare che il territorio della zoosemiotica è la zona privilegiata dei segnali, mentre l'antroposemiotica dei segni. Zona privilegiata, non esclusiva, dato che le due modalità di comunicazione, segnaletica e segnica, sono sempre compresenti ad ogni livello biologico, si trasformano l'una nell'altra nel corso della filogenesi e dell'ontogenesi e sono suscettibili di una distinzione soltanto macroscopica. La prima, più ovvia distinzione tra segnale e segno potrebbe fondarsi sul fatto che il segnale, a differenza del segno, che deve essere "interpretato", evoca nel ricevente una risposta automatica, per lo più, negli animali, istintiva.

(Giorgio Celli, *Introduzione* a *Il linguaggio delle api* di Karl von Frisch, Bollati Boringhieri, 2012)

**1 "Portar vasi a Samo" è un'espressione della Parte 1 del brano che si riferisce al fatto di:**

- **A** dire cose già risapute
- **B** imitare gli antichi greci
- **C** fare una scoperta scientifica interessante
- **D** portare vasi pieni di insetti
- **E** compiere azioni inutili

2 ***Fecondi* nella Parte 1 del brano è:**

- A aggettivo che sta per "hanno dato impulso alla nascita di molti insetti"
- B aggettivo che sta per "hanno dato vita a molte ricerche e risultati scientifici"
- C sostantivo che sta per "hanno dato il successo a chi aveva ottenuto i risultati"
- D sostantivo che sta per "hanno dato risultati scientifici inaspettati"
- E aggettivo che sta per "sono stati molto divulgati"

3 ***A priori* è un'espressione della Parte 1 del brano che indica:**

- A per la prima volta
- B all'interno di un'organizzazione di fatti
- C senza bisogno di prove
- D in relazione a chi studia il problema
- E prima

4 **Relativamente al secondo capoverso della Parte 1 del brano, indica quale parola va collocata negli spazi indicati dai numeri da [1] a [3], scegliendo fra le seguenti alternative.**

- A [1] visione, [2] comunicazione,[3] supposizione
- B [1] tempo, [2] fiore, [3] paese
- C [1] invito, [2] incarico, [3] avviso
- D [1] visione, [2] fiore, [3] avviso
- E [1] raccolta, [2]divisione, [3] distribuzione

5 **Relativamente al secondo capoverso della Parte 1 del brano, indica quale parola va collocata negli spazi indicati dai numeri da [4] a [5], scegliendo fra le seguenti alternative.**

- A [4] fatto, [5] scoperta
- B [4] posto, [5] pensiero
- C [4] aiuto, [5] genere
- D [4] trasformazione, [5] fiore
- E [4] trasformazione, [5] genere

6 **Da quanto scritto nel brano, si presume che anche le formiche:**

- A sappiano procacciarsi il cibo individualmente
- B abbiano un atteggiamento conservativo verso il loro habitat
- C siano longeve perché organizzate
- D siano esseri sociali che vivono in comunità
- E scambino informazioni anche con altra specie

7 **La definizione di zoosemiotica, riportata nella Parte 2 del brano, è riconducibile:**

- A a Karl von Frisch
- B a un allievo dello scienziato austriaco
- C a una comunicazione con una precisa finalità biologica
- D all'estensore del brano, Sebeok
- E a una comunicazione tra animali della stessa specie

**8** **L'antroposemiotica, di cui si parla nella Parte 2 del brano, è la zona:**

- **A** privilegiata dei segnali
- **B** privilegiata dei segni
- **C** esclusiva di segni e segnali
- **D** compresente in ogni comunicazione
- **E** occupata esclusivamente dall'uomo

**9** **Dalla Parte 2 del brano risulta che l'uomo:**

- **A** non condivide sistemi di comunicazione con gli altri esseri viventi
- **B** condivide sistemi di comunicazione solo con gli insetti sociali
- **C** in una zona marginale usa come gli altri esseri viventi la zoosemiotica
- **D** non ha reazioni istintive di fronte a segnali
- **E** nessuna delle precedenti è corretta

**10** **Secondo la Parte 2 del brano a evocare nel ricevente una risposta automatica è:**

- **A** il segnale
- **B** il segno
- **C** sia il segno sia il segnale
- **D** l'istintività animale
- **E** la predisposizione soggettiva



## Comprensione del testo e conoscenza della lingua italiana - Testo 2

**In base alle informazioni contenute nel brano seguente, rispondere alle successive domande.**

**[1]** Quando mio padre mi disse di aver picchiato mia madre una volta sola durante i ventitré anni del loro matrimonio, nemmeno gli risposi. Era parecchio che non obiettavo più niente ai suoi racconti pieni di avvenimenti, date e dettagli tutti inventati. Da ragazzo lo consideravo un bugiardo e mi vergognavo come se le sue bugie mi appartenessero. Ora, da grande, mi sembrava che non mentisse affatto. Credeva che le sue parole fossero in grado di rifare i fatti secondo i desideri o i rimorsi.

**[2]** Qualche giorno dopo, però, quella sua puntigliosa precisazione mi ritornò in mente. All'inizio provai disagio, poi un fastidio crescente, quindi la voglia di attaccarmi al telefono e gridargli: «Sì? Una sola volta? E le botte che mi ricordo io fino a poco prima della sua morte cos'erano, carezze?»

**[3]** Naturalmente non gli telefonai. Pur recitando da decenni il ruolo del figlio devoto, avevo già trovato il modo di dargli sufficienti dispiaceri. E poi non serviva a niente aggredirlo frontalmente. Avrebbe dischiuso la bocca perplesso, come faceva quando gli accadeva qualcosa di imprevisto, per oppormi subito dopo il tono mite che riservava a noi figli ed elencarmi soffertamente in interurbana le prove inoppugnabili del male che aveva fatto non lui a mia madre, ma mia madre a lui. Perciò pensai: «Si inventi quello che vuole, cosa cambia?»

**[4]** In realtà mi resi conto che cambiava molto. Cambiavo io, tanto per cominciare, e in un modo che non mi piaceva. Sentii, per esempio, che stavo perdendo la capacità di misurare le parole, arte che fin dall'adolescenza mi ero attribuito con orgoglio. Già la frase che avevo desiderato di gridargli («E le botte che mi ricordo io fino a poco prima della sua morte cos'erano, carezze?») non era affatto calibrata. Quando provai a scriverla, mi colpì per il suo andamento rozzo e imprudente. Parevo prossimo a esagerazioni non diverse da quelle di mio padre. Sembrava che volessi rinfacciargli urlando che aveva preso a schiaffi e pugni mia madre anche sul letto dell'agonia, botte date con la perizia del pugile dilettante quale lui raccontava di essere stato a soli quindici anni, nella palestra Belfiore al corso Garibaldi.

Domenico Starnone, *Via Gemito*, Feltrinelli 2000

QUINTA PROVA

**11** **In [1] risulta che a scrivere è:**

- A una figlia
- B un nipote
- C un figlio
- D un ragazzo
- E un bambino

**12** **In [1] compare, al plurale, il termine *rimorso*. Quale tra i seguenti non ne è un sinonimo?**

- A Afflizione
- B Senso di colpa
- C Rimpianto
- D Contrizione
- E Rammarico

**13** **Nel paragrafo [1] del brano l'atteggiamento del figlio nei confronti del padre passa dalla vergogna:**

- A al perdono
- B all'accettazione incondizionata
- C alla credulità
- D alla rassegnazione
- E all'ira

**14** **Leggendo i paragrafi [1] e [2] del brano è possibile ricavare tutte le seguenti informazioni tranne una. Quale?**

- A Il matrimonio dei genitori del narratore è durato 23 anni
- B La madre del narratore è morta
- C Il narratore non si è mai spostato
- D Il padre del narratore era violento
- E Il padre del narratore era bugiardo

**15** **Nel brano il telefono viene citato nei paragrafi [2] e [3] e indica:**

- A che padre e figlio vivono nello stesso appartamento
- B che padre e figlio non vivono nella stessa città
- C che i congiunti vivono ancora nella stessa città
- D continuità di rapporti tra figlio e padre
- E che il figlio evita di incontrare il padre

**16** **Dal brano risulta che se attaccato, il padre:**

- A sosteneva di essere stato vittima dei figli
- B accusava di la moglie di avergli fatto del male
- C confessava in lacrime le proprie colpe passate
- D rimaneva impassibile e cambiava argomento
- E negava contro ogni evidenza

**17 Nel brano [1-4] compare due volte un virgolettato che mette in relazione:**

- **A** carezze e botte
- **B** figlio e fastidio
- **C** bugie e desideri
- **D** grida e telefono
- **E** telefono e lontananza

**18 In [3] compare l'aggettivo *dischiuso*, un cui sinonimo è:**

- **A** spalancato
- **B** cucito
- **C** serrato
- **D** socchiuso
- **E** teso

**19 In [4] la voce narrante rievoca l'arte di:**

- **A** saper ascoltare
- **B** boxare, anche in senso figurato
- **C** provare empatia
- **D** trattenere le reazioni
- **E** nessuna delle precedenti è corretta

**20 Al termine del brano, in [4], il figlio manifesta il timore di:**

- **A** esagerare come la madre
- **B** aggredire fisicamente l'anziano padre
- **C** esagerare come il padre
- **D** aver del tutto perso l'arte di misurare le parole
- **E** ricordare l'accaduto

## Comprensione del testo e conoscenza della lingua italiana - Testo 3

**In base alle informazioni contenute nel brano seguente, rispondere alle successive domande.**

### Il "cosa", il "come" e i due tipi di Lettore Modello

**[1]** Consumo, successo, piacere della lettura rappresentano un reticolo di fenomeni non facilmente distinguibili l'uno dall'altro. Quello che ci interessa osservare qui è che essi non sono in alternativa a sperimentalismo mentre sono in alternativa ad avanguardia. Vorrei anzitutto mettere in evidenza alcuni punti che, a causa della loro ovvietà, rischiano di apparire come paradossali:

**[2]** Ogni artista aspira a essere letto. Non c'è corrispondenza privata di alcun artista che noi consideriamo "sperimentale" (da Joyce a Montale) che non dimostri come quell'autore, anche se sapeva di andare contro all'orizzonte d'attesa del proprio lettore comune e attuale, aspirasse a formare un proprio lettore futuro, capace di intenderlo e di gustarlo, segno che stava orchestrando la sua opera come sistema di istruzioni per un Lettore Modello che fosse in grado di capirlo, apprezzarlo e amarlo. Non esiste autore che desideri essere illeggibile o inguardabile. Caso mai, come Joyce, aspira a educare un «*ideal reader affected by an ideai insomnia*», ma spera con tutte le sue forze e agisce con tutta la sua abilità perché questo lettore possa un giorno esistere empiricamente.

**[3]** Ogni testo aspira a procurare il piacere della propria lettura appropriata. Il narratore di *feuilleton* vorrà un lettore che sappia sospirare e lacrimare, Robbe-Grillet vorrà un lettore capace di degustare il romanzo futuro, entrambi vogliono qualcuno a cui "piaccia" leggere (o guardare, o ascoltare) il proprio prodotto.

**[4]** Sembra che alcuni autori di narratività pura si disinteressino dello stile, aspirando a un lettore che apprezzi solo le *storie* che essi raccontano. **[5]** Si potrebbe qui distinguere tra aspirazione al piacere dell'enunciato e al piacere dell'atto dell'enunciazione. Ovvero, in termini più classici, tra piacere del *cosa*

QUINTA PROVA

e piacere del *come*. Vale a dire tra piacere per il Mondo Possibile disegnato dalla storia che il testo racconta o piacere per la strategia del racconto. Ma non vedrei questa distinzione come una semplice distinzione, comune all'estetica tradizionale, tra piacere per la forma e piacere per il contenuto. La moderna narratologia ci dice che una storia, indipendentemente dal sistema semiotico a cui è affidata, può avere una propria forma e non è proibito immaginare un autore che preveda nel proprio Lettore Modello il piacere che consegue alla percezione di un mondo possibile ben organizzato.

**[6]** Ogni opera si propone almeno due *tipi di lettore*. Il primo è la vittima designata delle proprie strategie enunciative, il secondo è il lettore critico che gode del modo in cui è stato condotto a essere vittima designata. **[7]** Esempio palmare – ma non unico – di questa condizione della lettura, è il romanzo poliziesco, che sempre prevede un lettore di primo livello e un lettore di secondo livello. Il lettore di secondo livello deve godere non della storia raccontata ma del modo in cui la storia è stata raccontata. Ogni opera d'arte, oltre che di artigianato, rivolge al lettore la stessa domanda. Non si considerano qui i casi di opere più complesse in cui sono richiesti e prefigurati lettori di terzo, quarto, ennesimo livello. **[8]** Pertanto un criterio estetico accettabile e non dissonante coi principi dell'estetica moderna sarà di distinguere tra opere che mirano principalmente al piacere del lettore di primo livello e opere che mirano al piacere dei lettori di livello *n*. Le prime potranno essere definite come opere "gastronomiche", le seconde come opere a finalità estetica.

Umberto Eco, *Il testo, il piacere, il consumo*, in *Sugli Specchi e altri saggi*, 1985

---

**21** **Nel periodo [1] il termine *reticolo* vuol dire:**

A intreccio
B disordine
C elenco
D labirinto
E nessuna delle precedenti

---

**22** **Quale delle seguenti frasi riassume meglio l'idea centrale del paragrafo [3]?**

A Lo scopo di qualunque opera letteraria è quello di raggiungere un pubblico quanto più ampio possibile
B Ogni autrice e ogni autore hanno in mente un Lettore Modello preciso, cui indirizzare la propria opera
C Il piacere della lettura è connaturato all'atto stesso della lettura
D Solo una lettura appropriata può risultare piacevole
E Gli scrittori di qualunque genere letterario tendono a piegarsi al gusto dei lettori

---

**23** **In [2] Joyce e Montale sono menzionati perché:**

A sono portati a esempio di come anche gli autori "sperimentali" si preoccupino di avere un pubblico in grado di capire e apprezzare le loro opere
B nel carteggio che si scambiarono, si lamentano di non essere capiti dal loro pubblico
C nella loro corrispondenza privata, parlano di letteratura "sperimentale" e d'avanguardia
D ebbero un successo immediato nonostante il taglio sperimentale dei loro testi
E sono noti per il loro disinteresse per l'accoglienza delle loro opere presso il grande pubblico

---

**24** **Umberto Eco, al punto [4], afferma che *alcuni autori di narratività pura*:**

A sembrano prestare attenzione ai giudizi critici riguardanti lo stile delle loro opere
B non sembrano prestare attenzione ai gusti letterari del loro pubblico
C non sembrano prestare attenzione allo stile delle loro opere
D nelle loro opere sembrano privilegiare la forma rispetto al contenuto
E sembrano adottare uno stile volutamente grossolano

**25** **Quale delle seguenti affermazioni è corretta, in riferimento a quanto si dice nel testo circa il romanzo poliziesco (punto [7])?**

A Nei romanzi polizieschi ci sono due tipi di vittime, quella ignara e quella consapevole
B Il romanzo poliziesco è un genere letterario che prevede due livelli di lettura
C Il romanzo poliziesco è un genere letterario che si rivolge a lettrici e lettori di tutti i tipi
D Il romanzo poliziesco è un caso a parte, rispetto a quanto Eco sta sostenendo
E Nel romanzo poliziesco prevale la storia rispetto al modo in cui è raccontata

**26** **In [5], *enunciato* ed *enunciazione* indicano:**

A due aspirazioni del Lettore Modello
B due principi della retorica classica
C la storia raccontata e il modo in cui essa viene raccontata
D la differenza tra il racconto scritto e quello orale
E la storia raccontata e il perché essa viene raccontata

**27** **I *punti* (paragrafo [1]) sui quali Umberto Eco dichiara di volersi soffermare sono:**

A così banali da rischiare di risultare incomprensibili
B così assurdi da rischiare di risultare banali
C così banali da rischiare di risultare assurdi
D così ovvi da rischiare di risultare banali
E così incomprensibili da rischiare di risultare assurdi

**28** **Quando, al punto [7], Umberto Eco parla di *lettore di secondo livello*, si riferisce a:**

A lettrici e lettori non adatti all'estetica moderna
B lettrici e lettori che apprezzano i meccanismi narrativi della storia
C lettrici e lettori che apprezzano solo la storia narrata
D lettrici e lettori che apprezzano opere "gastronomiche"
E lettrici e lettori non interessati ai meccanismi narrativi della storia

**29** **Nella frase «La moderna narratologia ci dice che una storia, indipendentemente dal sistema semiotico a cui è affidata, può avere una propria forma e non è proibito immaginare un autore che preveda nel proprio Lettore Modello il piacere che consegue alla percezione di un mondo possibile ben organizzato» i due aggettivi possessivi *propria* e *proprio*:**

A indicano il medesimo possessore
B indicano entrambi come possessore *autore*
C *propria* ha come possessore *autore*
D *proprio* ha come possessore *storia*
E indicano possessori diversi

**30** **Al punto [8] *gastronomiche* significa:**

A caloriche
B di consumo
C raffinate
D eccezionali
E brutte

QUINTA PROVA

**31** **Indica quale alternativa completa correttamente diagramma relativo alla Repubblica parlamentare proposto.**

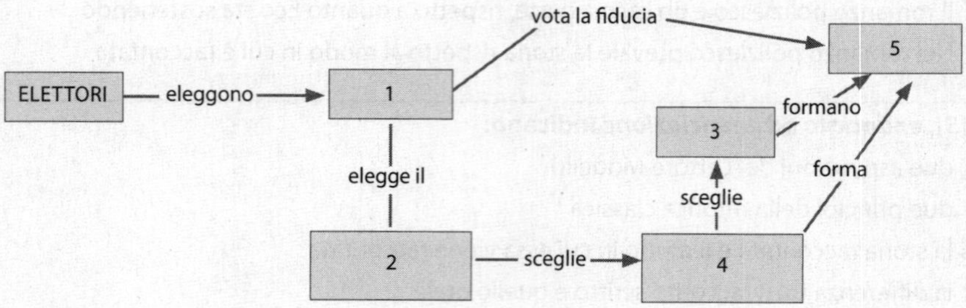


**A** 1: Presidente della Repubblica; 2: Parlamento; 3: ministri; 4: Presidente del Consiglio; 5: governo

**B** 1: governo; 2: Parlamento; 3: Presidente della Repubblica; 4: Presidente del Consiglio; 5: governo

**C** 1: Parlamento; 2: Presidente della Repubblica; 3: ministri; 4: Presidente del Consiglio; 5: governo

**D** 1: governo; 2: Presidente della Repubblica; 3: ministri; 4: Presidente del Consiglio; 5: Parlamento

**E** 1: Presidente del Consiglio; 2: Presidente della Repubblica; 3: governo; 4: ministri; 5: Parlamento

**32** **Completa correttamente le lacune del seguente testo.**

**Una delle cose più straordinarie delle proteste per la democrazia in Bielorussia è il ruolo enorme svolto dalle donne. Una di loro, Svetlana Tichanovskaja, è emersa come improbabile antagonista politica di Aleksandr Lukašenko, da molto tempo presidente della Bielorussia. Sono _____ due delle figure dell'opposizione più rilevanti del paese, rapite o costrette a lasciare il paese come Maria Kolesnikova, che ha strappato il suo passaporto per non essere costretta all'esilio. E le donne hanno organizzato alcune tra le prime manifestazioni contro i risultati _____.**

**Oggi, in Bielorussia, un uomo di 66 anni convinto che il suo paese sarebbe impreparato a una presidenza femminile se la deve vedere con centinaia di migliaia di manifestanti, tra cui tanti giovani e tante donne, decisi a dimostrargli che si sbaglia. La situazione è indice di una tendenza in atto nei movimenti globali di massa: le proteste alle quali partecipano le donne sono di solito più grandi, meno violente e più versatili rispetto alle altre. E, cosa più importante, hanno maggiori probabilità di _____.**

**A** donne; diffusi; perdere

**B** altre; dati; trionfare

**C** quasi; votanti; vittoria

**D** donne; elettorali; successo

**E** loro; elettorali; successo

**33** **Indica quale tra le seguenti rappresentazioni soddisfa la relazione esistente tra gli elementi proposti.**

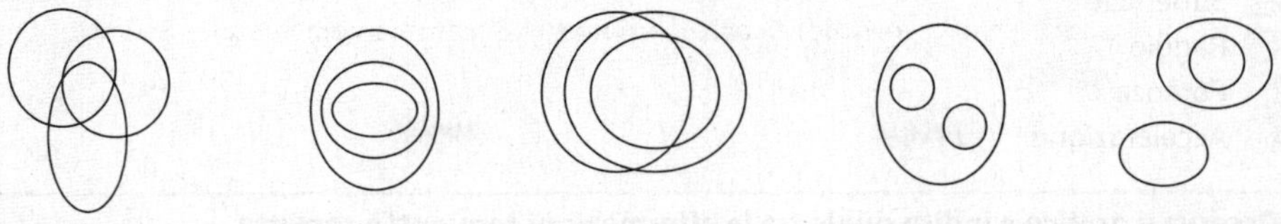

Diagramma 1 Diagramma 2 Diagramma 3 Diagramma 4 Diagramma 5

**1. Unione europea**
**2. Consiglio dell'Unione europea**
**3. Consiglio d'Europa**

A Diagramma 1
B Diagramma 2
C Diagramma 3
D Diagramma 4
E Diagramma 5

**34** **A quale conflitto si riferisce la carta proposta?.**

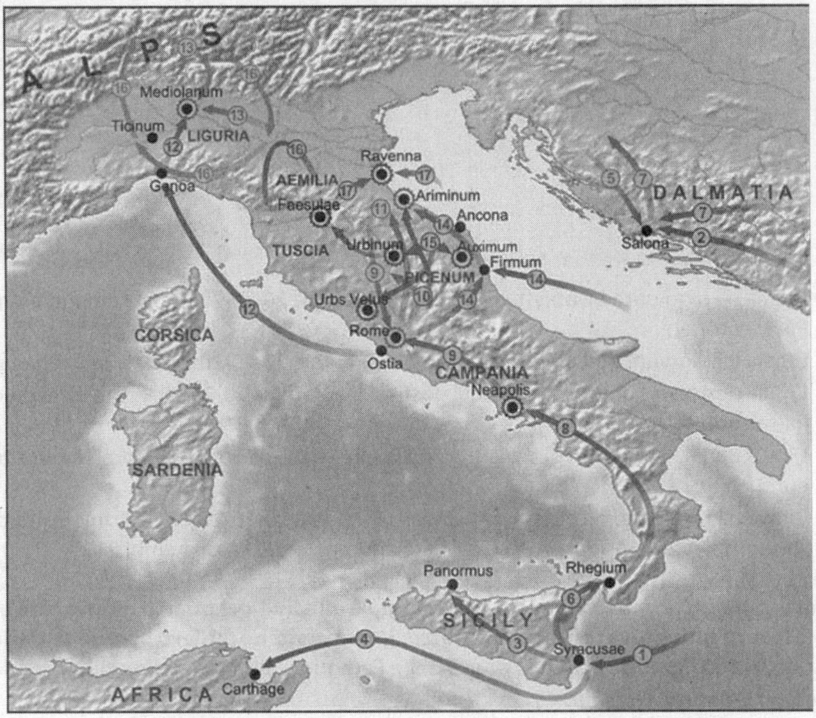


A Alla Seconda guerra punica combattuta nel III secolo a.C.
B Alla Guerra greco-gotica combattuta nel VI secolo d.C.
C Alla Guerra greco gotica combattuta nel VI secolo a.C.
D Alla Terza guerra punica combattuta nel II secolo a.C.
E Alle Guerre sannitiche combattute tra IV e III secolo a.C.

**35** **Quale tra le seguenti grandezze corrisponde al rapporto tra una lunghezza e un tempo?**

A Velocità
B Superficie
C Raggio
D Potenza
E Accelerazione

**36** **Osserva il grafico e indica quale tra le affermazioni seguenti è corretta.**

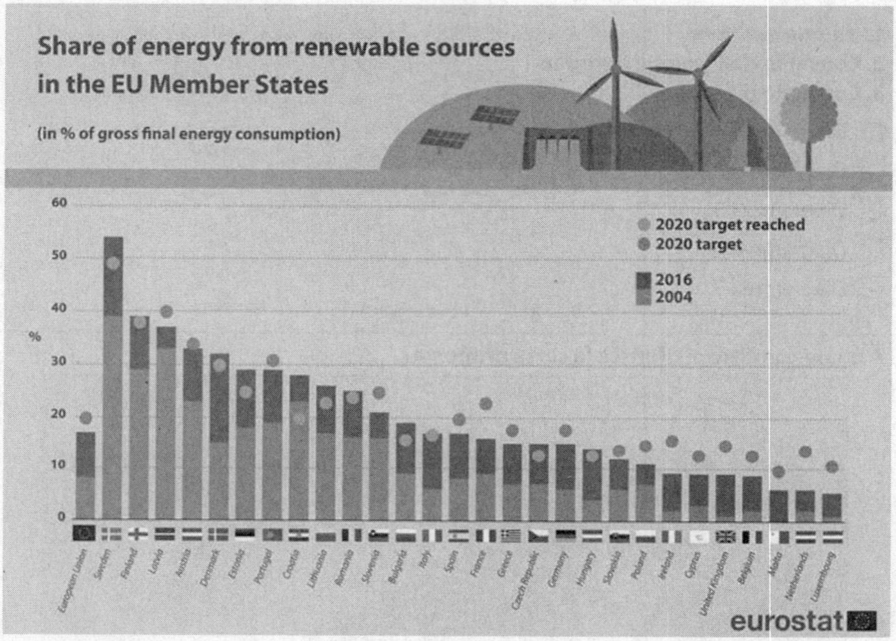


A L'Italia ha raggiunto gli obiettivi posti dalla Strategia 20-20-20, come la maggioranza dei Paesi europei
B L'Italia ha raggiunto gli obiettivi posti dalla Strategia 20-20-20, come altri Paesi europei
C L'Italia non ha raggiunto gli obiettivi posti dalla Strategia 20-20-20, come la maggioranza dei Paesi europei
D L'Italia non ha raggiunto gli obiettivi posti dalla Strategia 20-20-20, come molti altri Paesi europei
E L'Italia ha raggiunto gli obiettivi posti dalla Strategia 20-20-20, come l'Unione europea nel suo complesso, considerando cioè il dato aggregato dei Paesi membri

**37** **Il sole tramontò quattro volte sul suo viaggio e alla fine del quarto giorno, che era il quattro ottobre millenovecentoquarantatré, il marinaio nocchiero semplice della fu regia Marina 'Ndria Cambrìa arrivò al paese delle Femmine, sui mari dello scill'e carriddi.**
**(Stefano D'Arrigo, *Horcinus Orca*)**
**Scegli la deduzione corretta ricavabile dall'incipit sopra riportato.**

A Il nome del marinaio è uno pseudonimo
B Il narratore inventa data e luogo per sfuggire alla censura
C Le ultime parole del testo richiamano l'epica greca
D L'inizio del testo è un calco manzoniano
E Il marinaio si fermò per sempre nel paese delle Femmine

38 **L'Italia perde quattro posizioni in fatto di sicurezza energetica proprio a causa del costo dell'energia superiore rispetto ai principali concorrenti internazionali.**
**In base al testo riportato, si può affermare che:**

A Il concetto di sicurezza energetica ha a che fare con le modalità di produzione e distribuzione dell'energia sotto il profilo della prevenzione di incidenti
B La sicurezza energetica considera i costi della produzione energetica e la sicurezza delle tecnologie di distribuzione
C Il concetto di sicurezza energetica riguarda anche i costi dell'energia disponibile in un determinato Paese
D Un Paese che fosse del tutto autosufficiente per quanto riguarda l'energia avrebbe raggiunto la piena sicurezza energetica
E L'Italia si pone agli ultimi posti tra i Paesi europei in fatto di sicurezza energetica

39 **Scegli, tra quelle proposte, la corretta data di pubblicazione dell'articolo riprodotto nell'immagine.**

# Attorno alla salma di Re Umberto

## Alla Villa Reale di Monza.

### La veglia della salma a Monza.

Ci telegrafano da Milano, 31, ore 10,10:

Questa mattina, per tempo, giunsero da Milano due squadroni di cavalleria per rinforzo della guarnigione. Giunsero pure moltissime guardie e carabinieri.

Il Duca d'Aosta questa mattina si soffermò diverso tempo dinanzi al cadavere, impietrito dal dolore.

La stanza ove si trova re Umberto è stata messa in comunicazione con altra attigua.

In questa venne eretto un altare, al quale il parroco di Magenta disse una Messa funebre. Altre Messe poi altri reverendi celebrarono.

La custodia del cadavere è fatta in permanenza dal generale Ponzio-Vaglia, dal conte Brambilla, dal conte Mulazzi e da monsignor Bignami.

Questa mattina giunse monsignor Lonza; è atteso in giornata l'on. Crispi.

[illegible] consiglio circa i funerali, e decisero di attendere il Principe di Napoli, che sarà qui domattina.

### L'atto mortuario.

L'art. 369 del Codice civile stabilisce:

« Il presidente del Senato, assistito dal notaio della Corona, adempierà le funzioni di ufficiale dello Stato civile per gli atti di nascita, di matrimonio e di morte del Re e delle persone della Famiglia Reale. »

L'art. 370 dice che questi atti vengono inscritti sopra un doppio registro, uno dei quali [illegible]

## In ricordo di re Umberto.

Ci telegrafano da Napoli, 31, ore 16,10:

Il nostro Municipio stabilì di celebrare un solenne funerale; esso inoltre si farà iniziatore di una sottoscrizione pel monumento che dovrebbe sorgere nella piazza del Plebiscito di fronte alla Reggia.

## Il Re era mal tutelato.

Ci telegrafano da Roma, 31, ore 20.35:

Il senatore Astengo dopo l'attentato Acciarito fece per conto del Governo un'inchiesta, e presentò una relazione dove notava come la sorveglianza al Re fosse insufficiente e fatta male, ed esortava il Governo a provvedere anche contro, e sopra la volontà del Re. Ora si assicura che l'Astengo sia deciso a presentare un'interpellanza su questo argomento.

## La bandiera italiana sul cadavere del Re.

[illegible]

Vi comunico un particolare finora inedito.

Quando la Regina, al colmo della desolazione, dovette convincersi della propria sciagura, dopo aver pregato a mani giunte, nel parossismo del dolore volle coprire la salma di fiori, ed ogni tratto usciva per portarne a bracciate. L'augusta signora era tuttavia vestita di bianco, come era al momento della sventura, e rimase in tale toletta fino alle 8 del mattino. Prima di uscire dalla stanza nella quale giaceva il cadavere, per cambiarsi d'abiti, andò a prendere una bandiera tricolore con lo stemma sabaudo e con mano tremante la drappeggiò attorno al [illegible]

[illegible] loro lagrime con tutto il popolo per l'esecrando delitto e l'immensa sventura che ha colpito l'Augusta Famiglia e la patria.

« Quali membri dell'Alto Consesso, che fu sempre il baluardo delle istituzioni, confermano in questo dolorosissimo momento i loro sensi di costante devozione verso la Casa Savoia, a cui l'Italia deve la sua dignità di nazione. »

### L'incontro di Saracco con la Regina.

Ci telefonano da Monza, 31, ore 14,30:

Saracco, appena giunto alla Reggia, fu introdotto dalla Regina. L'incontro fu commoventissimo. La Regina intrattenne Saracco oltre mezz'ora.

### I ministri che sono a Monza.

Monza, 31 (*Stefani*). — Visconti-Venosta è ripartito. Rimangono alla Reggia Saracco, Gianturco e Pascolato.

### Anche il Duca d'Oporto a Monza.

Ci telefonano da Monza, 31, ore 14,30:

Alle ore 5 giunse Maria Pia, accompagnata dal Duca d'Oporto.

## La seduta al Consiglio comunale di Monza.

La *Stefani* ci comunica da Monza, 31:

La seduta del Consiglio comunale fu imponente.

Il sindaco, l'on. Pennati ed il gruppo dei socialisti espressero i sensi di cordoglio e d'indignazione per l'esecrando delitto che colpiva il buono, leale e generoso Re, affidando alla Giunta di mandare una degna rappresentanza ai funerali.

L'aula, affollata, aveva solenne espressione di mestizia.

A 1 agosto 1900
B 29 giugno 1914
C 18 novembre 1878
D 24 aprile 1897
E 7 maggio 1898

40 **È costellata da oltre 50.000 laghi di origine glaciale. I più grandi sono nella parte meridionale: il Saimaa, il Paijanne, il Vesijarvi, il Kavallesi. I fiumi hanno un corso breve e i più importanti scorrono nella parte settentrionale del golfo di Botnia: il Torne, l'Oulu e il Kemi. Vasti bracci di mare, laghi e corsi d'acqua restano ghiacciati fino a 8 mesi l'anno.**
**Di quale Paese parla il testo?**

A Svezia
B Norvegia
C Islanda
D Finlandia
E Danimarca

QUINTA PROVA

## Ragionamento logico

**41 Completetare la seguente proporzione.**

**Corda : X = Y : spira**

- A X = spago, Y = spirale
- B X = molla, Y = gomena
- C X = muore, Y = filo
- D X = cappio, Y = serpente
- E X = cordame, Y = spirare

**42 Un sinonimo di *oculatamente* è:**

- A inavvertitamente
- B lascivamente
- C avvedutamente
- D acutamente
- E ottusamente

**43 Con l'espressione "a bruciapelo" si intende:**

- A in modo truce
- B fedelmente
- C duramente
- D a brevissima distanza
- E a ripetizione

**44 "Prima di decidere di andare a Milano, Nicoletta deve trovare un alloggio".**

**Se l'affermazione precedente è vera, quale delle seguenti deve essere vera?**

- A Se Nicoletta trova un alloggio, allora andrà a Milano
- B Se Nicoletta va a Milano, allora ha trovato un alloggio
- C Se Nicoletta non va a Milano, allora non ha trovato un alloggio
- D Se Nicoletta va a Milano, allora non ha trovato un alloggio
- E Nessuna delle precedenti

**45 "Antonella è onesta. Tutti gli impiegati sono onesti. Tutte le persone oneste sono ordinate".**

**Se le precedenti affermazioni sono vere, quale delle seguenti è necessariamente vera?**

- A Antonella è un'impiegata
- B Antonella è ordinata
- C Solo alcuni impiegati sono ordinati
- D Tutte le persone ordinate sono oneste
- E Solo le persone ordinate sono oneste

**46 Quale delle seguenti frasi è logicamente equivalente a: "Il riso abbonda sulla bocca degli sciocchi"?**

- A I furbi non ridono mai
- B Gli sciocchi ridono sempre
- C Gli sciocchi ridono spesso
- D I furbi sono spesso tristi
- E Solo gli sciocchi ridono spesso

QUINTA PROVA

**47** **"La richiesta di autonomia è il nucleo fondamentale delle attuali rivendicazioni degli indios del Messico. La ricostruzione della loro identità come popolo e la definizione di un'entità territoriale corrispondente sono strettamente legate alla conquista dell'autonomia".**

**Quale delle seguenti conclusioni può essere dedotta dalle informazioni riportate sopra?**

A Gli indios del Messico non potranno ricostruire la loro identità come popolo e non potranno definire un'entità territoriale se non verranno accolte le loro attuali rivendicazioni

B L'obiettivo finale degli indios del Messico è quello dell'autonomia

C Per gli indios del Messico la ricostruzione della loro identità come popolo e la definizione di un'entità territoriale corrispondente sono preliminari alla conquista dell'autonomia

D Gli indios del Messico vedranno accolte le loro attuali rivendicazioni solo quando avranno ricostruito la loro identità come popolo e avranno definito un'entità territoriale corrispondente

E Per gli indios del Messico la definizione di un'entità territoriale è prioritaria rispetto alla ricostruzione della loro identità come popolo

**48** **Un romanzo storico è formato da 15 capitoli, di 22 pagine ciascuno; 7 pagine di ogni capitolo contengono tavole illustrate e fotografie. Di quante pagine di solo testo è composto il romanzo storico?**

A 240

B 180

C 260

D 245

E 225

**49** **Tutti gli studenti di una classe praticano almeno uno sport tra lo sci e il nuoto. Il 60% degli studenti sa sciare e l'80% sa nuotare. Quale percentuale di studenti sa sia sciare sia nuotare?**

A 40%

B 20%

C 140%

D 60%

E Non è possibile rispondere

**50** **In un negozio di abbigliamento lo sconto è pari al 10% del prezzo di acquisto se la spesa complessiva è compresa tra 100 euro e 300 euro, e pari al 20% per le spese superiori a 300 euro. Una signora acquista un giorno un paio di guanti il cui prezzo è 80 euro, il giorno successivo acquista un cappello il cui prezzo è 200 euro e due giorni dopo un cappotto il cui prezzo è 1.550 euro. Quanto avrebbe risparmiato la signora se avesse acquistato tutti i capi di abbigliamento contemporaneamente?**

A 20 euro

B 36 euro

C 330 euro

D 183 euro

E La signora non avrebbe risparmiato nulla

QUINTA PROVA

# Soluzioni della quinta prova

**Alpha Test** — **Risposte esatte della quinta prova**

VERIFICARE LE RISPOSTE RELATIVE ALLE DOMANDE DELLA QUINTA PROVA

| | A | B | C | D | E | | A | B | C | D | E |
|---|---|---|---|---|---|---|---|---|---|---|---|
| 1 | ■ | | | | | 26 | | | ■ | | |
| 2 | | ■ | | | | 27 | | | ■ | | |
| 3 | | | ■ | | | 28 | | ■ | | | |
| 4 | | | | ■ | | 29 | | | | | ■ |
| 5 | | | | | ■ | 30 | | ■ | | | |
| 6 | | | | ■ | | 31 | | | ■ | | |
| 7 | | | ■ | | | 32 | | | | ■ | |
| 8 | | ■ | | | | 33 | | | | | ■ |
| 9 | | | | | ■ | 34 | | ■ | | | |
| 10 | ■ | | | | | 35 | ■ | | | | |
| 11 | | | ■ | | | 36 | | ■ | | | |
| 12 | ■ | | | | | 37 | | | ■ | | |
| 13 | | | | ■ | | 38 | | | ■ | | |
| 14 | | | ■ | | | 39 | ■ | | | | |
| 15 | | ■ | | | | 40 | | | | ■ | |
| 16 | | ■ | | | | 41 | | | | ■ | |
| 17 | ■ | | | | | 42 | | | ■ | | |
| 18 | | | | ■ | | 43 | | | | ■ | |
| 19 | | | | | ■ | 44 | | ■ | | | |
| 20 | | | ■ | | | 45 | | ■ | | | |
| 21 | ■ | | | | | 46 | | | ■ | | |
| 22 | | ■ | | | | 47 | ■ | | | | |
| 23 | ■ | | | | | 48 | | | | | ■ |
| 24 | | | ■ | | | 49 | ■ | | | | |
| 25 | | ■ | | | | 50 | | ■ | | | |



 

Prove di verifica

# SESTA PROVA

Alpha Test

## Scheda per le risposte della sesta prova

CONTRASSEGNARE LE RISPOSTE RELATIVE ALLE DOMANDE DELLA SESTA PROVA

| | A | B | C | D | E | | A | B | C | D | E | | A | B | C | D | E |
|---|---|---|---|---|---|---|---|---|---|---|---|---|---|---|---|---|---|
| 1 | | | | | | 21 | | | | | | 41 | | | | | |
| 2 | | | | | | 22 | | | | | | 42 | | | | | |
| 3 | | | | | | 23 | | | | | | 43 | | | | | |
| 4 | | | | | | 24 | | | | | | 44 | | | | | |
| 5 | | | | | | 25 | | | | | | 45 | | | | | |
| 6 | | | | | | 26 | | | | | | 46 | | | | | |
| 7 | | | | | | 27 | | | | | | 47 | | | | | |
| 8 | | | | | | 28 | | | | | | 48 | | | | | |
| 9 | | | | | | 29 | | | | | | 49 | | | | | |
| 10 | | | | | | 30 | | | | | | 50 | | | | | |
| 11 | | | | | | 31 | | | | | | 51 | | | | | |
| 12 | | | | | | 32 | | | | | | 52 | | | | | |
| 13 | | | | | | 33 | | | | | | 53 | | | | | |
| 14 | | | | | | 34 | | | | | | 54 | | | | | |
| 15 | | | | | | 35 | | | | | | 55 | | | | | |
| 16 | | | | | | 36 | | | | | | 56 | | | | | |
| 17 | | | | | | 37 | | | | | | 57 | | | | | |
| 18 | | | | | | 38 | | | | | | 58 | | | | | |
| 19 | | | | | | 39 | | | | | | 59 | | | | | |
| 20 | | | | | | 40 | | | | | | 60 | | | | | |

# SESTA PROVA

Tempo a disposizione: 110 minuti

### Comprensione del testo e conoscenza della lingua italiana - Testo 1

**In base alle informazioni contenute nel brano seguente, rispondere alle successive domande.**

Quando si tratta di spiegare i meccanismi che regolano la socializzazione della persona, ci rivolgiamo naturalmente agli psicologi delle diverse scuole. Non si tratta tuttavia di ricostruire qui tutto il processo di sviluppo e di strutturazione della personalità; alla sociologia è sufficiente attingere ai lavori degli psicologi per ciò che riguarda più particolarmente la formazione di quella che si potrebbe chiamare "personalità sociale" o più esattamente lo sviluppo dell'attitudine all'azione sociale e l'acquisizione dei suoi requisiti: norme, valori, simboli ecc. È questa una distinzione che non piace a tutti gli psicologi. Costoro ci diranno, non senza ragione, che la personalità è globale e che non si presta a una tale chirurgia. Noi siamo costretti a mantenere ugualmente questa distinzione analitica, per comodità di esposizione.

Il problema che bisogna risolvere si pone in termini di motivazione e si può formulare nel modo seguente: in che modo una persona umana – in particolare il bambino, ma anche l'adulto – è portata a orientare la propria azione secondo i motivi, le aspirazioni, gli scopi che le sono proposti da una cultura dominante in una data collettività, facendo presumere che, vista dall'esterno, la sua condotta subisca la costrizione di una pressione e si adegui alla conformità e alla standardizzazione? Più brevemente, ci si può chiedere: in che modo una persona sviluppa la motivazione necessaria per un'azione normativamente orientata? Se una persona, agendo in conformità alle norme e ai valori di una collettività o di una cultura, segue in ciò la propria coscienza morale e risponde a un bisogno che considera "normale" o "naturale", è perché è positivamente motivata ad agire così. Ora, si sa che una tale motivazione non è inscritta nella natura biologica dell'uomo e che non fa neppure parte della "essenza della natura umana", soddisfabile da oggetti differenti e da svariati modi di fare. Un cucciolo che succhia il latte per la prima volta sembra obbedire a un impulso interno, a un istinto, perché potrà farlo prima ancora di avere aperto gli occhi e di avere visto la madre che glielo indica. È l'ordine *naturale* che lo governa. Ma l'occidentale che preferisce mangiare con il coltello e la forchetta, e nel maneggiarli sa distinguere le "buone" dalle "cattive" maniere, non ha ereditato né questa preferenza né questo giudizio insieme al bisogno biologico che ha di mangiare e di bere. È l'ordine della *cultura* che lo governa. In che modo l'ordine della cultura s'impone all'uomo?

In un modo più generale, è il problema che è stato posto da Hobbes nel *Leviatano*. Hobbes ha infatti efficacemente dimostrato che occorreva spiegare come mai la società esistesse e permanesse senza diventare una "guerra di tutti contro tutti". In altri termini, si è chiesto Hobbes, che cosa fa sì che gli uomini non ricorrano tutti alla frode e alla violenza nel conseguimento dei loro scopi personali? Come avviene che essi possano mantenere relativamente stabile una società invece di massacrarsi e di uccidersi a vicenda? Come spiegare che l'uomo sia in genere motivato interiormente a seguire le norme sociali, ad aderire ai valori del suo ambiente, a identificarsi con dei "Noi"?

La risposta, o almeno parte della risposta, risiede nei meccanismi psichici della socializzazione umana. Senza troppo addentrarsi nei dettagli, e semplificando le cose in maniera accettabile, si può dire che esistono due meccanismi principali della socializzazione, che sono: l'apprendimento e l'interiorizzazione dell'altro.

L'apprendimento consiste nell'acquisizione di riflessi, abitudini, atteggiamenti, che si inscrivono nell'organismo e nella psiche della persona guidando la sua condotta. L'imitazione, l'applicazione di ricompense o di punizioni, le prove e gli errori sono i quattro procedimenti principali attraverso i quali si realizza l'apprendimento.

Per quanto riguarda l'interiorizzazione, essa completa il precedente meccanismo: infatti, specchiandosi nello sguardo degli altri, una persona costruisce il proprio Sé attraverso l'immagine che crede di aver loro offerto e attraverso i giudizi che attribuisce loro nei propri confronti. La coscienza esistenziale, la coscienza di esistere e di essere se stessi è dunque il prodotto, al tempo stesso, dell'intuizione delle percezioni del Sé attraverso l'altro e della comunicazione con gli altri.

---

**1 Nel primo capoverso, nella frase «È questa una distinzione che non piace a tutti gli psicologi», "questa":**

- **A** nessuna delle altre risposte è corretta
- **B** è un aggettivo dimostrativo
- **C** si riferisce a "situazione"
- **D** è un aggettivo qualificativo
- **E** si riferisce alla sociologia

---

**2 All'inizio del secondo capoverso, nella frase «facendo presumere che, vista dall'esterno, la sua condotta subisca la costrizione di una pressione» "costrizione" significa:**

- **A** tristezza
- **B** angheria
- **C** coartazione"
- **D** infelicità
- **E** fatica

---

**3 Per quale motivo, presumibilmente, l'autore del brano cita Hobbes e il *Leviatano*?**

- **A** Perché, in seguito, intende esporre dettagliatamente le teorie politiche di Hobbes
- **B** Perché serve per introdurre un discorso più generale rivolto ai meccanismi della socializzazione
- **C** Perché Hobbes spiega la genesi della società civile
- **D** Per confutarne le tesi
- **E** Per avvalorarne le analisi sociologiche

---

**4 Quale potrebbe essere un titolo adatto al brano?**

- **A** Ereditarietà o ambiente sociale?
- **B** La teoria dell'apprendimento
- **C** La sociologia di Hobbes
- **D** I rapporti tra psicologia e sociologia
- **E** I meccanismi della socializzazione

---

**5 Da quanto scritto nel brano, si può desumere che l'autore:**

- **A** è convinto che l'apprendimento sia da ricondurre all'influenza dell'ambiente esterno
- **B** riconosce nell'attività combinata di ambiente esterno e ereditarietà il risultato dell'apprendimento
- **C** ritiene che l'apprendimento sia da ricondurre all'ereditarietà
- **D** riconosce l'importanza di ereditarietà e ambiente esterno e integra entrambe ricorrendo al *significato* che ciascuno dà a entrambi gli stimoli
- **E** non prende alcuna posizione ma si limita a riportare le due opzioni sopra esposte



 

## Comprensione del testo e conoscenza della lingua italiana - Testo 2

**In base alle informazioni contenute nel brano seguente, rispondere alle successive domande.**

Insegnare esige il riconoscimento dell'essere condizionato. Mi piace essere persona perché, incompiuto, mi riconosco come essere condizionato, ma so anche che, cosciente della mia incompiutezza, posso superarla. Questa è la differenza profonda tra l'essere condizionato e l'essere determinato. È la differenza tra l'incompiuto che non sa di esserlo e l'incompiuto che storicamente e socialmente ha raggiunto la possibilità di sapersi incompiuto. Mi piace essere persona perché, come tale, in fondo percepisco che ha molto a che vedere con me stesso la costruzione della mia presenza nel mondo, che essa non si realizza nell'isolamento, in modo libero dall'influenza delle forze sociali: una presenza impossibile da comprendere al di fuori della tensione tra ciò che eredito geneticamente e ciò che eredito socialmente, culturalmente e storicamente. Sarebbe davvero un'ironia se la coscienza della mia presenza nel mondo non implicasse già il riconoscimento dell'impossibilità di essere assente nella costruzione di questa mia stessa presenza. Non posso percepirmi come una presenza nel mondo e, allo stesso tempo, spiegarla come il risultato di operazioni a me assolutamente estranee. In questo caso, significa rinunciare alla responsabilità etica, storica, politica e sociale che il passaggio dal supporto al mondo ci impone. Rinuncio a partecipare al compimento della vocazione ontologica di intervenire nel mondo. Il fatto di percepirmi nel mondo, con il mondo e con gli altri, mi colloca in una precisa posizione di fronte al mondo, e non è quella di chi non ha niente a che vedere con esso. La mia presenza nel mondo, alla fine, non è quella di chi vi si adatta, ma di chi vi si inserisce. È invece la posizione di chi lotta per non essere soltanto oggetto ma anche soggetto della Storia. Mi piace essere persona perché, pur sapendo che le condizioni materiali, economiche, sociali e politiche, culturali e ideologiche in cui ci troviamo creano quasi sempre barriere difficili da superare per compiere il nostro compito storico di cambiare il mondo, so tuttavia anche che gli ostacoli non sono eterni.

Negli anni Sessanta, quando ero già alle prese con questi ostacoli, ho fatto appello alla "coscientizzazione" non come panacea, ma come sforzo di conoscenza critica degli ostacoli, cioè delle loro ragioni d'essere. Contro tutta la forza del discorso fatalista, neoliberale, pragmatico e reazionario, insisto anche oggi, senza derive idealiste, sulla necessità della coscientizzazione. Insisto sulla sua attualità. In realtà, come approfondimento della "prise de conscience" del mondo, dei fatti, degli avvenimenti, la coscientizzazione è un'esigenza umana, è uno dei cammini per mettere in pratica la curiosità epistemologica. Invece di essergli estranea, la coscientizzazione è naturale all'essere che, incompiuto, si sa incompiuto. La questione di sostanza non risiede perciò nella pura incompiutezza o nella pura inconclusione. Questa – ripeto – fa parte della natura del fenomeno vitale. Incompiuti siamo noi, uomini e donne, ma incompiuti sono anche le piante di jaboticaba che riempiono, nel periodo dei frutti, il mio giardino di uccelli canterini, incompiuti anch'essi come incompiuto è Eico, il mio pastore tedesco che mi saluta facendomi festa di primo mattino.

Tra noi, uomini e donne, l'inconclusione è riconosciuta come tale. Più ancora, l'inconclusione che riconosce se stessa implica necessariamente l'inserimento del soggetto incompiuto in un permanente processo sociale di ricerca. In quanto esseri storicosocio-culturali, noi, donne e uomini, diventiamo esseri per i quali la curiosità, superando i limiti che le sono peculiari nel dominio vitale, diventa un fattore fondante della produzione della conoscenza. Di più, la curiosità è già conoscenza. Così pure anche il linguaggio, che anima la curiosità e con questa si anima, è conoscenza e non soltanto un'espressione di quest'ultima. [...]. La coscienza dell'incompiutezza tra noi, donne e uomini, ci fa esseri responsabili; da qui l'eticità della nostra presenza nel mondo. Eticità che, senza dubbio, possiamo tradire. Il mondo della cultura che si prolunga in mondo della storia è un mondo di libertà, di scelta, di decisione, un mondo di possibilità in cui l'onestà può essere negata, la libertà offesa e rifiutata. Proprio per questo la preparazione di donne e uomini per quanto riguarda i saperi strumentali non può mai prescindere dalla loro formazione etica. La radicalità di questa esigenza è tale che non dovremmo neppure insistere sulla formazione etica dell'essere quando parliamo della sua preparazione tecnica e scientifica. È fondamentale insistervi proprio perché, incompiuti ma coscienti dell'incompiutezza, capaci di operare scelte e assumere decisioni, insomma in quanto esseri etici, possiamo negare o tradire l'etica stessa. L'educatore che, insegnando geografia, castra la curiosità dell'educando in nome dell'efficacia della memorizzazione meccanica dell'insegnamento di contenuti limita la libertà dell'educando, la sua capacità di aprirsi all'avventura. Non forma, addomestica. Esattamente come chi assume l'ideologia fatalista insita nel discorso neoliberale, criticata in diverse parti di questo testo e applicata in modo preponderante alle situazioni in cui il paziente di questa ricetta sono le classi popolari. "Non c'è niente da fare, la disoccupazione è una fatalità della nostra epoca".

Il girovagare ingordo dei miliardi e miliardi di dollari che, all'interno dei mercati finanziari, volano da un posto all'altro con la velocità dei fax, alla ricerca insaziabile di un maggior rendimento, non viene trattato come fatalità. Non sono le classi popolari gli oggetti immediati della loro perversione. Proprio per questo si parla della necessità di disciplinare il girovagare dei dollari. Nel caso della riforma agraria da noi, la disciplina di cui c'è bisogno, secondo i padroni del mondo, è quella che indebolisca, a ogni costo, i turbolenti e facinorosi "sem terra".

Neppure la riforma agraria si trasforma in una fatalità. La sua necessità è un'invenzione assurda di falsi brasiliani, proclamano gli avidi padroni delle terre. Ma continuiamo ora a occuparci dell'incompiutezza dell'essere che si sa incompiuto, non dell'incompiutezza pura, presa in se stessa, dell'essere che, "nel supporto", non è diventato capace di riconoscersi non-terminato. La coscienza del mondo e la coscienza di sé come essere incompiuto pongono necessariamente l'essere cosciente della propria incompiutezza in un permanente processo di ricerca. In realtà, sarebbe una contraddizione se, incompiuto e cosciente dell'incompiutezza, l'essere umano non si inserisse in questo movimento. È in questo senso che, per noi donne e uomini, stare nel mondo significa necessariamente stare con il mondo e con gli altri. Non è possibile stare nel mondo senza fare storia, senza essere da essa plasmati, senza fare cultura, senza "trattare" la propria presenza nel mondo, senza sognare, senza cantare, senza fare musica, senza dipingere, senza prendersi cura della terra, delle acque, senza usare le mani, senza scolpire, senza fare filosofia, senza punti di vista sul mondo, senza fare scienza, o teologia, senza timore davanti al mistero, senza imparare, senza insegnare, senza idee di formazione, senza fare politica. L'educazione come processo si fonda sull'incompiutezza dell'essere che si riconosce come tale. Donne e uomini diventano educabili nella misura in cui si riconoscono incompiuti. Non è stata l'educazione a rendere educabili donne e uomini, ma è stata la coscienza della loro incompiutezza a generare la loro educabilità. E anche la speranza trova il suo fondamento nell'incompiutezza di cui prendiamo coscienza e che ci inserisce nel movimento permanente di ricerca.



**6 All'inizio del primo capoverso, nella frase «mi riconosco come essere condizionato», "come" ha valore di:**

- A sostantivo
- B avverbio interrogativo
- C congiunzione temporale
- D avverbio di maniera
- E congiunzione dichiarativa

**7 Nel brano, si dice che l'incompiutezza:**

- A è esclusivamente degli esseri umani
- B porta inevitabilmente al fatalismo
- C è tipica anche di piante e animali
- D nega l'eticità della nostra presenza nel mondo
- E è una condizione non superabile

**8 Secondo l'autore del brano, la costruzione della presenza nel mondo:**

- A non implica il riconoscimento dell'impossibilità di essere assente
- B colloca l'uomo in una posizione di adattamento alle condizioni in cui si trova
- C si realizza nell'isolamento
- D è qualcosa che si realizza nella tensione tra eredità genetica ed eredità socioculturale e storica
- E si realizza in modo libero dall'influenza delle forze sociali

**9** **Con «vocazione ontologica di intervenire nel mondo» l'autore intende:**

- **A** l'atteggiamento di chi sa prendere con ironia la propria presenza nel mondo
- **B** l'atteggiamento utopistico di chi vuole cambiare le condizioni materiali della realtà in cui vive
- **C** la posizione di chi è cosciente di essere il risultato di operazioni a sé assolutamente estranee
- **D** la posizione di chi lotta per non essere puro oggetto ma anche soggetto della Storia
- **E** il fatto di percepirsi nel mondo e adattarvisi

**10** **L'autore accenna alle classi popolari affermando che:**

- **A** sono uno dei principali destinatari del fatalismo insito nell'ideologia neoliberale
- **B** hanno grande capacità di aprirsi all'avventura
- **C** in Brasile, chiedono una riforma agraria che sia efficace contro la disoccupazione
- **D** sono vittima della disoccupazione, che è un male inevitabile
- **E** hanno bisogno di un processo che le "addomestichi"

## Comprensione del testo e conoscenza della lingua italiana - Testo 3

**In base alle informazioni contenute nel brano seguente, rispondere alle successive domande.**

I proverbi esprimono di solito il desiderio della gente. Sono i modi giocosi con cui le grandi aspirazioni tentano di diventare realtà. Nella loro laconicità esprimono l'utopia. Ma nella loro utopia determinano i grandi movimenti di pensiero e il quotidiano adattarsi alla dura realtà obiettiva (*ob-jectum*, cioè posto di fronte e contro). Così è per il proverbio che fa da titolo a questo capitolo: "Volere è potere". Schiacciati dalle pressioni esterne, abituati a essere imprigionati, uccisi, affamati dalle forze naturali e spesso inutilmente dai loro simili, gli uomini riaffermano la loro volontà di autonomia e il loro desiderio di sopravvivere nonostante tutto. Si rivolgono alle religioni, alla politica, alle scienze e alle arti per riaffermare il loro diritto a esistere, cioè il loro desiderio di potere. Ma l'utopia è lontana e lunga è la strada per arrivare alla meta. Da cui volere è potere. Abituati per millenni al fatto che la loro volontà non contava niente e che solo al di fuori di loro c'era il destino della loro esistenza, gli uomini hanno espresso con un proverbio il desiderio e l'utopia, la speranza e la rassegnazione, l'illusione paranoica che il mondo dipenda da loro.

Volere è potere. Mai come in questo proverbio gli uomini hanno espresso la loro impotenza. Poiché dipende da noi, ogni fallimento in un'impresa è da imputarsi solo a noi. Se non abbiamo potuto è segno che non abbiamo voluto. Un invito a volere, a far agire la "forza di volontà" proprio quando tutto pare impossibile. Gli uomini, diceva Freud, preferiscono accusarsi di crimini che non hanno mai commesso, pur di sfuggire al sentimento dell'assurdo e dell'impotenza. Accusarsi significa almeno dichiararsi potenti. Il sentimento di impotenza altro non è che il sentimento di dipendenza: dalla natura, dagli animali, dagli altri uomini, dai cibi, da noi stessi. Quando Freud introdusse il concetto di inconscio, ampliò a dismisura la gamma delle nostre dipendenze. E aumentò perciò il sentimento di impotenza. Anche se è vero che la conoscenza di un legame sconosciuto, che non credevamo esistesse, giova alla conquista della nostra autonomia, ciò nonostante tale conoscenza di un legame nuovo risulta di primo acchito sgradevole e dà sentimenti di impotenza che spiegano molte delle resistenze alla psicoanalisi e alla psicologia in genere.

Il desiderio di esistenza, di individualità e di vita urta contro la paura di impotenza, di dipendenza, di morte. I latini avevano due verbi per esprimere il desiderio: desiderare e optare. De-siderare deriva "dalle stelle" (*sidera*) ed esprimeva "desideri" che non potevano essere accontentati dalla nostra volontà. Optare deriva dai nostri occhi (in greco la radice op, presente per esempio in ottica, significa vedere) cioè dal mondo delle cose tangibili, dipendenti dalla nostra volontà. Trasformare il desiderio in opzione fu il sogno-mito del mondo greco, latino, cristiano: il volere è potere.

(da E. Spaltro, *Sentimento del potere*, Boringhieri, Torino, 1984)

SESTA PROVA

**11** **Nella frase «Si rivolgono alle religioni, alla politica, alle scienze e alle arti per riaffermare il loro diritto a esistere» (primo capoverso), "loro" è:**

A pronome personale riferito agli uomini
B pronome personale riferito alla politica, alle scienze e alle arti
C pronome personale riferito ai proverbi
D aggettivo possessivo riferito agli uomini
E aggettivo possessivo riferito alla politica, alle scienze e alle arti

**12** **Si individui, tra le seguenti alternative, la locuzione avverbiale che nella frase «tale conoscenza di un legame nuovo risulta di primo acchito sgradevole» (alla fine del secondo capoverso) NON potrebbe sostituire "di primo acchito":**

A dapprima
B dapprincipio
C a tutta prima
D inizialmente
E senz'altro

**13** **Scegli l'alternativa sui proverbi non presente nel testo.**

A Sono espressione del desiderio della gente
B Sono laconici
C Esprimono l'utopia
D Sono aspirazioni che diventano realtà
E Modificano il pensiero comune

**14** **Secondo l'autore del brano, i proverbi sono:**

A laconiche espressioni di saggezza popolare
B manifestazione della forza di volontà degli uomini
C mezzi attraverso i quali gli uomini esprimono il desiderio di utopia
D in certi casi, l'espressione dell'impotenza degli uomini
E manifestazione dell'adattamento dalla dura realtà quotidiana all'utopia

**15** **"Desiderare" e "optare":**

A sono due verbi che indicano le paure di impotenza, dipendenza e morte
B sono due concetti distinti, il primo collegato all'idea di utopia e l'altro a quella di possibilità scelta
C erano i due verbi che si usavano per esprimere, rispettivamente, il desiderio che non poteva avverarsi e quello che dipendeva dalla propria volontà
D erano due verbi che si riferivano l'uno all'osservazione delle stelle e l'altro a quella del mondo delle cose tangibili
E erano i due verbi usati dagli antichi greci per tradurre l'attuale "Volere è potere"

## Matematica di base

**16** **La differenza fra un decimillesimo e $10^{-4}$:**

A vale un decimo
B vale 0
C vale un centesimo
D vale un millesimo
E è un numero negativo

SESTA PROVA

**17** **Il 2% del 30% di una certa quantità:**

A corrisponde al 60% di quella quantità
B corrisponde al 6% di quella quantità
C corrisponde al 32% di quella quantità
D dipende dal valore della quantità
E corrisponde allo 0,6% di quella quantità

**18** **Stabilire quale delle seguenti affermazioni è vera:**

A $x^2 - 7x + 12 = (x+3)(x+4)$
B $x^2 - 7x + 12 = (x-3)(x+4)$
C $x^2 - 7x + 12 = (x-3)(x-4)$
D $x^2 - 7x + 12 = (x+3)(x-4)$
E $x^2 - 7x + 12 = (3x+1)\left(\frac{1}{3}x + 12\right)$

**19** **Calcolare:** $\sqrt{\left(\frac{3}{2}\right)^{-2} + \left(\frac{1}{2}\right)^{2}}$

A $\frac{\sqrt{10}}{2}$
B $\frac{\sqrt{5}}{6}$
C $\frac{7}{6}$
D $\sqrt{\frac{5}{13}}$
E $\frac{5}{6}$

**20** **Se $4x + 1 = 9$, quanto vale $8x + 1$ ?**

A 19
B 18
C 17
D 16
E 15

**21** **La disequazione $2x^2 - 3x + 5 > 0$ è soddisfatta per:**

A $2 < x < 7$
B $x < -4/5$
C tutti i valori di $x$
D $x < 1$ e $x > 5$
E nessun valore di $x$



SESTA PROVA

**22** **Quale fra i seguenti rappresenta il grafico della funzione $2x - 3y = \frac{2}{3}$ ?**

A
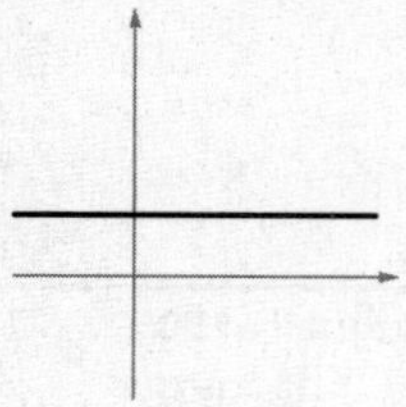

B
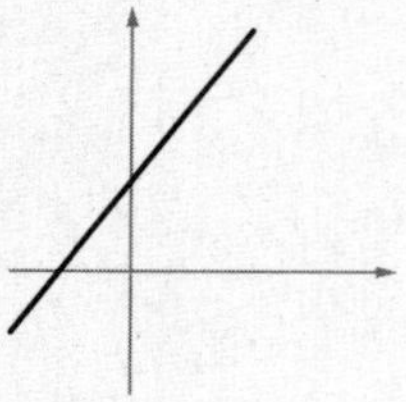

C
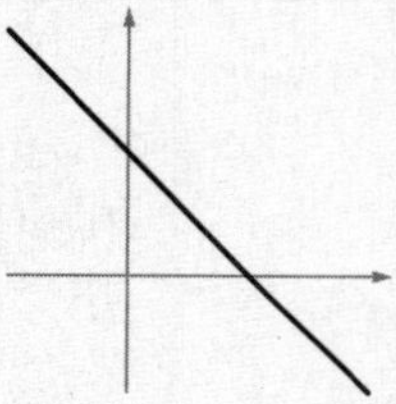

D
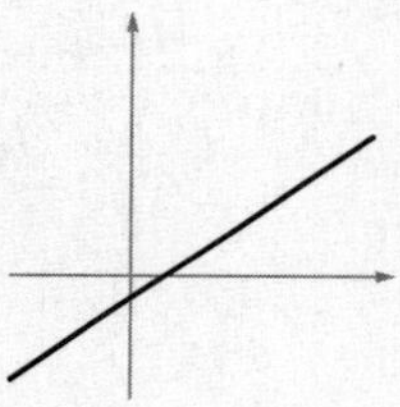

E
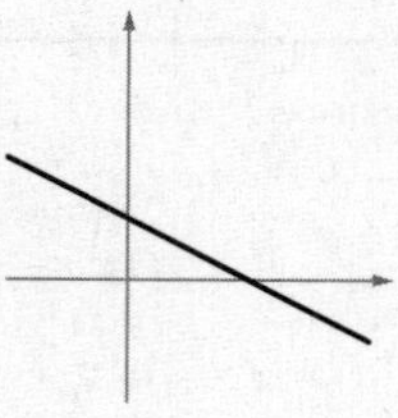

**23** **Il punto $T(-k; k^2 + 1)$ :**

- A appartiene all'asse delle ascisse per il valore del parametro uguale a zero
- B appartiene al semipiano negativo delle $x$ per ogni valore di $k$
- C appartiene al secondo quadrante per ogni valore del parametro $k$
- D appartiene al semipiano positivo delle $y$ per ogni valore del parametro $k$
- E appartiene al semipiano positivo delle $y$ solo se $k$ è positivo

24 **Quale tra le seguenti affermazioni è sbagliata?**

A Tutte le funzioni ammettono la funzione inversa
B Una funzione dispari è simmetrica rispetto all'origine
C Una funzione pari è simmetrica rispetto all'asse delle *y*
D Alcune relazioni sono funzioni
E La funzione logaritmica è iniettiva

25 **In due triangoli simili, le misure dei lati del più piccolo sono uguali al 50% delle corrispondenti misure del più grande; il rapporto tra l'area del triangolo maggiore e quella del triangolo minore è:**

A 0,25
B 2
C 0,5
D 4
E i dati forniti non sono sufficienti per rispondere

## Biologia

26 **I ribosomi sono presenti:**

A nelle sole cellule eucariote
B nelle sole cellule procariote
C nelle sole cellule animali
D nei virus
E in tutte le cellule conosciute

27 **Quale tra i seguenti accoppiamenti struttura-funzione è SBAGLIATO?**

A Nucleolo-produzione di ribosomi
B Lisosoma-digestione intracellulare
C Mitocondri-fotosintesi
D Ribosoma-sintesi proteica
E Reticolo endoplasmatico rugoso-sintesi proteica

28 **Qual è il più importante effetto sull'ecosistema acquatico dei residui di fertilizzanti che giungono nei corsi d'acqua per dilavamento dei campi coltivati?**

A Possono far crescere esageratamente le alghe
B Proteggono i pesci dalle malattie
C Sono sempre tossici per i pesci
D Sono sempre tossici per le piante acquatiche
E Possono far crescere esageratamente i pesci

29 **È vero che un virus non si propaga:**

A in un mezzo di coltura ricco di amminoacidi e zuccheri
B in colture di cellule eucariotiche trattate con penicillina
C in colture in vitro di batteri
D nelle cellule somatiche
E in batteri

**30 Indicare quale dei seguenti organi è in grado di rigenerarsi se lesionato:**

A cuore
B pancreas
C rene
D polmoni
E nessuna delle risposte precedenti

**31 La divisione dei batteri avviene per:**

A partenogenesi
B meiosi
C mitosi
D citodieresi
E scissione binaria

**32 Gli stimoli appartenenti ai cinque sensi vengono avvertiti dall'uomo tramite:**

A effettori muscolari di vario tipo
B cute e annessi
C recettori di vario tipo
D neuroni motori
E interneuroni

**33 Se si incrocia un individuo eterozigote per una caratteristica dominante con un omozigote recessivo con quale probabilità avremo individui con il fenotipo recessivo?**

A 100%
B 50%
C 25%
D 10%
E 1%

**34 Quanto misura il potenziale a riposo di un neurone?**

A +70 mV
B +35 mV
C 0
D –50 mV
E –70 mV

**35 Il midollo spinale:**

A connette il sistema nervoso centrale alla periferia
B connette l'encefalo con il resto del corpo
C potenzia le reazioni nelle situazioni di stress
D è un aggregato di cellule nervose esterno al sistema nervoso centrale
E permette le reazioni involontarie

## Ragionamento verbale

**36** **Quattro capi di Stato (Italia, Francia, Germania, Austria) siedono a una tavola rettangolare, con 6 posti: due su un lato, due sull'altro e due ai capitavola. Tutti i presenti occupano uno e un solo posto.**

**Si considerino come vere anche le seguenti affermazioni:**

1. **a un capotavola siede il capo di Stato francese oppure non siede nessuno;**
2. **se a un capotavola siede il capo di Stato austriaco, allora alla sua destra siede quello italiano;**
3. **il capo di Stato austriaco siede a un capotavola.**

**Quale conclusione segue necessariamente da tali premesse?**

A I due capotavola sono occupati
B L'italiano siede a destra del francese
C Un capotavola deve essere vuoto
D L'italiano non siede alla destra dell'austriaco
E Il tedesco può sedere di fronte all'italiano

**37** **Dati tre oggetti X, Y e Z si sa che almeno due sono gialli. Si sa inoltre che:**

1. **se X è giallo anche Y è giallo;**
2. **se Z è giallo anche X è giallo;**
3. **o Y o Z non è giallo.**

**Allora possiamo dedurre che:**

A X, Y e Z sono gialli
B X non è giallo mentre Y è giallo
C Z non è giallo mentre Y è giallo
D X e Z sono gialli
E Z è giallo e Y non è giallo

**38** **La frase "Alcuni giornalisti sono bene informati" è logicamente equivalente a:**

A non tutti i giornalisti sono male informati
B alcuni giornalisti dovrebbero informarsi meglio
C chi è bene informato è giornalista
D i giornalisti bene informati sono pochi
E solo alcuni giornalisti non sono bene informati

**39** **Si considerino vere le due affermazioni:**

- **ogni cosa brussa è tirra;**
- **qualche cosa brussa è mofa.**

**Si scelga fra le seguenti l'affermazione che segue necessariamente dalle premesse:**

A nulla segue
B ogni cosa mofa è tirra
C qualche cosa mofa non è tirra
D nessuna cosa mofa è tirra
E qualche cosa mofa è tirra

**40** **C'è una scatola contenente gettoni da gioco. La metà di essi è quadrata e l'altra metà è rotonda. I gettoni per metà sono verdi e per metà sono blu. Si può dedurre necessariamente che:**

- A il numero di gettoni deve essere un multiplo di quattro
- B il numero di gettoni rotondi verdi è uguale al numero di gettoni quadrati blu
- C i quattro tipi di gettoni (quadrati blu, quadrati verdi, rotondi blu, rotondi verdi) sono in numero uguale
- D il numero dei gettoni quadrati blu è uguale al numero dei gettoni rotondi blu
- E il numero dei gettoni quadrati blu è uguale al numero dei gettoni quadrati verdi

**41** **"Non esiste alcun elemento probatorio che consenta di eliminare la possibilità che l'imputato sia estraneo al fatto".**

**Dalla precedente affermazione si deduce che:**

- A è possibile che l'imputato sia estraneo al fatto
- B è impossibile che l'imputato sia estraneo al fatto
- C l'imputato è estraneo al fatto
- D l'imputato non è estraneo al fatto
- E non ci sono elementi sufficienti per rispondere

**42** **"Di recente è stato provato essere falsa la tesi di chi nega la possibilità che l'uomo possa camminare sul Sole e abbia la possibilità di creare campi di forza di reazione".**

**Qual è il corretto significato della precedente osservazione?**

- A È possibile che l'uomo possa camminare sul Sole e sviluppare dei campi di forza di reazione
- B L'uomo camminerà sul Sole grazie allo sviluppo di campi di forza di reazione
- C Non è possibile che l'uomo possa camminare sul Sole o che possa creare dei campi di forza di reazione
- D Anche utilizzando degli opportuni campi di forza, non è possibile camminare sul Sole
- E Solo creando campi di forza l'uomo potrà camminare sul Sole

**43** **Uno tra Guido, Enrica e Pietro è una spia. Interrogati dalla polizia rilasciano rispettivamente le seguenti dichiarazioni: "Non sono io"; "La spia è Pietro"; "La spia è Guido". Se due di essi mentono e uno solo dice il vero, cosa si può dedurre con certezza?**

- A Pietro non è la spia
- B Enrica è la spia
- C Guido è la spia
- D Enrica non è la spia
- E Guido non è la spia

**44** **"Non è sbagliato evitare di rinunciare a non violare la legge pur non avendo dubbi sull'impossibilità di essere colti in flagrante".**

**Qual è il corretto significato della precedente affermazione?**

- A Non si deve violare la legge, pur essendo sicuri di non essere colti in flagrante
- B Non si deve violare la legge perché si è sicuri di essere colti in flagrante
- C Si può violare la legge, in quanto si è sicuri di non essere colti in flagrante
- D Si può scegliere se violare o meno la legge, a seconda della probabilità di essere colti in flagrante
- E Solo se si è certi di non essere colti in flagrante conviene violare la legge

**45** **Si considerino vere le due affermazioni:**

- **qualche cosa straffa non è bibba;**
- **nessuna cosa bibba non è raza.**

**Si scelga fra le seguenti l'affermazione che segue necessariamente dalle premesse:**

A nulla segue

B ogni cosa straffa è raza

C qualche cosa straffa non è raza

D nessuna cosa straffa è raza

E qualche cosa straffa è razai

## Ragionamento numerico

**46** **Un sarto acquista 2 rotoli di stoffa rispettivamente di 55 e 95 metri. Da essi taglia alcuni pezzi, tutti della stessa lunghezza, per cui gli avanzano 3 metri dal primo rotolo e 4 metri dal secondo.**

**Quanti pezzi ha tagliato in tutto?**

A 15

B 14

C 17

D 9

E 11

**47** **Se in un certo istante, alle ore 24:00 manca ancora il doppio dei 2/5 del tempo già trascorso, che ore sono in quell'istante?**

A 13:20 B 14:10 C 16:00 D 12:55 E 13:55

**48** **In un piccolo paese il 40% della popolazione conosce il dialetto locale, il 25% conosce una lingua straniera e il 15% conosce entrambi.**

**Quale delle seguenti affermazioni è certamente vera?**

A Più del 50% della popolazione conosce o il dialetto o una lingua straniera

B Nel paese in oggetto le lingue straniere sono molto conosciute

C Metà della popolazione non conosce né il dialetto né una lingua straniera

D Le persone che conoscono una lingua straniera, ma non il dialetto, sono in maggior numero rispetto a coloro che conoscono sia il dialetto, sia una lingua straniera

E La popolazione che conosce il dialetto è pari a quella che conosce una lingua straniera o entrambi

**49** **Un'urna contiene 14 palline rosse, 17 bianche e 15 nere. Qual è la probabilità di pescare una pallina nera alla seconda estrazione, sapendo che nella prima estrazione viene pescata una pallina bianca (che non viene reimmessa nell'urna) e che nella terza estrazione viene pescata un'altra pallina bianca?**

A 0,32 B 88% C 1,5 D 1/3 E 0,66

SESTA PROVA

**50** **Un supermercato occupa una superficie rettangolare e ha al suo interno tre linee di scaffali. Calcolare, sulla base della piantina riportata in figura, la superficie calpestabile del supermercato.**

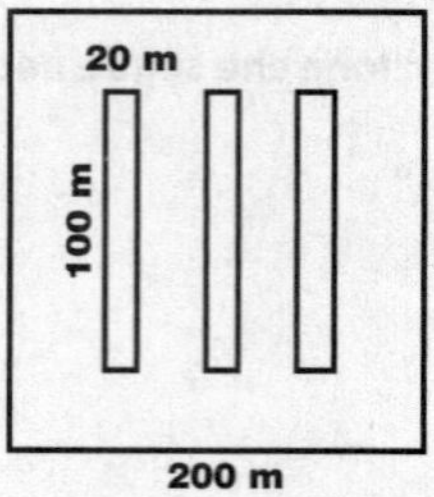


A 20.000 $m^2$
B 24.000 $m^2$
C 16.000 $m^2$
D 30.000 $m^2$
E 36.000 $m^2$

**51** **Una mondina raccoglie 2 chili di riso ogni 30 minuti. Quante mondine ci vogliono per raccogliere 12 chili di riso in un'ora?**

A 2 B 3 C 6 D 20 E

**52** **In un cortile vi sono polli e conigli: in totale le teste sono 50 e le zampe 140. Quanti sono rispettivamente i polli e quanti i conigli?**

A 15 e 35
B 20 e 30
C 30 e 20
D 35 e 15
E 25 e 25

**53** **Individuare il numero mancante identificato dal punto interrogativo.**

| | | | | | | | |
|---|---|---|---|---|---|---|---|
| 21 | + | 3 | : | 4 | 6 |
| – | | × | | + | |
| 10 | × | … | + | 2 | 42 |
| + | | : | | : | |
| 1 | × | 2 | + | … | 8 |
| 12 | | ? | | 1 | |

A 13 B 6 C 11 D 4 E 19

**54** **Se:**
**@ +@ +@ = # + 4**
**@ = 5**
**Allora # è uguale a:**

A 13 B 11 C 9 D 15 E 7



 

**In base alle tabelle e ai grafici riportati, rispondere alle successive domande.**

**Tabella 1: statistica relativa a un sondaggio svolto in 4 regioni Italiane**

| Regioni | N° di questionari inviati, ognuno a una persona diversa | Persone che hanno risposto | Risposte tornate con giudizi solo quantitativi | Risposte tornate con giudizi sia qualitativi che quantitativi |
|---|---|---|---|---|
| TOSCANA | 1.000.000 | 10% | 30% | 40% |
| LOMBARDIA | 300.000 | 30% | 50% | 30% |
| LAZIO | 500.000 | 40% | 40% | 50% |
| SICILIA | 1.500.000 | 20% | 10% | 30% |

**Grafico 1: ripartizione della popolazione in Italia al momento del sondaggio**

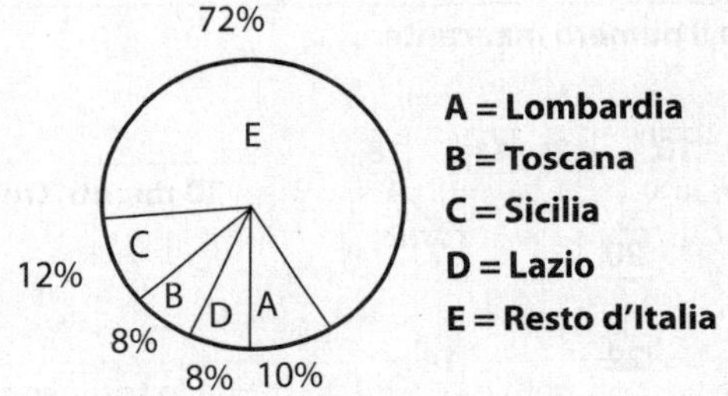


**55** **Quante risposte sono tornate in totale?**

- A 690.000
- B 540.000i
- C 520.000
- D 500.000
- E 710.000

**56** **Qual è la percentuale delle risposte contenenti solo giudizi quantitativi sul totale delle risposte restituite?**

- A Circa il 40%
- B Circa il 38%
- C Circa il 27%
- D Circa il 43%
- E Circa il 52%

**57** **Se i questionari inviati in Toscana sono stati spediti al 25% della popolazione della regione, qual è la percentuale totale, nelle 4 regioni, delle persone che hanno risposto ai questionari sul totale della popolazione italiana?**

- A 1,4% circa
- B 0,13% circa
- C 0,0014% circa
- D 0,014% circa
- E 1,3% circa

SESTA PROVA

**58** **Completare correttamente la seguente successione numerica: 74; 38; 67; 46; 60; 54; 53; 62; ?; ?**

- A 46; 68
- B 46; 70
- C 67; 46
- D 61; 55
- E 70; 46

**59** **Completare correttamente la seguente successione numerica: 6, 7, 10, 10, 14, 13, …**

- A 18
- B 17
- C 13
- D 21
- E 16

**60** **Individuare il numero mancante.**

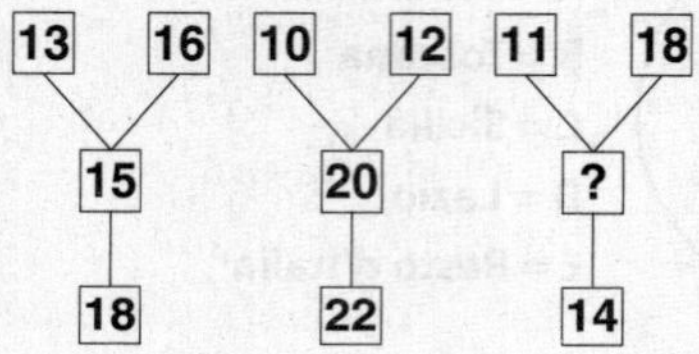


A 3 B 4 C 26 D 7 E T9

# Soluzioni della sesta prova

**Risposte esatte della sesta prova**

VERIFICARE LE RISPOSTE RELATIVE ALLE DOMANDE DELLA SESTA PROVA

| | A | B | C | D | E | | A | B | C | D | E | | A | B | C | D | E |
|---|---|---|---|---|---|---|---|---|---|---|---|---|---|---|---|---|---|
| 1 | ■ | □ | □ | □ | □ | 21 | □ | □ | ■ | □ | □ | 41 | ■ | □ | □ | □ | □ |
| 2 | □ | □ | ■ | □ | □ | 22 | □ | □ | □ | ■ | □ | 42 | ■ | □ | □ | □ | □ |
| 3 | □ | ■ | □ | □ | □ | 23 | □ | □ | □ | ■ | □ | 43 | ■ | □ | □ | □ | □ |
| 4 | □ | □ | □ | □ | ■ | 24 | ■ | □ | □ | □ | □ | 44 | ■ | □ | □ | □ | □ |
| 5 | □ | □ | □ | ■ | □ | 25 | □ | □ | □ | ■ | □ | 45 | □ | □ | □ | □ | ■ |
| 6 | □ | □ | □ | ■ | □ | 26 | □ | □ | □ | □ | ■ | 46 | □ | □ | □ | □ | ■ |
| 7 | □ | □ | ■ | □ | □ | 27 | □ | □ | ■ | □ | □ | 47 | ■ | □ | □ | □ | □ |
| 8 | □ | □ | □ | ■ | □ | 28 | ■ | □ | □ | □ | □ | 48 | □ | □ | ■ | □ | □ |
| 9 | □ | □ | □ | ■ | □ | 29 | ■ | □ | □ | □ | □ | 49 | □ | □ | □ | ■ | □ |
| 10 | ■ | □ | □ | □ | □ | 30 | □ | □ | □ | □ | ■ | 50 | □ | ■ | □ | □ | □ |
| 11 | □ | □ | □ | ■ | □ | 31 | □ | □ | □ | □ | ■ | 51 | □ | ■ | □ | □ | □ |
| 12 | □ | □ | □ | □ | ■ | 32 | □ | □ | ■ | □ | □ | 52 | □ | □ | ■ | □ | □ |
| 13 | □ | □ | □ | ■ | □ | 33 | □ | ■ | □ | □ | □ | 53 | □ | ■ | □ | □ | □ |
| 14 | □ | □ | □ | ■ | □ | 34 | □ | □ | □ | □ | ■ | 54 | □ | ■ | □ | □ | □ |
| 15 | □ | □ | ■ | □ | □ | 35 | □ | □ | □ | □ | ■ | 55 | □ | ■ | □ | □ | □ |
| 16 | □ | ■ | □ | □ | □ | 36 | □ | □ | □ | □ | ■ | 56 | □ | □ | ■ | □ | □ |
| 17 | □ | □ | □ | □ | ■ | 37 | □ | □ | ■ | □ | □ | 57 | ■ | □ | □ | □ | □ |
| 18 | □ | □ | ■ | □ | □ | 38 | ■ | □ | □ | □ | □ | 58 | □ | ■ | □ | □ | □ |
| 19 | □ | □ | □ | □ | ■ | 39 | □ | □ | □ | □ | ■ | 59 | ■ | □ | □ | □ | □ |
| 20 | □ | □ | ■ | □ | □ | 40 | □ | ■ | □ | □ | □ | 60 | □ | □ | □ | ■ | □ |

SESTA PROVA

# SETTIMA PROVA

Alpha Test

# Scheda per le risposte della settima prova

CONTRASSEGNARE LE RISPOSTE RELATIVE ALLE DOMANDE DELLA SETTIMA PROVA

| | A | B | C | D | E | | A | B | C | D | E | | A | B | C | D | E |
|---|---|---|---|---|---|---|---|---|---|---|---|---|---|---|---|---|---|
| 1 | | | | | | 21 | | | | | | 41 | | | | | |
| 2 | | | | | | 22 | | | | | | 42 | | | | | |
| 3 | | | | | | 23 | | | | | | 43 | | | | | |
| 4 | | | | | | 24 | | | | | | 44 | | | | | |
| 5 | | | | | | 25 | | | | | | 45 | | | | | |
| 6 | | | | | | 26 | | | | | | 46 | | | | | |
| 7 | | | | | | 27 | | | | | | 47 | | | | | |
| 8 | | | | | | 28 | | | | | | 48 | | | | | |
| 9 | | | | | | 29 | | | | | | 49 | | | | | |
| 10 | | | | | | 30 | | | | | | 50 | | | | | |
| 11 | | | | | | 31 | | | | | | 51 | | | | | |
| 12 | | | | | | 32 | | | | | | 52 | | | | | |
| 13 | | | | | | 33 | | | | | | 53 | | | | | |
| 14 | | | | | | 34 | | | | | | 54 | | | | | |
| 15 | | | | | | 35 | | | | | | 55 | | | | | |
| 16 | | | | | | 36 | | | | | | 56 | | | | | |
| 17 | | | | | | 37 | | | | | | 57 | | | | | |
| 18 | | | | | | 38 | | | | | | 58 | | | | | |
| 19 | | | | | | 39 | | | | | | 59 | | | | | |
| 20 | | | | | | 40 | | | | | | 60 | | | | | |

# SETTIMA PROVA

Tempo a disposizione: 110 minuti

## Comprensione del testo e conoscenza della lingua italiana - Testo 1

**In base alle informazioni contenute nel brano seguente, rispondere alle successive domande.**

Il destino dei libri a volte è strano come quello degli uomini. Herman Melville conobbe il suo primo insuccesso di critica e di pubblico nel 1851, quando diede alle stampe il suo capolavoro *Moby Dick*. Troppo ampio il divario fra i romanzi d'avventure esotiche e marinare che gli avevano regalato una certa notorietà e la tragedia senza tempo del capitano mutilato che insegue la balena (il caos?) che lo ossessiona, vicenda troppo cupa e apocalittica per poter essere subito accettata, compresa e apprezzata. Lo scrittore di New York sarebbe sopravvissuto quarant'anni al suo romanzo sulla balena bianca, non abbastanza per vedergli riconosciuti quei meriti stilistici ed epici che ne hanno fatto uno dei capisaldi di quel formidabile battaglione letterario che è il romanzo ottocentesco.

Già nell'*Etimologia* che apre il romanzo, e che Melville attribuisce a *"uno smunto assistente ginnasiale ormai morto"*, c'è un assaggio di quel che attende il lettore, del viaggio cui si sta apprestando. Prima di presentare le varie forme linguistiche con cui sono designati i cetacei, lo scrittore americano descrive così l'assistente ginnasiale che le ha raccolte: *"Amava spolverare le sue vecchie grammatiche; quel gesto, in qualche modo, gli ricordava con dolcezza la sua condizione di mortale"*. E insieme alla mortalità, l'abisso, il male, il dolore dell'uomo e il caos che lo circonda sono i temi di *Moby Dick*. Argomenti con cui Melville aveva familiarità fin da quando, dodicenne, era rimasto orfano e aveva dovuto abbandonare gli studi per mettersi a lavorare, finendo per abbracciare la vita marinara, imbarcandosi su mercantili e baleniere. Temi tragici e universali con cui aveva familiarità anche Cesare Pavese, insuperato traduttore italiano di *Moby Dick*, maestro di Fernanda Pivano – la più importante americanista italiana del secondo Novecento – e poeta di un verso immortale: *"Verrà la morte e avrà i tuoi occhi"*. Niente ci impedisce di immaginare che siano gli occhi acquosi della balena bianca che dal libro di Giobbe a quello di Melville ha navigato e turbato l'oceano dei sogni di generazioni di lettori.

**1 Quale tra i seguenti gruppi di parole presenti nel primo capoverso è una locuzione verbale?**

- A Sarebbe sopravvissuto
- B Diede alle stampe
- C Senza tempo
- D Ne hanno fatto
- E Vedergli riconosciuti

2 **All'inizio del secondo capoverso viene citato lo «munto assistente ginnasiale» cui Melville attribuisce l'Etimologia che apre il romanzo. Quale tra i seguenti è un sinonimo di "smunto"?**

A Attempato
B Scorato
C Squilibrato
D Emaciato
E Malsano

3 **L'assistente ginnasiale cui si accenna nel brano è:**

A l'autore dell'intero romanzo di Melville
B l'autore dell'*Etimologia* che apre il romanzo
C la persona alla quale Melville attribuisce l'*Etimologia* che apre il romanzo
D l'autore degli *Estratti* che aprono il romanzo
E il narratore del romanzo

4 **Nel brano c'è una citazione in cui qualcuno «ricordava con dolcezza la sua condizione di mortale». Di chi si tratta?**

A Dell'assistente ginnasiale
B Del capitano Achab
C Di Cesare Pavese
D Di Giobbe
E Del sottoassistente di biblioteca

5 **Secondo l'autore del brano, il romanzo ottocentesco è:**

A uno dei capisaldi della cultura occidentale
B soprattutto d'avventure esotiche e marinare
C esemplificato da *Moby Dick*
D in grado di turbare l'oceano dei sogni di generazioni di lettori
E un formidabile battaglione letterario



## Comprensione del testo e conoscenza della lingua italiana - Testo 2

**In base alle informazioni contenute nel brano seguente, rispondere alle successive domande.**

Nel linguaggio comune la domanda di assistenza sanitaria si articola in tre fasi: prevenzione, cura e riabilitazione. Ogni atto medico conosciuto o previsto si deve quindi riportare a una di queste categorie. Nel linguaggio specialistico ogni intervento di medicina preventiva è da ascriversi o alla forma primaria o secondaria o terziaria. Restando fermi al linguaggio, queste forme di intervento medico preventivo parrebbero tutte e tre da attribuirsi al campo della prevenzione (la prima delle tre categorie del linguaggio comune). In realtà solo la prevenzione primaria si configura come prevenzione, la prevenzione secondaria si può in effetti considerare come una modalità più corretta di cura e la terziaria come una modalità più corretta di riabilitazione. È infatti necessario chiarire che qualunque intervento medico efficace deve contenere elementi preventivi.

Quando si considera, dal punto di vista medico, un soggetto, per controllare il suo stato di salute, i giudizi di sintesi, le conclusioni (della visita, degli esami, della storia del soggetto e della sua famiglia) devono sempre rispondere a due domande: esiste una malattia in atto? Esistono delle probabilità più concrete di quelle dovute al caso che il soggetto si ammali? In caso di risposta positiva alla seconda domanda ci veniamo a trovare nelle condizioni di chiederci che cosa è necessario fare per diminuire quanto più è possibile le probabilità di comparsa di malattia e quindi a instaurare una prevenzione primaria. In caso di risposta positiva alla prima domanda ci troviamo nelle condizioni di instaurare una cura per guarire (se è possibile) la malattia, ma nel contempo dobbiamo prevedere che cosa è necessario fare per impedire complicazioni o la ricomparsa della malattia e quindi ci poniamo un problema di prevenzione secondaria. Nel caso non sia possibile, curando la malattia, ripristinare le condizioni di salute completa, ci troviamo di fronte a una malattia cronica e/o a una infermità di cui dobbiamo correggere gli effetti ai fini della salvaguardia della vita del soggetto e quindi facciamo della riabilitazione; nel contempo dobbiamo porci il problema della previsione di complicazioni, a livello sia fisico sia psichico, e quindi facciamo della prevenzione terziaria. Nel modello specialistico, la prevenzione primaria è in generale legata alla individuazione di due cause possibili di malattia, una causa ambientale e una genetica (tra di loro collegate nel senso della possibile influenza dell'ambiente sul patrimonio genetico). In altre parole, o si possono prevedere effetti dovuti alla combinazione di patrimoni ereditari alterati (perché portatori di malattie ereditarie) e quindi esiste un rischio di figli affetti da malattie ereditarie, o si può prevedere che cause ambientali, da lavoro (esempio, presenza di silice), da abitudini di vita (esempio, alimentazione insufficiente e/o non equilibrata, abuso di alcool e di tabacco), da condizioni di abitazione (città o quartieri privi di fognature, case malsane ecc.) possano provocare malattie o alterare il patrimonio genetico.

Da questa previsione il modello specialistico può solo, nella realtà attuale, derivare dei consigli al singolo individuo; non ha possibilità reale di intervento e quindi la prevenzione primaria si riduce a quattro aspetti: modificare le abitudini alimentari, modificare l'uso di alcool e/o tabacco, modificare le abitudini relative all'attività fisica, extra-lavorativa, proporre delle terapie medicamentose. Le cause del rischio delle malattie da prevenire, quando anche vengano individuate, non trovano una possibilità di soluzione. La prevenzione primaria specialistica resta confinata nell'ambito delle possibilità che il singolo individuo ha di modificare il proprio ambiente di vita e di lavoro.

---

**6 Nella frase «instaurare una prevenzione primaria» (secondo capoverso), il verbo "instaurare" NON significa:**

- A introdurre
- B istituire
- C mettere in pratica
- D avviare
- E cassare

---

**7 Secondo l'autore:**

- A se un soggetto è a rischio di ammalarsi, la prevenzione da attuare è di tipo secondario
- B i fattori ambientali non possono influenzare il patrimonio genetico
- C se un soggetto è malato, si pone un problema di prevenzione secondaria
- D il modello specialistico è quello con le maggiori possibilità
- E nessuna delle altre alternative è corretta

---

**8 Secondo il modello specialistico, la prevenzione primaria può essere attuata agendo:**

- A sulle abitudini alimentari
- B sul patrimonio genetico
- C sul patrimonio genetico e le abitudini alimentari
- D sull'ereditarietà
- E nessuna delle altre alternative è corretta

---

**9 Prevenzione terziaria significa:**

- A prevenzione nel linguaggio comune
- B curare
- C prevedere complicazioni di una malattia cronica in atto
- D mantenere in vita un malato
- E cura palliativa, prevenzione delle sofferenze inutili

SETTIMA PROVA

**10** **Dal brano si deduce che l'autore è un:**

- A genetista
- B epidemiologo
- C medico
- D malato
- E giornalista

## Comprensione del testo e conoscenza della lingua italiana - Testo 3

**In base alle informazioni contenute nel brano seguente, rispondere alle successive domande.**

Nella storia del gioco degli scacchi vi sono molti capi coronati di spine. Anche coloro che rimasero luminosi ebbero una fine oscura. Non si trattò sempre di pazzia, l'ultimo ponte verso l'aldilà per Morphy, Steinitz e Pillsbury, né di inedia, come per Schlechter e Breyer, e neppure di suicidio, come per Swiderski e Bardeleben e tuttavia, persino un Lasker, così progredito in campi tanto lontani dagli scacchi, morì poveramente, ed è ben noto come Alekhine terminò tristemente la propria esistenza.

Paragonata alla loro sorte, la vita di Aaron Nimzowitsch si svolse in modo regolare. Non accumulò ricchezze, trascorse i suoi giorni semplicemente, si ammalò e morì in età media. Questa è, come direbbe un inglese, "the common cold", la solita fredda indifferenza della natura che pesa sulla pluralità degli esseri viventi, un destino che solo apparentemente non ha nulla di particolarmente originale. Solo fino a questo punto, dunque, il destino di Nimzowitsch assomiglia a quello dell'uomo medio.

Nel caso di Aaron Nimzowitsch, un essere senza particolari caratteristiche ha ottenuto qualcosa di sostanziale e di straordinario grazie a una "esistenza" degna di rilievo. Le ristrettezze della vita sono state colmate con il "tesoro dei poveri", con un'esistenza spiritualmente e intellettualmente agitata, con dolore e pena, con "donchisciotteria" e grandezza interiore. Qui Giacobbe ha lottato con l'angelo, si è spezzato le reni, ma non si è arreso. Qui qualcuno ha combattuto, spesso contro mulini a vento o contro greggi di pecore, ma ha combattuto, ha affermato se stesso e ha opposto fino all'ultimo respiro il "Main System" alla crudeltà della vita, all'ostilità e all'ingratitudine degli uomini.

Egli ha portato in sé il grande segreto e ha lottato per essere capito. Come ogni innovatore, ha dovuto accorgersi che tutto ciò che c'è di nuovo comincia con il non essere compreso, che si devono subire scherno e derisione, che all'inizio si rimane soli e che occorrono molte rinunce e sacrifici se si vogliono sostenere le proprie tesi. La più grande rinuncia è però il segregarsi dalla comunità, l'isolamento, la solitudine. Essa costringe all'ostinazione, all'egotismo, all'ostentazione del proprio valore, e ciò separa più che mai il solitario dalla comunità, lo rende uno stravagante.

Questo fu il caso di Nimzowitsch. La sua vita è apparentemente una catena di amarezze; essa fu illuminata solo dall'intimo, ma brilla come un castello fiabesco. Per colui che si è riferito solo a se stesso e che si è messo in disparte come Nimzowitsch, non v'è altro destino che subire, oltre alle ferite per così dire "organiche" della vita, il crudele capriccio del caso.

**11** **Nel brano ricorre la parola "inedia". Un suo sinonimo è:**

- A infarto
- B maltrattamento
- C intemperanza
- D digiuno
- E fervore

**12** **La "donchisciotteria" citata nel brano implica:**

- A mancanza di coraggio
- B paura del diverso
- C imprudenza e superficialità
- D scarsa propensione al confronto
- E entusiasmo e coraggio

SETTIMA PROVA

 

13 **Nella frase «Qui qualcuno ha combattuto» (terzo capoverso), "qualcuno" è:**

A pronome indefinito riferito a Giacobbe

B sostantivo

C aggettivo indefinito riferito agli idealisti in genere

D pronome indefinito che allude a Nimzowitsch

E pronome indefinito che indica chi combatte contro i mulini a vento

14 **Dal brano si ricava che a morire suicidi furono:**

A Lasker e Alekhine

B Schlechter e Breyer

C Steinitz e Pillsbury

D Swiderski e Nimzowitsch

E nessuno dei precedenti

15 **L'autore del brano menziona Giacobbe e Don Chisciotte per dimostrare:**

A che Nimzowitsch era molto sicuro di sé

B che la vita di Nimzowitsch è stata piena di amarezze

C la grandezza interiore di Nimzowitsch

D che Nimzowitsch aveva una profonda conoscenza della letteratura e delle Sacre Scritture

E l'avidità di Nimzowitsch

## Matematica di base

16 **La millesima parte di $10^{1000}$ è:**

A $(0{,}001)^{1000}$

B $10^1$

C $10^{1002}$

D $10^{997}$

E $(0{,}01)^{1000}$

17 **Quale fra i seguenti numeri è primo?**

A 91 B 43 C 57 D 49 E 1

18 **In una popolazione di 100 studenti, 70 seguono un corso di inglese e 50 uno di francese. Quanti sono gli studenti che seguono entrambi i corsi?**

A Più di 50

B Esattamente 50

C Non più di 20

D Da 20 a 50

E Esattamente 20

SETTIMA PROVA

**19** $(2ab - b^2 - a^2) \cdot (b - a)$ **equivale a:**

A $(a-b)^3$

B $(b-a)^3$

C $b^3 - a^3$

D $a^3 - b^3$

E $(b-a)^2(b+a)$

**20** **Dei seguenti sistemi lineari uno solo è indeterminato (ha infinite soluzioni). Quale?**

A $\begin{cases} x+y = 1 \\ \frac{1}{2}x = 2 - \frac{1}{2}y \end{cases}$

B $\begin{cases} y = 2x+1 \\ y = 2x+3 \end{cases}$

C $\begin{cases} y = 2x-1 \\ x - \frac{1}{2}y = \frac{1}{2} \end{cases}$

D $\begin{cases} 2x - y - 9 = 0 \\ -x + 2y + 6 = 0 \end{cases}$

E $\begin{cases} x = 2y - 1 \\ 2x = 2y - 1 \end{cases}$

**21** **Quanti sono i numeri reali che soddisfano la condizione "aumentati del loro doppio sono minori del loro triplo diminuito di due"?**

A Uno

B Due

C Tre

D Tutti

E Nessuno

**22** **Rispetto a un sistema di riferimento cartesiano ortonormale nel piano, le coordinate dei punti P e Q sono (1; 1) e (3; 2). Quale dei seguenti punti è allineato con P e Q?**

A (–1; 0)

B (1; 3)

C (2; 1)

D (2; 3)

E (3; 3)

SETTIMA PROVA

23 **In un sistema di riferimento cartesiano nel piano, le rette di equazione $y = 2x + 3$, $y = 9 - x$:**

A si incontrano in un punto del primo quadrante
B si incontrano in un punto del secondo quadrante
C si incontrano in un punto del terzo quadrante
D si incontrano in un punto del quarto quadrante
E non si incontrano in alcun punto del piano

24 **Le tre altezze di un triangolo si incontrano in un punto chiamato:**

A baricentro
B circocentro
C incentro
D ortocentro
E nessuna delle altre risposte è corretta

25 **Due cerchi hanno raggi di lunghezza l'una tripla dell'altra. Quale è il rapporto tra la misura della superficie del cerchio di raggio maggiore e quella della superficie del cerchio di raggio minore?**

A 3
B $\pi$
C 9
D $3\pi$
E $2\pi$

## Biologia

26 **I neurotrasmettitori sono rilasciati:**

A da un assone
B dal corpo cellulare dei neuroni
C dai dendriti
D dai terminali sinaptici
E dalla mielina

27 **Con la mitosi si ottiene un numero di cromosomi:**

A aploide
B poliploide
C diploide
D 2n+1
E nessuna delle risposte precedenti è corretta

28 **La regione dell'occhio dei vertebrati in cui passa il nervo ottico uscendo dalla retina è:**

A la fovea
B l'iride
C il punto cieco
D la pupilla
E il cristallino

29 **Quali cellule possiedono sia mitocondri che cloroplasti?**

A Solo i protisti
B Le cellule vegetali
C I procarioti
D Le cellule batteriche in genere
E Le cellule animali

30 **Qual era la principale lacuna nella prima esposizione della teoria di Darwin?**

A Non poteva spiegare i meccanismi della trasmissione delle mutazioni degli organismi perché ancora non era nota la genetica mendeliana
B Affermava l'ereditarietà dei caratteri acquisiti
C Mancavano prove scientifiche alla base delle sue affermazioni sull'evoluzione degli animali
D Non era applicabile all'origine dell'uomo
E Era applicabile solo ai fringuelli delle Galápagos

31 **Quale organo riveste un ruolo centrale nell'eliminazione delle sostanze di rifiuto del metabolismo?**

A Le ghiandole sudoripare
B Il pancreas
C La tiroide
D Il rene
E Il timo

32 **Nel corpo umano, l'ipotalamo è:**

A un'area della corteccia cerebrale
B il principale centro di controllo del sistema endocrino
C un organo linfoide
D un nervo
E una regione dell'encefalo responsabile di funzioni "evolute" come il ragionamento e la costruzione del linguaggio

33 **Un carattere dominante è:**

A un carattere che si manifesta solo in eterozigosi
B un carattere che si manifesta solo in omozigosi
C un carattere portato dal cromosoma Y
D un carattere che si manifesta sia in omozigosi che in eterozigosi
E un carattere portato dal cromosoma X

34 **Gli assoni mielinizzati organizzano:**

A la corteccia cerebellare
B i nuclei della base
C il cervelletto
D la corteccia telencefalica
E la sostanza bianca del midollo spinale

**35** **L'ormone adrenalina è secreto:**

- A dalle paratiroidi
- B dalla corteccia surrenale
- C dall'ipofisi
- D dalla tiroide
- E dalla midolla surrenale

## Ragionamento verbale

**36** **Si considerino vere le due affermazioni:**

- **ogni cosa bezza è murra;**
- **qualche cosa tona non è murra.**

**Si scelga fra le seguenti l'affermazione che segue necessariamente dalle premesse:**

- A qualche cosa tona non è bezza
- B nessuna cosa tona è bezza
- C nulla segue
- D ogni cosa tona è bezza
- E qualche cosa tona è bezza

**37** **Si considerino vere le due affermazioni:**

- **qualche cosa ruda non è sima;**
- **nessuna cosa niba è ruda.**

**Si scelga fra le seguenti l'affermazione che segue necessariamente dalle premesse:**

- A nulla segue
- B ogni cosa niba è sima
- C nessuna cosa niba è sima
- D qualche cosa niba è sima
- E qualche cosa niba non è sima

**38** **Al cinema, Franca siede alle spalle di tre sue amiche sedute una di fianco all'altra. Tutte le amiche indossano maglioni con colori tra loro diversi. Sono vere le affermazioni seguenti:**

1. **Elena indossa il maglione verde o il maglione blu;**
2. **Elena non indossa il maglione verde oppure Luisa indossa il maglione indaco;**
3. **Bice indossa il maglione blu o Luisa non indossa il maglione indaco;**
4. **Elena non indossa il maglione blu.**

**Ne deriva necessariamente che:**

- A Bice non indossa il maglione blu
- B Elena non indossa il maglione verde
- C Luisa indossa il maglione verde
- D Elena indossa il maglione indaco
- E nessuna delle altre risposte è corretta

SETTIMA PROVA

39 **I cuochi Aldo, Bruno, Carla, Dario ed Esther devono giudicare i dolci preparati da Franca, Giulio, Isabella, Lucia, Marco: una meringa, una crostata, un babà, un gelato e una pastiera (non necessariamente in quest'ordine). Ogni giurato assaggia uno e un solo dolce, e ogni dolce è assaggiato da un solo giurato. Sappiamo che:**

**1. solo se Aldo assaggia la meringa, Bruno assaggia il dolce di Giulio;**
**2. Carla assaggia il babà che non è stato preparato da Franca;**
**3. Dario assaggia il dolce preparato da Lucia o la meringa;**
**4. o Marco ha preparato la pastiera o Aldo assaggia la pastiera;**
**5. Bruno assaggia il dolce di Giulio.**

**In base alle informazioni note, cosa si può affermare con certezza?**

A Dario assaggia la meringa
B Aldo non assaggia la meringa
C Franca ha preparato la pastiera
D Franca non ha preparato la pastiera
E Esther assaggia il babà

40 **"Tutti coloro che hanno un computer possono utilizzare la posta elettronica; Alessandra è una giornalista; tutti i giornalisti hanno un computer".**
**Se le precedenti informazioni sono corrette, quale delle seguenti affermazioni NON rappresenta una conclusione corretta?**

A Alessandra può utilizzare la posta elettronica
B Coloro che possono usare la posta elettronica sono giornalisti
C Alessandra ha un computer
D Tutti i giornalisti possono usare la posta elettronica
E Nessuna delle precedenti

41 **"Se Anna sta dormendo, allora Marco è fuori casa".**
**Se la precedente affermazione è vera, allora è anche vero che:**

A se Marco è fuori casa, allora Anna sta dormendo
B se Marco è in casa, allora Anna non sta dormendo
C Marco è fuori casa solo quando Anna dorme
D Anna non sta dormendo e Marco non è fuori casa
E Marco esce di casa per lasciare dormire Anna

SETTIMA PROVA

42 **Quale delle seguenti frasi è logicamente equivalente a: "Chi commette un reato non dice mai la verità"?**

A Chi mente ha commesso un reato
B Le persone che commettono reati mentono sempre
C In alcuni casi le persone che commettono reati mentono
D Le persone che non commettono reati dicono sempre la verità
E In alcuni casi le persone che commettono reati non mentono

43 **Se l'affermazione "In tutte le famiglie che posseggono almeno due animali, vi è almeno un cane" è vera, allora necessariamente una famiglia:**

A non può avere due cani
B se ha due gatti, ha anche un cane
C non può avere solo un gatto
D deve avere sempre almeno un animale
E se ha un cane ha anche un gatto

44 **"È stato abrogato l'articolo di legge che esentava i medici militari dall'incompatibilità tra l'esercizio della professione medica in una struttura pubblica e in una privata".**

**Qual è il corretto significato della precedente affermazione?**

A I medici militari non possono esercitare in strutture private

B I medici militari non possono esercitare in strutture pubbliche

C I medici militari possono esercitare o in strutture pubbliche o in strutture private

D I medici militari svolgono la loro professione nell'Esercito

E Nessuna delle precedenti è corretta

45 **"È impossibile negare il sussistere di una non coincidenza tra la negazione di un'affermazione e l'affermazione del contrario di una negazione".**

**Qual è il corretto significato della precedente affermazione?**

A La negazione di un'affermazione coincide con il suo contrario

B Ogni affermazione coincide con il suo contrario

C È possibile affermare il non sussistere di una non coincidenza tra la negazione di un'affermazione e l'affermazione del contrario di una negazione

D Il contrario di una negazione è uguale all'affermazione di una negazione

E L'affermazione di una negazione coincide con il contrario della negazione

## Ragionamento numerico

46 **La società XYZ registra un utile pari al 6% del fatturato; mediante una serie di deduzioni fiscali, l'utile viene ridotto del 20%. Quindi la società paga un'imposta sull'utile residuo con un'aliquota del 40%. Alla fine l'utile netto così calcolato risulta essere pari a 720 mila euro. A quanto ammonta il fatturato complessivo?**

A 25 milioni di euro

B 37,5 milioni di euro

C 15 milioni di euro

D 12 milioni di euro

E 24 milioni di euro

47 **Bernardo, in una settimana, beve i 3/8 delle bottiglie di birra che ha in casa. Quindi reintegra la sua scorta acquistando gli 11/5 delle bottiglie rimaste, anche perché ha deciso di invitare alcuni amici con i quali, poi, beve i 15/16 delle bottiglie di birra della sua dispensa. Sapendo che ora gli sono rimaste solo tre bottiglie, a quante bottiglie ammontava la sua scorta iniziale?**

A 2/5

B 33

C 24

D 15

E 48

48 **Il 25% degli atleti della società sportiva Lambda ha meno di 14 anni. Di questi il 20% è composta ragazze.**

**Sapendo che i ragazzi (di sesso maschile) sotto i 14 anni appartenenti alla società sportiva Lambda sono 40, quanti sono in tutto gli atleti della società sportiva?**

A 50 B 100 C 125 D 150 E 200

SETTIMA PROVA

49 **Se:**

**@ + # = $ – #**

**# = 4**

**$ = 6**

**Allora @ è uguale a:**

A 0 B –1 C 1 D –2 E 2

**In base alle tabelle e ai grafici riportati, rispondere alle successive domande.**

**Tabella 1: numero di reti realizzate negli ultimi tre anni nel campionato italiano**

| Giocatore | 2014 | 2015 | 2016 |
|---|---|---|---|
| Bonati | 15 | 10 | 20 |
| Aldi | 12 | 15 | 12 |
| Genovese | 2 | 5 | 5 |
| Fenizia | 4 | 18 | 15 |
| Longoni | 20 | 12 | 20 |
| Manerba | 25 | 15 | 15 |

**Tabella 2: numero di partite giocate negli ultimi tre anni nel campionato italiano**

| Giocatore | 2014 | 2015 | 2016 |
|---|---|---|---|
| Bonati | 20 | 20 | 30 |
| Aldi | 25 | 20 | 32 |
| Genovese | 6 | 9 | 15 |
| Fenizia | 10 | 35 | 35 |
| Longoni | 25 | 30 | 30 |
| Manerba | 35 | 30 | 32 |

**Tabella 3: numero totale di reti segnate negli ultimi tre anni nel campionato italiano**

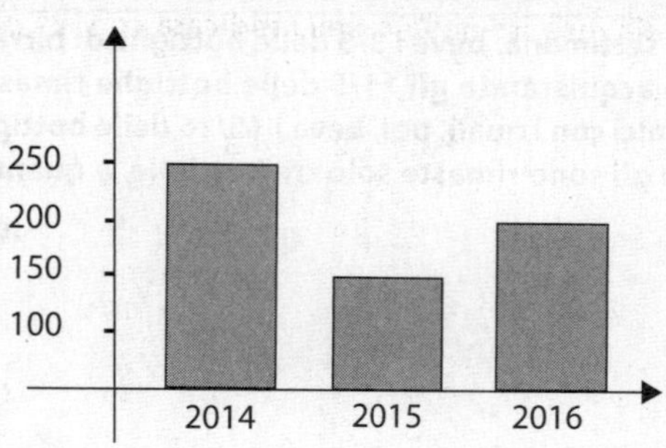


50 **Chi ha la più alta percentuale realizzativa rispetto al numero di partite giocate nel 2015?**

A Fenizia

B Aldi

C Genovese

D Manerba

E Bonati



SETTIMA PROVA

**51** **Rispetto al totale delle reti segnate in ognuno dei tre anni, quale dei seguenti giocatori detiene in assoluto la più alta percentuale di reti realizzate?**

A Bonati

B Longoni

C Manerba

D Genovese

E Fenizia

**52** **Qual è la percentuale totale delle reti realizzate da tutti e 6 i giocatori sul totale delle reti segnate nei tre anni?**

A 40%

B 30%

C 60%

D 50%

E 45%

**53** **Sommando tra di loro le percentuali realizzative di ogni anno di un giocatore, rispetto alle partite da questo giocate nell'anno, quale tra i seguenti ha nel complesso la più alta percentuale media?**

A Bonati

B Genovese

C Manerba

D Fenizia

E Aldi

**54** **Qual è il numero da inserire nella casella indicata con "?" per completare il seguente rettangolo?**

| | | | | |
|---|---|---|---|---|
| 1 | 2 | 3 | 6 | 3 |
| 3 | 4 | 4 | 5 | 4 |
| 6 | 8 | 4 | 10 | 7 |
| 6 | 8 | 10 | 20 | ? |

A 7

B 9

C 11

D 15

E 20

SETTIMA PROVA

**55** **Individuare il numero da sostituire al punto interrogativo (fare prima operazioni di moltiplicazione/divisione e poi somma/sottrazione).**

| | | | | | | | |
|---|---|---|---|---|---|---|---|
| 80 | : | 4 | + | | + | 6 | 28 |
| × | | × | | × | | + | |
| 1 | + | 9 | + | | + | | 16 |
| : | | − | | + | | + | |
| 4 | + | 16 | + | | − | 13 | 17 |
| 20 | | 20 | | ? | | 20 | |

A 26

B 15

C 20

D 32

E 40

**56** **Per potare una vite Marco impiega 3 giorni, cioè due meno di Carlo e uno più di Federico. Se i tre lavorassero insieme in un giorno poterebbero più o meno di una vite?**

A Più di una vite

B Esattamente una vite

C Meno di una vite

D Ne potrebbero potare due

E Non ci sono dati sufficienti per rispondere

**57** **Il ciclone "Lorna" si sta avvicinando alla costa della Florida alla velocità di 600 km/h. Se il ciclone è distante dalla Florida 1.800 km e se a Roma sono le ore 17, sapendo che la Florida ha sei fusi orari in meno rispetto all'Italia (per cui quando a Roma è mezzogiorno in Florida sono le sei del mattino), a che ora il ciclone investirà la costa?**

A Alle 12

B Alle 14

C Alle 17

D Alle 20

E Alle 2 di mattina del giorno successivo

**58** **Utilizzando l'alfabeto italiano, completare correttamente la seguente successione di lettere: A; D; A; C; F; C; ?; ?**

A E; H

B F; C

C H; N

D M; I

E O; L

**59** **Individuare il numero mancante.**

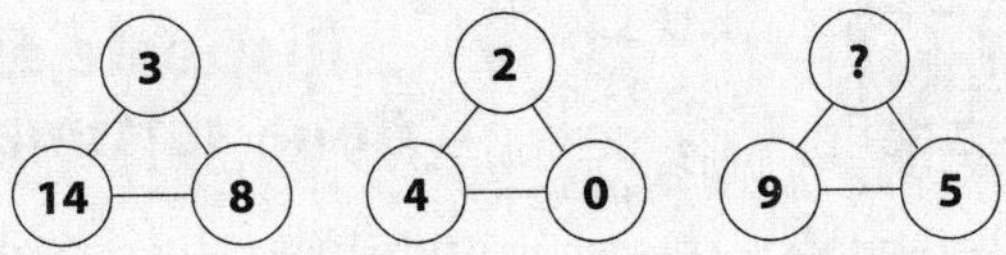


A 4 B 4 C 9 D 17 E 2

**60** **Individuare il numero mancante.**

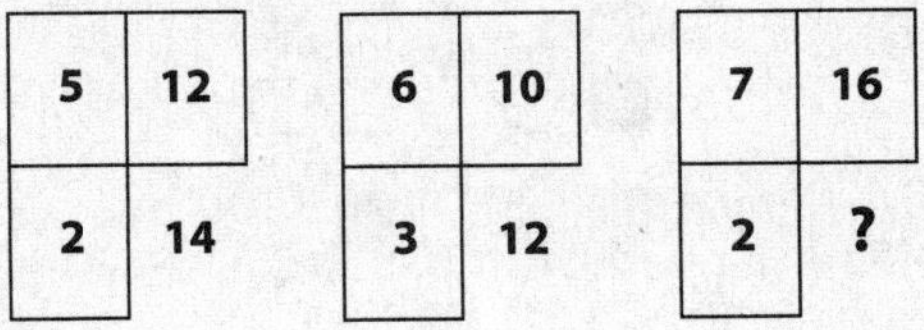


A 12
B 15
C 18
D 21
E 24

# Soluzioni della settima prova

**Alpha Test** — **Risposte esatte della settima prova**

VERIFICARE LE RISPOSTE RELATIVE ALLE DOMANDE DELLA SETTIMA PROVA

| | A | B | C | D | E | | A | B | C | D | E | | A | B | C | D | E |
|---|---|---|---|---|---|---|---|---|---|---|---|---|---|---|---|---|---|
| 1 | □ | ■ | □ | □ | □ | 21 | □ | □ | □ | □ | ■ | 41 | □ | ■ | □ | □ | □ |
| 2 | □ | □ | □ | ■ | □ | 22 | ■ | □ | □ | □ | □ | 42 | □ | ■ | □ | □ | □ |
| 3 | □ | □ | ■ | □ | □ | 23 | ■ | □ | □ | □ | □ | 43 | □ | ■ | □ | □ | □ |
| 4 | ■ | □ | □ | □ | □ | 24 | □ | □ | □ | ■ | □ | 44 | ■ | □ | □ | □ | □ |
| 5 | □ | □ | □ | □ | ■ | 25 | □ | □ | ■ | □ | □ | 45 | ■ | □ | □ | □ | □ |
| 6 | □ | □ | □ | □ | ■ | 26 | □ | □ | □ | ■ | □ | 46 | ■ | □ | □ | □ | □ |
| 7 | □ | □ | ■ | □ | □ | 27 | □ | □ | ■ | □ | □ | 47 | □ | □ | ■ | □ | □ |
| 8 | ■ | □ | □ | □ | □ | 28 | □ | □ | ■ | □ | □ | 48 | □ | □ | □ | □ | ■ |
| 9 | □ | □ | ■ | □ | □ | 29 | □ | ■ | □ | □ | □ | 49 | □ | □ | □ | ■ | □ |
| 10 | □ | □ | ■ | □ | □ | 30 | ■ | □ | □ | □ | □ | 50 | □ | ■ | □ | □ | □ |
| 11 | □ | □ | □ | ■ | □ | 31 | □ | □ | □ | ■ | □ | 51 | □ | □ | □ | □ | ■ |
| 12 | □ | □ | □ | □ | ■ | 32 | □ | ■ | □ | □ | □ | 52 | ■ | □ | □ | □ | □ |
| 13 | □ | □ | □ | ■ | □ | 33 | □ | □ | □ | ■ | □ | 53 | ■ | □ | □ | □ | □ |
| 14 | □ | □ | □ | □ | ■ | 34 | □ | □ | □ | □ | ■ | 54 | □ | □ | ■ | □ | □ |
| 15 | □ | □ | ■ | □ | □ | 35 | □ | □ | □ | □ | ■ | 55 | □ | □ | ■ | □ | □ |
| 16 | □ | □ | □ | ■ | □ | 36 | ■ | □ | □ | □ | □ | 56 | ■ | □ | □ | □ | □ |
| 17 | □ | ■ | □ | □ | □ | 37 | ■ | □ | □ | □ | □ | 57 | □ | ■ | □ | □ | □ |
| 18 | □ | □ | □ | ■ | □ | 38 | □ | □ | □ | □ | ■ | 58 | ■ | □ | □ | □ | □ |
| 19 | ■ | □ | □ | □ | □ | 39 | □ | □ | □ | ■ | □ | 59 | □ | □ | □ | □ | ■ |
| 20 | □ | □ | ■ | □ | □ | 40 | □ | ■ | □ | □ | □ | 60 | □ | □ | ■ | □ | □ |

Prove di verifica

# OTTAVA PROVA

Alpha Test

# Scheda per le risposte della ottava prova

CONTRASSEGNARE LE RISPOSTE RELATIVE ALLE DOMANDE DELLA OTTAVA PROVA

| | A | B | C | D | E | | A | B | C | D | E | | A | B | C | D | E |
|---|---|---|---|---|---|---|---|---|---|---|---|---|---|---|---|---|---|
| 1 | | | | | | 21 | | | | | | 41 | | | | | |
| 2 | | | | | | 22 | | | | | | 42 | | | | | |
| 3 | | | | | | 23 | | | | | | 43 | | | | | |
| 4 | | | | | | 24 | | | | | | 44 | | | | | |
| 5 | | | | | | 25 | | | | | | 45 | | | | | |
| 6 | | | | | | 26 | | | | | | 46 | | | | | |
| 7 | | | | | | 27 | | | | | | 47 | | | | | |
| 8 | | | | | | 28 | | | | | | 48 | | | | | |
| 9 | | | | | | 29 | | | | | | 49 | | | | | |
| 10 | | | | | | 30 | | | | | | 50 | | | | | |
| 11 | | | | | | 31 | | | | | | 51 | | | | | |
| 12 | | | | | | 32 | | | | | | 52 | | | | | |
| 13 | | | | | | 33 | | | | | | 53 | | | | | |
| 14 | | | | | | 34 | | | | | | 54 | | | | | |
| 15 | | | | | | 35 | | | | | | 55 | | | | | |
| 16 | | | | | | 36 | | | | | | 56 | | | | | |
| 17 | | | | | | 37 | | | | | | 57 | | | | | |
| 18 | | | | | | 38 | | | | | | 58 | | | | | |
| 19 | | | | | | 39 | | | | | | 59 | | | | | |
| 20 | | | | | | 40 | | | | | | 60 | | | | | |

# OTTAVA PROVA

Tempo a disposizione: 110 minuti

**Comprensione del testo e conoscenza della lingua italiana - Testo 1**

**In base alle informazioni contenute nel brano seguente, rispondere alle successive domande.**

Per Delacroix, capo riconosciuto della "scuola romantica", la storia non è esempio o guida dell'agire umano, è un dramma che è cominciato con l'umanità e dura nel presente. La storia contemporanea è lotta politica per la libertà.

*La libertà guida il popolo* è il primo quadro politico nella storia della pittura moderna: esalta l'insurrezione che, nel luglio del 1830, ha posto fine al terrore bianco della restaurata monarchia borbonica. Nel quadro che esalta le giornate di luglio c'è un entusiasmo sincero e un significato politico ambiguo. Per Delacroix, e in genere per i romantici, libertà è indipendenza nazionale.

Nella vasta tela del 1830 la donna che sventola il tricolore sulle barricate è, allo stesso tempo, la Libertà e la Francia. E chi combatte per la libertà? Popolani e intellettuali borghesi: nel nome della Libertà-Patria si suggella l'*union sacrée* dei popolani scamiciati e dei borghesi in cilindro. Non è un quadro storico: non rappresenta un fatto o una situazione. Non è un quadro allegorico: di allegorico non c'è che la figura della Libertà-Patria. È un quadro realistico, che culmina con una tirata retorica. Persino la figura allegorica è un misto di realismo e retorica: una figura "ideale" che, per l'occasione, s'è vestita con gli stracci della popolana e, invece della simbolica spada, impugna un fucile d'ordinanza.

Nelle note realistiche si scende alla caratterizzazione sociale delle figure per dimostrare che ragazzi, giovani, adulti, operai, contadini, intellettuali, soldati legittimisti e soldati ribelli, tutti sono popolo e tutti affratella il tricolore. È proprio con il romanticismo di Delacroix che l'arte comincia a proporsi di essere, a tutti i costi, del proprio tempo.

(Giulio Carlo Argan, *L'arte moderna 1770/1970*)

**1 Quale, tra i seguenti, può essere un sinonimo di "tirata" nella frase «che culmina con una tirata retorica» (terzo capoverso)?**

- A Pennellata
- B Discorso
- C Strattone
- D Tensione
- E Rimprovero

**2 In «tutti sono popolo e tutti affratella il tricolore» (quarto capoverso), "tutti" è, rispettivamente, nel primo e nel secondo caso:**

- A pronome con funzione di soggetto e aggettivo con funzione di complemento oggetto
- B aggettivo con funzione di soggetto e aggettivo con funzione di complemento oggetto
- C sostantivo con funzione di soggetto e pronome con funzione di complemento oggetto
- D pronome in entrambi i casi, soggetto nel primo e complemento oggetto nel secondo
- E aggettivo in entrambi i casi, soggetto nel primo e complemento oggetto nel secondo

3 **Quale delle seguenti affermazioni NON può essere dedotta dal brano?**

- A Delacroix inizia a far sì che l'arte appartenga al proprio tempo
- B *La libertà guida il popolo* è stato dipinto nel secondo semestre del 1830
- C Clero, monarchia e borghesia sono legati da una *union sacrée*
- D Delacroix reinterpreta in chiave realistica la figura allegorica della libertà, raffigurandola con un fucile
- E *La libertà guida il popolo* non ha un significato politico univoco

4 **Stando al testo, il dipinto di Delacroix è considerato il primo quadro politico nella storia della pittura moderna perché:**

- A esalta il sostegno popolare all'instaurazione della monarchia borbonica
- B nessuno prima di Delacroix aveva osato celebrare la caduta di una dinastia reale
- C pur non rappresentando fedelmente un evento, ha una tirata retorica
- D nessuno prima di Delacroix aveva messo sullo stesso piano popolani e borghesi
- E vi si trova un riferimento a un preciso evento politico

5 **Come è definito il quadro di Delacroix?**

- A Globalmente retorico
- B Realistico
- C Allegorico
- D Storico
- E Sociale

**Comprensione del testo e conoscenza della lingua italiana - Testo 2**

**In base alle informazioni contenute nel brano seguente, rispondere alle successive domande.**

Con il grande sviluppo che hanno avuto le neuroscienze, anche gli studi sulle funzioni del cervello infantile e sui processi che portano alla comparsa e alla maturazione di diversi comportamenti sono andati incontro a una notevole crescita.

Un aspetto particolarmente importante della psicologia evolutiva riguarda l'emergere delle differenze comportamentali tra individuo e individuo che risentono di una complessa interazione tra fattori genetici, congeniti e ambientali. In questo senso, il cervello è un organo diverso da tutti gli altri, in quanto numerosi e recenti studi sulla plasticità cerebrale indicano come i dettagli dei microcircuiti nervosi varino in base ai fattori esperienziali. D'altro canto, gli studi sulle lesioni cerebrali indicano come particolari disturbi linguistici e motori siano connessi a specifiche regioni del cervello, ciascuna delle quali emerge come relativamente importante per certi compiti e non altri. E tuttavia non vale il ragionamento del "tutto o nulla", ma bisogna invece parlare di "gradienti definiti di importanza"; alcuni compiti intellettivi, infatti, possono essere eseguiti anche in seguito a danni cerebrali considerevoli che hanno inattivato alcune, ma non tutte, le regioni cerebrali implicate nella soluzione di quei compiti. È perciò ben complesso risalire alle origini delle differenze individuali soprattutto per quanto riguarda le abilità cognitive; differenze che possono essere di tipo quantitativo – maggiore o minore intelligenza – o di tipo qualitativo: un aspetto estremamente importante della psicologia contemporanea teso a gettare luce sulle varie tessere di quel grande mosaico che costituisce l'intelligenza o, meglio, le intelligenze umane.

Secondo lo psicologo Howard Gardner, per intelligenza non bisogna intendere soltanto la competenza logico-matematica o quella spaziale o l'intelligenza linguistica, ma anche l'intelligenza corporeo-cinestesica, il talento musicale e le capacità intrapersonale (conoscenza di sé) e interpersonale (conoscenza degli altri). Ogni competenza sarebbe "semiautonoma", avrebbe la sua sfera di influenza, la sua rappresentazione neurologica e il suo modello caratteristico di perdita di funzione. Il fatto che nell'ambito della stessa cultura esistano persone con tipi di intelligenza spiccatamente diversi starebbe a dimostrare l'esistenza di differenze individuali iniziali; mentre le differenze tra i popoli – e in particolare tra le società preletterarie e prescientifiche e il mondo occidentale – dimostrerebbe il ruolo che ha l'ambiente nello sviluppare, fin dall'infanzia, alcune potenzialità in misura superiore ad altre.



 

**6** **In "con il grande sviluppo che hanno avuto le neuroscienze, anche gli studi sulle funzioni del cervello infantile e sui processi che portano alla comparsa e alla maturazione di diversi comportamenti sono andati incontro a una notevole crescita" (prime righe del brano) ci sono:**

- A una sola frase semplice
- B 2 frasi semplici
- C 3 frasi semplici
- D 4 frasi semplici
- E 5 frasi semplici

**7** **Secondo quanto esposto nel brano, il concetto di "gradienti definiti di importanza" implica che:**

- A gli elementi genetico, congenito e ambientale siano considerati come ben distinti nel quadro della psicologia evolutiva
- B la teoria della plasticità cerebrale non sia più sostenibile
- C anche se sono state inattivate per lesioni talune ma non tutte le zone cerebrali implicate nella soluzione di alcuni compiti intellettivi, tali compiti possano essere comunque eseguiti
- D si riconoscano diversi tipi di intelligenza
- E alcune zone cerebrali adibite a funzioni più complesse siano più importanti di zone adibite a compiti meno complessi dal punto di vista intellettivo

**8** **Dalla lettura del brano è possibile dedurre che:**

- A è possibile collegare le singole aree del cervello a singole funzioni in base ai danni conseguenti a lesioni in tali aree
- B l'esperienza non influisce sullo sviluppo dell'intelligenza
- C lo sviluppo delle neuroscienze ha consentito di chiarire fino in fondo le origini delle differenti abilità cognitive tra individui
- D l'intelligenza dipende soprattutto dal patrimonio genetico
- E l'intelligenza va intesa in senso univoco e unitario

**9** **Se valesse il ragionamento del "tutto o nulla" citato dall'autore:**

- A un danno in un'area cerebrale deputata a una certa funzione porterebbe alla perdita definitiva di tale funzione
- B tutti gli organi funzionerebbero allo stesso modo
- C non esisterebbero differenze quali-quantitative nell'intelligenza delle persone
- D tutti gli uomini presenterebbero un danno a livello cerebrale
- E un danno cerebrale porterebbe alla perdita di tutte le funzioni cognitive

**10** **Nel brano si parla, tra l'altro, di "intelligenza corporeo-cinestesica": con *cinestetico* si intende:**

- A la sensibilità muscolare degli arti inferiori
- B la sensibilità muscolare degli arti superiori
- C una sensazione provocata da un movimento come la contrazione volontaria dei muscoli
- D la capacità motoria in generale
- E sensoriale

**Comprensione del testo e conoscenza della lingua italiana - Testo 3**

**In base alle informazioni contenute nel brano seguente, rispondere alle successive domande.**

I principali giochi nazionali greci furono le Olimpiadi, istituite nel 776 a.C. e celebrate da allora in poi regolarmente ogni quattro anni. I giorni in cui si svolgevano le gare erano di festa per tutti i Greci; gli storici ci informano che, se era in corso una guerra, in quei giorni si sospendevano i combattimenti.

Questi giochi, fatti in onore di Zeus, signore dell'Olimpo, si svolgevano nel Peloponneso, sulle rive del fiume Alfeo. Le feste avevano luogo nell'estate, tra luglio e agosto, e una gran moltitudine di persone accorreva allora a Olimpia da ogni parte della Grecia. Le condizioni del pubblico erano tutt'altro che confortevoli. A Olimpia c'era un solo albergo, destinato alle personalità, e la gente comune doveva dormire all'aperto, per terra, o sotto i porticati. I più ricchi si alzavano una tenda. Il caldo spesso era soffocante, l'acqua tanto scarsa.

Mosche, zanzare e altri insetti tormentavano gli spettatori, e si facevano appositi sacrifici a Zeus, perché li liberasse da questo supplizio. Nonostante ciò, la passione per i giochi era così grande che ogni volta accorrevano dalle quaranta alle cinquantamila persone.

Le feste duravano sette giorni, di cui il primo e l'ultimo dedicati a cerimonie religiose, e i cinque intermedi alle gare, che erano, nell'ordine, di corsa, corsa doppia, corsa lunga, pentathlon, lotta, pugilato, pancrazio, corsa di fanciulli, lotta di fanciulli, pugilato di fanciulli, corsa armata, corsa con le quadrighe, corsa a cavallo. I nomi dei vincitori venivano incisi in lapidi di marmo o di bronzo collocate nel ginnasio. L'unico premio immediato consisteva in una corona d'olivo selvatico.

(Barbieri G. *I Greci nell'età di Pericle*. Torino, Loescher, 1966).

**11 Quale, fra i seguenti gruppi di parole presenti nel brano, costituisce una locuzione avverbiale?**

A gran moltitudine

B da allora in poi

C tanto scarsa

D avevano luogo

E regolarmente

**12 Nella frase «di cui il primo e l'ultimo dedicati a cerimonie religiose», "primo" e "ultimo" sono:**

A rispettivamente pronome e aggettivo

B rispettivamente aggettivo e pronome

C entrambi aggettivi

D entrambi pronomi

E entrambi avverbi

**13 Durante le Olimpiadi:**

A la gente non partecipava

B le condizioni del pubblico erano molto scomode

C la gente comune dormiva in locande

D solo i signori dormivano in locande

E le gare si susseguivano incessantemente per sette giorni

**14** **Quale dei seguenti tipi di corsa non veniva disputata?**

A Corsa armata
B Corsa a ostacoli
C Corsa di fanciulli
D Corsa con le quadrighe
E Corsa con le bighe

**15** **I vincitori delle gare:**

A erano premiati con una medaglia d'oro e una corona d'alloro
B erano premiati con una corona d'alloro e una lapide
C erano premiati con un lapide di bronzo
D venivano ritratti nel ginnasio
E ricevevano una corona d'olivo selvatico

## Matematica di base

**16** **Quanto vale il rapporto $\frac{9}{3000}$?**

A $3 \cdot 10^3$ B $3 \cdot 10^{-7}$ C $0{,}3 \cdot 10^2$ D $0{,}3 \cdot 10^{-2}$ E $0{,}3 \cdot 10^{-10}$

**17** **Dati due numeri *a, b* entrambi maggiori di 0 e minori di 1, quale delle seguenti affermazioni è comunque vera?**

A $a+b<1$ B $a \cdot b<1$ C $a \cdot b>1$ D $a/b<1$ E $a+b>1$

**18** **Se $x = y - z$, allora:**

A $x^2 = y^2 + z^2$
B $x^2 = y^2 + z^2 + 2yz$
C $x^2 = y^2 + z^2 - 2yz$
D $x^2 = y^2 - z^2$
E nessuna delle precedenti alternative è corretta

**19** **Determinare quale dei seguenti numeri coincide con $\frac{1}{\sqrt{2}} + \frac{1}{\sqrt{2}} + \frac{1}{\sqrt{2}} + \frac{1}{\sqrt{2}}$.**

A $2$
B $\frac{1}{2}$
C $\sqrt{8}$
D $\frac{4}{4\sqrt{2}}$
E $\frac{1}{4\sqrt{2}}$

OTTAVA PROVA

**20** **Data l'equazione $2x^2 + bx + c = 0$, qual è la coppia di valori di $b$ e $c$ che produce le soluzioni 11 e 3?**

A $b = -28$, $c = -33$

B $b = 14$, $c = -66$

C $b = -28$, $c = 66$

D $b = -7$, $c = \frac{33}{2}$

E $b = 14$, $c = -33$

**21** **Il logaritmo decimale di un numero può essere nullo?**

A Mai

B Sì, se il numero è negativo

C Sì, se il numero è uguale a 1

D Sì, se il numero è uguale a 0

E Sì, se il numero è uguale a 10

**22** **L'equazione $ax + 3y = 0$, con $a$ numero reale:**

A rappresenta una retta parallela all'asse delle $y$ se $a \neq 0$

B rappresenta una retta passante per l'origine solo se $a \neq 0$

C rappresenta una retta che forma con l'asse delle ascisse un angolo ottuso per ogni valore di $a$

D rappresenta una retta che ha come coefficiente angolare $a$

E rappresenta una retta passante per l'origine per ogni valore di $a$

**23** **La funzione $f(x) = \frac{x-1}{x+1}$ è definita:**

A per ogni $x$ reale

B per ogni $x$ diverso da $-1$

C per ogni $x$ diverso da $-1$ e da $1$

D per $x > 0$

E per $x < 0$



**24** **Dette rispettivamente $A$ e $B$ le aree del cerchio inscritto e del cerchio circoscritto a un quadrato di lato 26 cm, il rapporto $\frac{B}{A}$ vale:**

A 2

B 0,5

C $\sqrt{2}$

D $13\sqrt{2}$

E $26\sqrt{2}$

**25** **Un triangolo rettangolo è anche isoscele. La sua ipotenusa è lunga 1 m. Quanto vale l'area del triangolo?**

A $2\ m^2$

B $1\ m^2$

C $\frac{1}{2}\ m^2$

D $\frac{1}{4}\ m^2$

E $\frac{1}{8}\ m^2$

## Biologia

**26** **Sono aploidi:**

A gli organismi che possiedono un singolo corredo di cromosomi in ciascun nucleo cellulare

B gli organismi che possiedono un doppio corredo di cromosomi in ciascun nucleo cellulare

C gli organismi privi di arti

D i prodotti della fusione di due gameti

E gli organismi che non possiedono i cromosomi sessuali

**27** **Nelle cellule procariotiche manca:**

A la membrana cellulare

B il citoplasma

C gli acidi nucleici

D i ribosomi

E la membrana nucleare

**28** **Quale tra le seguenti proteine si lega con l'ATP durante il processo di contrazione muscolare?**

A Troponina

B Mioglobina

C Actina

D Miosina

E Emoglobina

**29** **In biologia, che cos'è un bioma?**

A Un'unità ambientale e bioclimatica caratterizzata da specifiche popolazioni vegetali

B Una struttura biologica composta di proteine, vitamine e carboidrati

C Un insieme di animali appartenenti alla stessa specie

D Un'unità ambientale e bioclimatica caratterizzata da specifiche popolazioni geologiche

E L'ambiente fisico in cui vive una data specie

30 **L'ipofisi è:**

A una cartilagine della laringe

B una membrana dell'orecchio

C un ossicino del ginocchio

D una ghiandola a secrezione interna

E una valvola cardiaca

31 **Qual è il nome della cellula nervosa?**

A Sarcomero

B Dendrite

C Piastrina

D Neurone

E Neurite

32 **Se una cellula uovo normale è fecondata da uno spermatozoo che porta il cromosoma X qual è la probabilità che l'individuo generato sia di sesso maschile o femminile?**

A 100% femminile

B 50% femminile e 50% maschile

C 75% femminile e 25% maschile

D 50% intersesso e 50% femminile

E 75% maschile e 25% femminile

33 **La dopamina è un:**

A ormone steroideo

B enzima del succo enterico

C neurotrasmettitore

D pigmento della cute

E pigmento biliare

34 **Il DNA è presente:**

A in tutti gli esseri viventi

B solo negli animali

C solo nelle piante

D in tutti gli organismi viventi, a esclusione dei virus

E solo nell'organismo umano

35 **Nelle vie respiratorie si hanno in successione:**

A faringe-laringe-trachea-bronchi

B faringe-trachea-laringe-bronchi

C laringe-faringe-trachea-bronchi

D faringe-esofago-laringe-trachea

E faringe-laringe-bronchi-trachea

## Ragionamento verbale

**36** **Si considerino vere le due affermazioni:**

- **nessuna cosa laba è mada;**
- **qualche cosa mada non è zota.**

**Si scelga fra le seguenti l'affermazione che segue necessariamente dalle premesse:**

A ogni cosa laba è zota
B nessuna cosa laba è zota
C qualche cosa laba è zota
D qualche cosa laba non è zota
E nulla segue

**37** **Si considerino vere le due affermazioni:**

- **qualche cosa furva è miga;**
- **ogni cosa furva è dissa.**

**Si scelga fra le seguenti l'affermazione che segue necessariamente dalle premesse:**

A ogni cosa miga è dissa
B qualche cosa miga non è dissa
C nessuna cosa miga è dissa
D nulla segue
E qualche cosa dissa è miga

**38** **"L'ispettore Poirot afferma: 'Se il ladro non ha usato i guanti, allora o l'ispettore trova le impronte sul tavolo o è un incapace; inoltre tutti, anche i ladri che usano i guanti, lasciano qualche impronta con le scarpe'. L'ispettore trova solo impronte di scarpe per terra". Se l'affermazione di Poirot è vera, una sola delle seguenti conclusioni è assolutamente certa. Quale?**

A Non è detto che le impronte di scarpe siano del ladro
B Il ladro usava i guanti
C L'ispettore è un incapace
D Non è vero che l'ispettore sia un incapace
E Il ladro non usava i guanti

**39** **Anna, Berto e Claudio sono tre colleghi in una scuola; insegnano materie diverse ma nelle stesse cinque classi 1ª, 2ª, 3ª, 4ª e 5ª. Il mercoledì alla prima ora ciascuno fa lezione da solo in una e una sola classe. Si considerino le seguenti affermazioni circa le classi in cui insegnano i tre colleghi:**

1. **se Anna si trova in 4ª, allora Berto ha lezione in 2ª oppure Claudio insegna in 3ª;**
2. **se Anna si trova in 4ª, allora Berto ha lezione in 1ª o Claudio insegna in 3ª;**
3. **se Anna NON si trova in 4ª, allora Berto ha lezione in 2ª o Claudio insegna in 3ª;**
4. **se Anna NON si trova in 4ª, allora Berto ha lezione in 1ª o Claudio insegna in 3ª.**

**Quale conclusione segue necessariamente dalle premesse?**

A Berto ha lezione in 2ª
B Anna non si trova in 4ª
C Anna si trova in 4ª
D Claudio insegna in 3ª
E Berto ha lezione in 1ª

OTTAVA PROVA

**40** **"Il trattato che rende impossibile agli Stati firmatari importare merci dall'estero, da oggi non è più valido".**

**La precedente affermazione implica che:**

- A è possibile che venga proibito ad alcuni Stati firmatari di importare merci dall'estero
- B tutti gli Stati firmatari possono importare merci dall'estero
- C alcuni Stati firmatari possono importare merci dall'estero
- D ogni Stato firmatario deve importare merci dall'estero
- E qualche stato continuerà a non importare

**41** **"Enrico è permaloso: se qualcuno lo prende in giro, si offende. Ma se nessuno prende in giro Enrico, Pietro si annoia. Ieri Enrico non si è offeso". Quale delle seguenti conclusioni NON può essere ricavata con certezza?**

- A Enrico è permaloso e Pietro si è annoiato
- B O Pietro è permaloso oppure non è permaloso
- C Enrico si è annoiato
- D Se Pietro prendesse in giro Enrico, Enrico si offenderebbe
- E Enrico è spesso offeso

**42** **Alberto sa di avere trecento libri nella sua libreria, e sa che almeno trenta libri non sono né di Mondadori né di Garzanti. Quale delle seguenti possibilità, riguardo alla sua libreria, Alberto è in grado di escludere?**

- A 100 libri di Mondadori, 100 libri di Garzanti, 100 libri di Rizzoli
- B 139 libri di Mondadori, 138 libri di Garzanti, 23 libri di Feltrinelli
- C 300 libri di Feltrinelli
- D 270 libri tra Mondadori e Garzanti, 30 libri tra Rizzoli e Feltrinelli
- E 20 libri di Feltrinelli e 10 di Rizzoli

**43** **Si consideri la seguente proposizione: "Se oggi c'è il sole, allora domani piove"; quale delle seguenti proposizioni è a essa equivalente?**

- A Se domani non piove, allora oggi non c'è il sole
- B Se domani piove, allora oggi c'è il sole
- C Se oggi non c'è il sole, allora domani non piove
- D Se oggi piove, allora domani non piove
- E Se oggi c'è il sole, allora domani non piove

**44** **Anna dice a Luigi: "Se domenica fa bello, vado al mare. Se la nonna sta bene, porto anche lei". È domenica pomeriggio; Luigi vede Anna a passeggio sotto i portici di Piazza San Carlo. Allora sicuramente:**

- A fa bello, ma la nonna di Anna non sta bene
- B non fa bello e la nonna non sta bene
- C fa bello, ma la nonna non ha voluto andare
- D la nonna non sta bene
- E non fa bello

OTTAVA PROVA

**45** **Durante una cena tra amici per festeggiare la fine del campionato, Fausto dice: «Tutti noi amiamo il gioco del calcio, tranne Paola che ama stare sul divano a leggere». Enrica osserva che Fausto ha torto.**

**Ne consegue necessariamente che:**

A o nessuno dei presenti ama il calcio o Fausto odia il calcio o Paola non sa leggere

B o almeno un amico oltre a Paola non ama il calcio, o Paola ama il calcio o Paola non ama leggere sul divano

C Paola ama il calcio e Fausto lo odia

D Paola non possiede un divano

E o almeno due amici presenti amano stare a leggere sul divano o Paola ama il calcio o Fausto non sa leggere

## Ragionamento numerico

**46** **Fausto non può accendere la luce e deve pescare a caso nel suo cassetto per prendere le calze. Il cassetto contiene 5 calze pulite e 5 sporche.**

**Quante calze dovrà prendere per essere sicuro di averne prese due pulite?**

A 4 B 7 C 10 D 3 E 5

**47** **Se due navi che percorrono la stessa rotta in senso inverso si stanno avvicinando alla velocità di 30 nodi e si incontreranno fra tre ore, fra quante ore si incontreranno due flotte, una composta da cinque navi e l'altra da sei, che si avvicinano alla stessa velocità e che distano il doppio della distanza delle due navi?**

A Due ore

B Tre ore

C Quattro ore

D Sei ore

E Nove ore

**48** **Due uccelli stanno facendo ritorno allo stesso nido. Il primo uccello dista 300 metri e percorre 0,6 km in un minuto, il secondo uccello dista 1,2 km e vola a una velocità di 300 metri al minuto.**

**Quanto tempo passa tra l'arrivo al nido del primo uccello e l'arrivo del secondo?**

A 4 minuti

B 3 minuti e mezzo

C 5 minuti

D 3 minuti

E Il secondo uccello arriva prima del primo uccello

**49** **Sapendo che un triangolo ha un'area di 60 $m^2$ e che l'altezza è i 5/6 della base, quanto misura la base del triangolo?**

A 10 m B 15 m C 12 m D 20 m E 6 m

OTTAVA PROVA

**50 Tra i seguenti valori, individuare il minore e il maggiore:**

**a = 17/25; b = 0,85; c = 3/4; d = 7/17**

- A a; d
- B b; d
- C d; b
- D c; b
- E d; c

**51 Un windsurf si muove verso est a velocità doppia di una barca a vela che si muove verso ovest. Sapendo che barca e windsurf partono dallo stesso molo e nello stesso istante e che la differenza delle loro velocità è pari a 10 nodi (ossia 10 miglia all'ora), dopo quanto tempo si troveranno a una distanza l'uno dall'altra pari a 150 miglia?**

- A 5 ore
- B 3 ore
- C 7 ore
- D 4 0re
- E Non ci sono dati sufficienti per determinarlo

**52 L'auto del signor Rossi, viaggiando ai tre quinti della sua velocità massima, raggiunge la velocità di 90 km/h.**
**Qual è la velocità massima dell'auto?**

- A 1 km/h
- B 54 km/h
- C 120 km/h
- D 135 km/h
- E 150 km/h

**53 Per costruire un armadio Antonio impiega dodici giorni, Luca ne impiega quattro e Gianni sei. Quanto tempo impiegano i tre insieme a costruire l'armadio?**

- A Un giorno
- B 3 giorni
- C 36 ore
- D 4 giorni
- E 2 giorni

**54 Individuare il numero mancante identificato dal punto interrogativo.**

| | | | | | |
|---|---|---|---|---|---|
| … | × | … | : | … | ? |
| × | | × | | × | |
| 4 | + | 3 | + | 5 | 12 |
| : | | : | | : | |
| 1 | + | 2 | + | 1 | 4 |
| 28 | | 9 | | 10 | |

- A 7
- B 2
- C 22
- D 21
- E 24

**In base alle tabelle e ai grafici riportati, rispondere alle successive domande.**

**Tabella 1: risultati di un sondaggio svolto in 4 Paesi europei**

| Stati | Favorevoli | Contrari | Indecisi |
|---|---|---|---|
| Italia | 30% | 50% | 20% |
| Francia | 20% | 40% | 40% |
| Paesi Bassi | 50% | 25% | 25% |
| Spagna | 40% | 50% | 10% |

**Grafico 1: ripartizione del campione utilizzato (200.000 unità)**

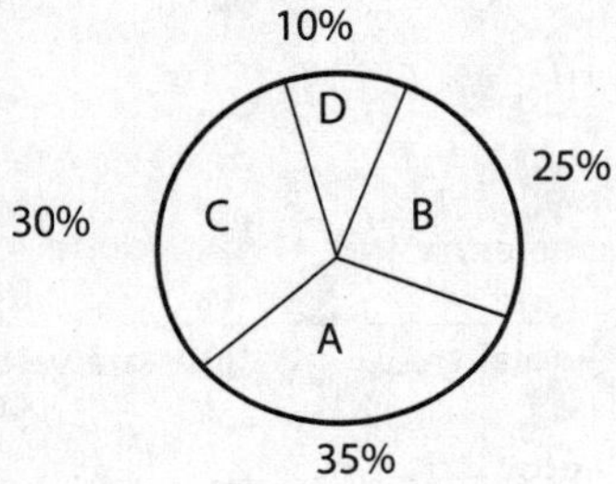


A = Francia
B = Paesi Bassi
C = Italia
D = Spagna

**55** **Quanti sono in Italia gli indecisi?**
A 14.000 B 18.000 C 15.000 D 12.000 E 24.000

**56** **Quanti sono complessivamente gli intervistati favorevoli nei 4 Paesi?**
A 62.000 B 72.000 C 70.000 D 58.000 E 65.000

**57** **Qual è la percentuale di indecisi del campione utilizzato nel sondaggio?**
A 28,75% B 27,25% C 23,75% D 25% E 20%

**Nei seguenti esercizi completare la serie con il numero o i numeri mancanti.**

**58** **320, 80, 20, ?**
A 12 B 4 C 5 D 10 E 60

**59** **44; 67; 98; ?; ?; 130; 108; 131**
A 72; 97 B 79; 101 C 76; 99 D 99; 76 E 77; 88

**60** **4, 8, 11, 10, 20, 23, 22, ?**
A 23 B 44 C 32 D 40 E 10

OTTAVA PROVA

# Soluzioni della ottava prova

Alpha Test

**Risposte esatte della ottava prova**

VERIFICARE LE RISPOSTE RELATIVE ALLE DOMANDE DELLA OTTAVA PROVA

| | A | B | C | D | E | | A | B | C | D | E | | A | B | C | D | E |
|---|---|---|---|---|---|---|---|---|---|---|---|---|---|---|---|---|---|
| 1 | □ | ■ | □ | □ | □ | 21 | □ | □ | ■ | □ | □ | 41 | □ | □ | ■ | □ | □ |
| 2 | □ | □ | □ | ■ | □ | 22 | □ | □ | □ | □ | ■ | 42 | □ | ■ | □ | □ | □ |
| 3 | □ | □ | ■ | □ | □ | 23 | □ | ■ | □ | □ | □ | 43 | ■ | □ | □ | □ | □ |
| 4 | □ | □ | □ | □ | ■ | 24 | ■ | □ | □ | □ | □ | 44 | □ | □ | □ | □ | ■ |
| 5 | □ | ■ | □ | □ | □ | 25 | □ | □ | □ | ■ | □ | 45 | □ | ■ | □ | □ | □ |
| 6 | □ | □ | ■ | □ | □ | 26 | ■ | □ | □ | □ | □ | 46 | □ | ■ | □ | □ | □ |
| 7 | □ | □ | ■ | □ | □ | 27 | □ | □ | □ | □ | ■ | 47 | □ | □ | □ | ■ | □ |
| 8 | ■ | □ | □ | □ | □ | 28 | □ | □ | □ | ■ | □ | 48 | □ | ■ | □ | □ | □ |
| 9 | ■ | □ | □ | □ | □ | 29 | ■ | □ | □ | □ | □ | 49 | □ | □ | ■ | □ | □ |
| 10 | □ | □ | ■ | □ | □ | 30 | □ | □ | □ | ■ | □ | 50 | □ | □ | ■ | □ | □ |
| 11 | □ | ■ | □ | □ | □ | 31 | □ | □ | □ | ■ | □ | 51 | ■ | □ | □ | □ | □ |
| 12 | □ | □ | □ | ■ | □ | 32 | ■ | □ | □ | □ | □ | 52 | □ | □ | □ | □ | ■ |
| 13 | □ | ■ | □ | □ | □ | 33 | □ | □ | ■ | □ | □ | 53 | □ | □ | □ | □ | ■ |
| 14 | □ | ■ | □ | □ | □ | 34 | ■ | □ | □ | □ | □ | 54 | □ | □ | □ | ■ | □ |
| 15 | □ | □ | □ | □ | ■ | 35 | ■ | □ | □ | □ | □ | 55 | □ | □ | □ | ■ | □ |
| 16 | □ | □ | □ | ■ | □ | 36 | □ | □ | □ | □ | ■ | 56 | □ | □ | □ | □ | ■ |
| 17 | □ | ■ | □ | □ | □ | 37 | □ | □ | □ | □ | ■ | 57 | □ | ■ | □ | □ | □ |
| 18 | □ | □ | ■ | □ | □ | 38 | ■ | □ | □ | □ | □ | 58 | □ | □ | ■ | □ | □ |
| 19 | □ | □ | ■ | □ | □ | 39 | □ | □ | □ | ■ | □ | 59 | □ | □ | ■ | □ | □ |
| 20 | □ | □ | ■ | □ | □ | 40 | □ | ■ | □ | □ | □ | 60 | □ | ■ | □ | □ | □ |



 

Prove di verifica

# NONA PROVA

Alpha Test

## Scheda per le risposte della nona prova

CONTRASSEGNARE LE RISPOSTE RELATIVE ALLE DOMANDE DELLA NONA PROVA

| | A | B | C | D | E | | A | B | C | D | E | | A | B | C | D | E |
|---|---|---|---|---|---|---|---|---|---|---|---|---|---|---|---|---|---|
| 1 | | | | | | 21 | | | | | | 41 | | | | | |
| 2 | | | | | | 22 | | | | | | 42 | | | | | |
| 3 | | | | | | 23 | | | | | | 43 | | | | | |
| 4 | | | | | | 24 | | | | | | 44 | | | | | |
| 5 | | | | | | 25 | | | | | | 45 | | | | | |
| 6 | | | | | | 26 | | | | | | 46 | | | | | |
| 7 | | | | | | 27 | | | | | | 47 | | | | | |
| 8 | | | | | | 28 | | | | | | 48 | | | | | |
| 9 | | | | | | 29 | | | | | | 49 | | | | | |
| 10 | | | | | | 30 | | | | | | 50 | | | | | |
| 11 | | | | | | 31 | | | | | | 51 | | | | | |
| 12 | | | | | | 32 | | | | | | 52 | | | | | |
| 13 | | | | | | 33 | | | | | | 53 | | | | | |
| 14 | | | | | | 34 | | | | | | 54 | | | | | |
| 15 | | | | | | 35 | | | | | | 55 | | | | | |
| 16 | | | | | | 36 | | | | | | 56 | | | | | |
| 17 | | | | | | 37 | | | | | | 57 | | | | | |
| 18 | | | | | | 38 | | | | | | 58 | | | | | |
| 19 | | | | | | 39 | | | | | | 59 | | | | | |
| 20 | | | | | | 40 | | | | | | 60 | | | | | |

# NONA PROVA

Tempo a disposizione: 110 minuti

## Comprensione del testo e conoscenza della lingua italiana - Testo 1

**In base alle informazioni contenute nel brano seguente, rispondere alle successive domande.**

I primi psicologi sperimentali del diciannovesimo secolo non si interessavano, generalmente, della misurazione delle differenze individuali. Il fine ultimo degli psicologi in questo periodo consisteva nella formulazione di descrizioni generali del comportamento umano. Erano le uniformità nel comportamento umano piuttosto che le differenze a richiamare la loro attenzione.

Le differenze individuali venivano ignorate oppure accettate come un male necessario, che limitava però la possibilità di applicazione pratica delle leggi generali. Il fatto che una persona reagisse in modo diverso da un'altra in condizioni identiche veniva quindi considerato come una specie di errore. La presenza di questo errore – e cioè della variabilità individuale – faceva sì che le generalizzazioni fossero approssimate piuttosto che esatte. Era questo l'atteggiamento prevalente nei confronti delle differenze individuali nei laboratori come quello fondato da Wundt a Lipsia nel 1879, nel quale si formarono i primi psicologi sperimentali.

Nella scelta degli argomenti, come in molte altre fasi del lavoro, i fondatori della psicologia sperimentale rivelavano l'influenza che su di essi esercitava la loro preparazione in fisiologia e nelle scienze fisiche. I problemi studiati nei loro laboratori erano soprattutto connessi con la sensibilità agli stimoli visivi, uditivi e altri stimoli sensoriali e con il tempo di reazione semplice. Un tale rilievo dato ai fenomeni sensoriali si riflesse a sua volta sulla natura dei primi test psicologici.

**1 In «Le differenze individuali venivano ignorate oppure accettate come un male necessario» (secondo capoverso), l'aggettivo "necessario" potrebbe più opportunamente essere sostituito da:**

- A utile
- B indispensabile
- C ineludibile
- D essenziale
- E provvidenziale

**2 In «Nella scelta degli argomenti, come in molte altre fasi del lavoro, i fondatori della psicologia sperimentale rivelavano l'influenza che su di essi esercitava la loro preparazione in fisiologia e nelle scienze fisiche» (terzo capoverso) è possibile riconoscere:**

- A un'unica proposizione
- B 2 proposizioni
- C 3 proposizioni
- D una sola frase nominale
- E nessuna delle altre risposte è corretta

3 **Secondo quanto affermato nel brano, la psicologia sperimentale è nata:**

- (A) nei primi del Novecento
- (B) in Germania
- (C) in Austria
- (D) nel diciottesimo secolo
- (E) In Boemia

4 **Con quale finalità l'autore menziona il gruppo guidato da Wundt?**

- (A) Per evidenziare gli importanti risultati che il gruppo di ricercatori ha conseguito
- (B) Per dimostrare come la psicologia sia in realtà una scienza esatta
- (C) Per evidenziare come i primi psicologi sperimentali si concentrassero sull'analisi dei fenomeni sensoriali
- (D) Per citare il padre della psicologia sperimentale
- (E) Per fornire un esempio del metodo di lavoro dei primi psicologi sperimentali

5 **Dal brano si può dedurre che l'autore verosimilmente è:**

- (A) un esperto di storia della psicologia
- (B) un giornalista
- (C) uno psicologo tedesco
- (D) uno storico
- (E) uno psichiatra avverso alla psicologia

## Comprensione del testo e conoscenza della lingua italiana - Testo 2

**In base alle informazioni contenute nel brano seguente, rispondere alle successive domande.**

Sull'origine della vita dal mondo inorganico si è discusso interminabilmente, e tuttora si discute. Ma gli argomenti e i dati sperimentali di cui dispone la biologia moderna sono di tale natura da far ritenere che la soluzione di questo problema appaia oggi meno vaga e lontana di quanto non lo fosse una cinquantina di anni or sono.

Anticamente si riteneva possibile che da sostanze inorganiche o da sostanze organiche in decomposizione si originassero animali anche di elevata organizzazione, come mosche, anguille, rane, topi ecc. È ben nota la strana ricetta data da Virgilio nelle *Georgiche* per procurarsi api: uccidere un giovane torello e attendere che dal suo cadavere in putrefazione nascano le api. J.B. Van Helmont, nel secolo XVII, affermava che basta lasciare alcuni stracci vecchi e sudici in una soffitta, perché da questi nascano topi. La generazione spontanea era pacificamente ammessa da filosofi e naturalisti ed era contemplata nei diversi sistemi filosofici, senza difficoltà.

Il primo a porsi il problema in termini scientifici fu il celebre medico e poeta aretino Francesco Redi, che si propose di risolvere la questione mediante l'esperimento. Prese carni di diverse specie, le lasciò andare in putrefazione, e vide che dopo un certo tempo da esse nascevano mosche di varie specie. Immaginò allora l'esperimento di porre le carni entro vasi di vetro la cui apertura fosse chiusa con carta o garza strettamente aderente, e constatò che in questi vasi non s'ingenerano mai mosche. Ripetute *"infinite volte"* le esperienze in diversi tempi e in diverse condizioni, il Redi, nella sua celebre opera: *Esperienze intorno alla generazione degli insetti* (Firenze, 1668) poté concludere che le mosche nascono dalla carne putrefatta soltanto quando altre mosche vi abbiano precedentemente deposto le uova.

I sostenitori della generazione spontanea opposero argomentazioni ed esperimenti: tutti fallaci. Il padre gesuita Athanasius Kircher, per esempio, diede la seguente ricetta per far nascere le rane: prendi la polvere della melma di quelle paludi e di quei fossi, dove le rane avevano fatto i *"nidi"*, impastala con acqua piovana, e nelle mattine di estate mettila a un tiepido calore di Sole in un vaso di terra, innaffiala con acqua piovana e vedrai formarsi certe bolle che si trasformeranno in ranuzze bianche. Il Redi dichiarò di non aver mai *"avuto l'onore"* di veder riuscire questi esperimenti, ancorché li avesse reiteratamente provati. Le osservazioni e le conclusioni negative del Redi furono poi confermate ed estese da altri naturalisti e specialmente da A. Vallisnieri.

Verso la metà del Settecento quasi tutti i naturalisti erano ormai convinti della inesistenza della generazione spontanea delle rane, dei vermi, degli insetti. Ma di recente erano stati scoperti altri organismi minutissimi, visibili soltanto al microscopio, che si sviluppano prodigiosamente nelle infusioni di sostanze organiche in acqua. Per questa ragione furono chiamati *infusori*, nome che è loro rimasto: oggi sono classificati fra gli esseri unicellulari, o *protozoi*. Si pensò che questi organismi microscopici si originassero per spontanea aggregazione delle particelle organiche che si distaccano dalle erbe, o altre sostanze messe in infusione. Questa ipotesi fu sostenuta in base a osservazioni ed esperimenti – sbagliati – dall'inglese J. T. Needham e il Bullon vi costruì sopra una teoria. Il grande biologo Lazzaro Spallanzani, poco persuaso della verità dei fatti asseriti dal Needham, istituì esperimenti accurati, li eseguì in modo ineccepibile, li ripeté mille volte in diverse condizioni, e giunse alla conclusione che se si portano a temperatura elevata le infusioni, i recipienti che le contengono e l'aria che giunge a contatto del liquido, esse non danno origine ad alcun infusorio. Questi *"animalicoli"* nascono soltanto da microscopici germi preesistenti: se questi vengono distrutti col calore, le infusioni rimangono sterili. Queste ricerche, pubblicate nel celebre *Saggio sui sistemi della generazione dei Signori di Needham e Bullon* (Modena, 1761) furono oggetto – come già un secolo prima quelle del Redi – di vivace polemica: ma le conclusioni erano giuste, e infine tutti furono costretti ad accettarle.

La disputa rinacque ancora una volta a distanza di un secolo, a proposito dei batteri e di altri microrganismi di dimensioni più piccole dei protozoi. L. Pasteur, con lo stesso metodo usato da Spallanzani, dimostrò che anche i batteri si originano da germi piccolissimi, presenti nel pulviscolo atmosferico, e che, a loro volta, provengono da altri batteri. Essi possono venire uccisi col calore o con altri mezzi, e allora il brodo di cultura rimane sterile. Il contradditore di Pasteur, F. A. Pouchet, dovette ripiegare di fronte all'eccellenza degli esperimenti e delle argomentazioni del Pasteur.

La dimostrazione dell'inesistenza della generazione spontanea nei batteri fu ricca di conseguenze di incalcolabile importanza pratica: su di essa si basano le pratiche dell'*asepsi* e dell'*antisepsi* (disinfezione) senza di cui la medicina non avrebbe potuto compiere quei progressi che oggi ammiriamo, specialmente nella chirurgia, nella medicina preventiva e nell'igiene sociale, nella lotta contro le malattie infettive.

---

**6** **In «i dati sperimentali di cui dispone la biologia moderna sono di tale natura da far ritenere che la soluzione di questo problema appaia oggi meno vaga e lontana di quanto non lo fosse una cinquantina di anni or sono» (primo capoverso), "tale" è:**

- **A** aggettivo dimostrativo con funzione correlativa
- **B** aggettivo dimostrativo con valore consecutivo
- **C** aggettivo con valore rafforzativo
- **D** pronome indefinito
- **E** aggettivo indefinito

---

**7** **In «La generazione spontanea era pacificamente ammessa da filosofi e naturalisti» (secondo capoverso), quale tra i seguenti avverbi potrebbe più opportunamente sostituire "pacificamente"?**

- **A** Placidamente
- **B** Bonariamente
- **C** Unanimemente
- **D** Semplicemente
- **E** Generalmente

8 **Dal brano si deduce che il problema dell'origine della vita:**

- A non fu affrontato in termini scientifici prima del XVII secolo
- B è stato parzialmente chiarito negli ultimi 50 anni
- C fu affrontato da persone di diversa nazionalità
- D è stato oggetto di numerosi esperimenti
- E tutte le alternative sono esatte

9 **Il titolo del brano potrebbe essere:**

- A Esperienze scientifiche dal XVII secolo a oggi
- B L'ontogenesi della vita e i progressi della medicina
- C Teorie sull'origine della vita
- D Esperienze e prove della nascita spontanea della vita
- E Un mistero lontano dall'essere risolto

10 **Nel brano si afferma che:**

- A è dimostrata la generazione spontanea dei batteri
- B Pasteur sosteneva che gli animali originano dal nulla
- C gli esperimenti condotti da Spallanzani sono di discutibile attendibilità
- D Virgilio aveva intuito alcune verità fondamentali sull'origine della vita
- E nessuna delle altre alternative è corretta

**Comprensione del testo e conoscenza della lingua italiana - Testo 3**

**In base alle informazioni contenute nel brano seguente, rispondere alle successive domande.**

Giunto all'età che concede qualche ricordo personale, ne racconto uno associato alle *Lettere dal carcere* di Antonio Gramsci. Risale all'agosto 1965. Il libro, appena uscito in una nuova edizione, mi fu regalato da Giuseppe Prezzolini, quando andai a trovarlo per la prima volta a Vietri sul Mare, a seguito di una lettera che gli avevo scritto due mesi prima, mentre ero sotto esame per la maturità.

Mi disse: «Certamente conosce Gramsci. Le sue lettere degli anni in cui era in prigione rivelano un carattere veramente eccezionale, rarissimo in Italia». Di Gramsci sapevo che era stato il fondatore del partito comunista, ed era morto dopo lunghi anni di carcere sotto il regime fascista, lasciando importanti quaderni di note. Ma non avevo letto nulla di lui. «Legga questo libro», aggiunse Prezzolini, «sono sicuro che appassionerà un giovane come lei». E mi raccontò di aver conosciuto Gramsci nel 1921, quando fu da lui invitato a parlare agli operai di Torino. Ebbero ancora un colloquio nel 1924, ma le loro esistenze ebbero destini opposti: Gramsci fu incarcerato dal fascismo e condannato a oltre venti anni; Prezzolini, antifascista ma amico di Mussolini, si astenne dal prendere parte nella guerra fra fascisti e antifascisti, e nel 1925 si esiliò a Parigi come impiegato alla Società della Nazioni.

Prezzolini aggiunse: «Gramsci mi ha giudicato severamente nelle note scritte in carcere, ma ingiustamente. Se avesse vinto il suo partito, forse avrei fatto una brutta fine. Tuttavia, il giudizio sulla persona non è mutato: era un uomo straordinario, e le lettere lo confermano». Poi, prima di salutarci, mi donò un altro libro: «Visto che studierà filosofia, può esserle utile un po' di ironia sui filosofi». Era un libretto rosso, pubblicato nel 1958 in esemplare numerato. Il titolo *Filosofi in libertà* era ricamato in oro con un disegno infantile. Dedalus, l'autore, faceva una satira in versi di alcuni filosofi, dai greci ai contemporanei, accompagnata da caricature di filosofi con didascalie ironiche. Per esempio, Nietzsche, alla stazione, chiede: «un biglietto di andata e eterno ritorno». Solo più tardi seppi che Dedalus era Umberto Eco, a ventisei anni. [Conservo ancora il libretto rosso, e rileggendolo in tempi di reclusione senza reato, imposta dalla pandemia, ho immaginato la satira di Dedalus sulla recente Eco-latria del «fascismo eterno»: «L'asserzione nebulosa/non compete alla mia prosa/e la lascio in fede mia/alla libera poesia/che incantar sa i fresconi/con le pseudo-affermazioni»].

Ma torniamo alle lettere di Gramsci, vittima del fascismo storico. Cominciai a leggerle in treno, e seguitai fino alla fine. Mi fecero una forte impressione. Da allora, ho riletto più volte questa testimonianza di di-

NONA PROVA

gnità, che è stata anche un medicamento efficace durante qualche detenzione ospedaliera, come è stata una benefica compagnia nella recente reclusione pandemica. Ignoravo però che nello stesso periodo era in stampa da Einaudi una nuova edizione delle lettere, con dodici inediti gramsciani, e un denso apparato di note. La scelta di ripubblicare il libro nella collezione "I millenni", ideata da Cesare Pavese nel 1947, è appropriata: infatti, l'epistolario è un vero «classico della letteratura», secondo la definizione del curatore Francesco Giasi, «da leggere pagina dopo pagina, come un'opera letteraria [...] capace di raccontare una storia drammatica – con l'esito più tragico – come solo i capolavori della letteratura sanno fare».

Un classico, aggiungiamo, che si apprezza maggiormente per la qualità della scrittura, considerando che il prigioniero doveva «scrivere di botto, nel poco tempo in cui mi vengono lasciati il calamaio e la penna» (19 marzo 1927).

Emilio Gentile, *Gramsci, l'umanità di un politico integrale*, Il Sole 24ore, 13 ottobre 2020

**11 Il soggetto della frase «quando fu da lui invitato a parlare agli operai di Torino» è:**

A l'autore del testo proposto
B Antonio Gramsci
C Giuseppe Prezzolini
D Benito Mussolini
E Umberto Eco

**12 Nel secondo capoverso del brano compare il termine "Eco-latria", composto dal vero nome di chi usava lo pseudonimo Dedalus e da un suffisso che significa:**

A visione
B previsione
C opposizione
D riproduzione
E adorazione

**13 L'autore dell'articolo-recensione ha letto *Le lettere dal carcere* di Gramsci:**

A dopo l'esame di maturità
B prima dell'esame di maturità
C preparando la tesi di laurea
D in vacanza a Vietri sul Mare
E poco prima di scrivere l'articolo

**14 Quale fatto relativo alla vita di Prezzolini non è deducibile dal brano?**

A Nell'estate 1965 soggiornava a Vietri sul Mare
B Era stato amico di Mussolini, pur essendo antifascista
C Aveva fondato la rivista culturale *La Voce*
D Aveva vissuto a Parigi
E Aveva lavorato per la Società delle Nazioni

**15 Dal brano, a proposito del rapporto tra Gramsci e Prezzolini, si possono ricavare tutte le seguenti affermazioni tranne una: quale?**

A Si incontrarono di persona a Torino nel 1921
B Il primo considerava uomo straordinario il secondo
C Ebbero un colloquio nel 1924
D Il secondo considerava uomo straordinario il primo
E Tutte le precedenti

NONA PROVA

## Matematica di base

**16** **Il numero 3,2(4) (dove le parentesi racchiudono il periodo) è uguale a:**

A 324/100 B 324/99 C 292/90 D 321/90 E 321/99

**17** **Sono dati gli insiemi A e B. Si sa che $A \cap B = A$. Allora si può dedurre che:**

A $B = \varnothing$
B $A \cup B = B$
C $A = \varnothing$
D $A \cap B = B$
E $A \cup B = A$

**18** **Disporre in ordine crescente i seguenti numeri:**

$$x = 10^{-2} \qquad y = -10^{2} \qquad z = 1/10^{-3} \qquad w = -10^{-4}$$

A $w, y, x, z$
B $x, y, z, w$
C $y, x, z, w$
D $y, w, x, z$
E $y, w, z, x$

**19** **Sapendo che $x + y = 2$, quanto vale $x^2 + y^2$?**

A 4
B $4 - 2xy$
C $2 + xy$
D $2x + y^2$
E Nessuno dei valori precedenti

**20** **La disequazione $\frac{1}{x} < -1$ è soddisfatta per ogni $x$ tale che:**

A $-1 < x$
B $x < -1$
C $x < 0$
D $-1 < x < 0$
E nessuna delle precedenti alternative è corretta

**21** **L'esponente da dare al numero 10 per ottenere 5:**

A si chiama "mantissa" di 5
B è uguale a 1/2
C prende il nome di "caratteristica" di 5
D è definito come "logaritmo decimale" di 5
E nessuna delle altre alternative è corretta

NONA PROVA

**22** **La distanza tra i punti di intersezione delle due rette $x = 3$ e $y = -4$ con gli assi misura:**

A −5
B −1
C 1
D 5
E 7

**23** **La funzione $y = a^{-x}$, con $a > 0$:**

A può essere sia positiva sia negativa
B è sempre negativa
C è sempre positiva
D interseca l'asse delle ascisse
E non interseca l'asse delle ordinate

**24** **Si consideri un poligono di sei lati. Allora:**

A il numero delle diagonali è 12
B il numero delle diagonali che escono dallo stesso vertice è 5
C la somma degli angoli interni è pari a 720° (o $4\pi$)
D può avere un angolo interno maggiore di un angolo giro
E ha sempre i lati e gli angoli uguali

**25** **Considera un quadrato inscritto in una circonferenza di raggio *r*. Il lato del quadrato risulta:**

A $\sqrt{2r}$
B $r\sqrt{2}$
C $\frac{\sqrt{2}}{r}$
D $\frac{\sqrt{2}}{2r}$
E $2\sqrt{r}$

## Biologia

**26** **Quali dei seguenti sono sede di sintesi RNA extranucleare?**

A Mitocondri
B Ribosomi
C Mesosomi
D Perossisomi
E Lisosomi

**27** **La membrana cellulare è costituita da:**

A lipidi e vitamine
B proteine e sali minerali
C carboidrati e lipidi
D proteine e lipidi
E cellulosa

**28** **Cosa si intende con la sigla “OGM”?**

- A Organizzazione mondiale per la genetica
- B Organismi generati manualmente
- C Organismi generati per meiosi
- D Organismi geneticamente modificati
- E Organismi che generano mutazioni

**29** **Il cervelletto:**

- A controlla la ghiandola ipofisi
- B controlla la temperatura corporea
- C programma la comprensione degli stimoli uditivi
- D funziona da orologio biologico
- E ha un ruolo nell’apprendimento delle risposte motorie

**30** **L’aorta origina:**

- A dal ventricolo sinistro del cuore
- B dall’atrio sinistro del cuore
- C dal ventricolo destro del cuore
- D dall’atrio destro del cuore
- E dai polmoni

**31** **Le muffe sono:**

- A funghi
- B batteri
- C briofite
- D licheni
- E protozoi

**32** **I neuroni comunicano fra loro:**

- A modificando il proprio DNA
- B trasmettendo potenziali d’azione lungo gli assoni
- C attraverso onde di pressione
- D tramite onde elettromagnetiche
- E scambiandosi i mitocondri

**33** **Nella specie umana, il padre trasmette il cromosoma Y:**

- A a tutti i figli indistintamente
- B solo ai figli di sesso maschile
- C solo alle figlie
- D dipende dal caso
- E a nessuno dei figli

**34** **Il colon fa parte di:**

- A intestino tenue
- B intestino crasso
- C duodeno
- D stomaco
- E ileo

**35** **Una cellula eucariote contenente 12 cromosomi entra in meiosi. Al termine della meiosi si avranno:**

- A 2 cellule con 6 cromosomi ciascuna
- B 2 cellule con 12 cromosomi ciascuna
- C 4 cellule con 3 cromosomi ciascuna
- D 4 cellule con 6 cromosomi ciascuna
- E 4 cellule con 12 cromosomi ciascuna

## Ragionamento verbale

**36** **Si considerino vere le due affermazioni:**

- **ogni cosa suba è fuda;**
- **qualche cosa rona non è fuda.**

**Si scelga fra le seguenti l'affermazione che segue necessariamente dalle premesse:**

- A qualche cosa rona non è suba
- B nessuna cosa rona è suba
- C ogni cosa rona è suba
- D qualche cosa rona è suba
- E nulla segue

**37** **Si considerino vere le due affermazioni:**

- **qualche cosa sdazza non è sotta;**
- **nessuna cosa sotta è foma.**

**Si scelga fra le seguenti l'affermazione che segue necessariamente dalle premesse:**

- A nessuna cosa foma è sdazza
- B ogni cosa foma è sdazza
- C nulla segue
- D qualche cosa foma è sdazza
- E qualche cosa foma non è sdazza

**38** **"Giuseppe è sardo; tutte le persone con i capelli neri sono italiane; tutti i sardi sono italiani".**

**Se le precedenti informazioni sono vere, quale delle seguenti è necessariamente vera?**

- A Tutte le persone con i capelli neri sono sardi
- B Giuseppe è italiano
- C Tutti i sardi hanno i capelli neri
- D Giuseppe ha i capelli neri
- E Tutti gli italiani hanno i capelli neri

NONA PROVA

**39** **Alla stazione ferroviaria, per ragioni organizzative, i passeggeri devono essere smistati verso determinate banchine. Alle 17:30 dall'altoparlante viene diramato questo annuncio: «Tutti i viaggiatori con treni in partenza entro le 18:00 sono pregati di recarsi al binario 2; i passeggeri di treni in partenza tra le 18:00 e 18:30 devono recarsi al binario 3. Quanti si trovano al binario 1, però, restino dove sono».**

**Quale delle seguenti situazioni NON è coerente con le precedenti indicazioni?**

A È necessario trovarsi sul binario 1 per non doversi muovere

B È sufficiente trovarsi sul binario 1 per non doversi muovere

C Chi si reca al binario 3 dovrà attendere almeno mezz'ora prima di partire

D Se Alessandro – che parte con il treno delle 17:53 – sta cambiando di binario, non si trovava né al binario 1 né al binario 2

E Se Giulia – che parte con il treno delle 18:01 – non cambia di binario o si trova al binario 3 o si trova al binario 1

**40** **Se l'affermazione "I voti scolastici di Giulio sono sempre stati più che sufficienti" è vera, allora necessariamente:**

A è possibile che Giulio abbia preso almeno un voto insufficiente

B è impossibile negare che Giulio abbia preso voti insufficienti

C Giulio non ha mai preso voti insufficienti

D Giulio è più bravo a scuola dei suoi compagni

E Giulio ho ottimi voti in tutte le materie

**41** **Giulio ha promesso a Giuseppe: "Se quest'anno vado in barca, prometto che non ti chiedo la moto in prestito". In agosto Giulio non è andato in barca. Se Giulio è una persona che mantiene sempre le sue promesse, possiamo concludere che:**

A Giulio ha chiesto la moto in prestito a Giuseppe

B Giulio non ha chiesto la moto in prestito a Giuseppe

C Giuseppe non ha dato la sua moto in prestito a Giulio

D Giulio non ha mantenuto la promessa

E non possiamo trarre nessuna delle conclusioni indicate

**42** **Un turista americano si è perso mentre visitava l'isola popolata dalle due tribù dei bugiardi e dei sinceri. I membri di una tribù dicono sempre la verità, quelli dell'altra mentono sempre. Arrivato a un bivio, egli deve chiedere la strada per il villaggio a un indigeno ma non ha modo di distinguere se questi appartenga all'una o all'altra tribù. Il turista pensa un momento e poi pone una sola domanda, la quale gli consente di capire la strada giusta per il villaggio. Quale delle seguenti è la domanda che soddisfa tale condizione?**

A Quale strada per il villaggio mi indicherebbe uno della tribù diversa dalla tua?

B Qual è la strada per il villaggio che mi indicheresti se tu mentissi?

C Qual è la strada per il villaggio dei bugiardi?

D Qual è la strada per il villaggio dei sinceri

E La domanda non esiste

**43** **In un paese si dà il caso che in tutte le famiglie con almeno due figli ci sia una figlia femmina. Si può dunque dedurre che in una famiglia:**

A non ci possono essere due figli maschi
B ogni figlia femmina ha un fratello maschio
C se un figlio maschio non ha sorelle, allora è figlio unico
D non ci sono famiglie con un figlio unico
E ogni figlio maschio ha una sorella

**44** **Si considerino i seguenti ragionamenti:**

**I) Enrico legge su una rivista scientifica che se si mangia il cioccolato si affatica il fegato. Enrico ha il fegato affaticato. Questo significa che ha mangiato cioccolato.**

**II) Enrico legge su una rivista scientifica che i carciofi, se cucinati al vapore, diventano scuri e rimangono scuri per molte ore. Enrico va in cucina e vede che i suoi carciofi non sono scuri. Ciò significa che nessuno li ha cucinati al vapore.**

A II) è valido ma I) non lo è
B Entrambi i ragionamenti sono validi
C I) è valido ma II) non lo è
D Non sempre si trovano notizie affidabili sulle riviste scientifiche
E Nessuno dei due ragionamenti è valido

**45** **Durante una festa alcuni amici decidono di fare un gioco. Mettono in una cesta cinque cappelli: tre rossi e due blu. Angelo, Bea e Corrado, bendati, pescano a caso un cappello e lo indossano. Vengono poi disposti in fila indiana e sbendati, in modo tale che Angelo possa vedere solo i cappelli di Bea e Corrado davanti a sé, Bea veda solo il cappello di Corrado e quest'ultimo nessun cappello. Infine, partendo da Angelo, a ognuno viene chiesto di indovinare il colore del proprio cappello. Angelo, che vede due cappelli, dice di non potere dedurre il colore del proprio; nemmeno Bea, che può vedere un altro cappello, riesce a rispondere. Corrado invece risponde.**

**Quale delle seguenti affermazioni è certamente vera?**

A Il colore del cappello di Bea è rosso
B Il colore del cappello di Corrado è rosso
C Il colore del cappello di Bea è blu
D Il colore del cappello di Corrado è blu
E Se Corrado indovina la risposta esatta è un caso, perché non vi è modo di dedurla

## Ragionamento numerico

**46** **Qual è l'angolo che si ottiene sottraendo a un angolo di 108° l'angolo opposto al vertice del suo angolo adiacente supplementare?**

A 54°  B 36°  C 144°  D 126°  E 90°

**47** **Due imbianchini lavorando allo stesso ritmo imbiancano un terzo delle pareti di una fabbrica in tre giorni. Quanti giorni impiegherebbe un solo imbianchino a imbiancare tutte le pareti di una fabbrica?**

A 6  B 9  C 12  D 24  E 18

**48** **La piovosità di una regione è aumentata del 15% dal 2010 al 2011 per poi ridiscendere sempre del 15% nel confronto tra il 2011 e il 2012. Da ciò deriva che la piovosità di quella regione nel 2012 era:**

A inferiore a quella registrata nel 2010

B pari a quella registrata nel 2010

C superiore a quella registrata nel 2010

D a un livello intermedio tra quella registrata nel 2010 e quella registrata nel 2011

E Inferiore dell'1,5% rispetto al 2010

**49** **Se dodici chili di zucchine costano 24 euro, quanto costa una zucchina dal peso di 250 grammi?**

A 0,6 € B 0,2 € C 0,5 € D 1,2 € E 1 €

**50** **Silvia ha appena vinto 180.000 euro alla lotteria. Decide di donare il 50% della vincita ai genitori e il 20% di quello che rimane alla sorella tenendosi il resto. Che quota della vincita totale si è tenuta Silvia?**

A 2/3 B 30% C 10% D 25% E 40%

**51** **Individuare il numero mancante identificato dal punto interrogativo.**

| | | | | | | | |
|---|---|---|---|---|---|---|---|
| 30 | + | 6 | − | 12 | + | 8 | 32 |
| : | | × | | + | | : | |
| … | + | … | + | … | + | … | ? |
| × | | : | | − | | × | |
| 3 | × | 2 | × | 5 | : | 3 | 10 |
| 18 | | 15 | | 10 | | 6 | |

A 15 B 16 C 17 D 18 E 19

**52** **Qual è la probabilità di lanciare tre volte un dado e di ottenere complessivamente 12?**

A 1/6 B 1/72 C 5/72 D 25/216 E 1/18

**53** **Lanciando quattro volte una moneta, qual è la probabilità di ottenere almeno tre croci?**

A 2 B 1/8 C 3/16 D 3/32 E 5/16

**54** **Se:**

**@ – # = $ + #**

**# = 2**

**$ = 3**

**Allora @ è uguale a:**

A 3 B –2 C 5 D 7 E 9

NONA PROVA

**In base alle tabelle e ai grafici riportati, rispondere alle successive domande.Tabella 1: Iscrizioni all'università nel Paese Zeta**

| Facoltà universitarie | Matricole 2020 | Matricole 2021 |
|---|---|---|
| Giurisprudenza | 20.000 | 15.000 |
| Economia | 10.000 | 15.000 |
| Lettere | 25.000 | 20.000 |
| Ingegneria | 15.000 | 20.000 |
| Altre | 60.000 | 50.000 |

**Grafico 1: ripartizione percentuale degli iscritti alle varie facoltà universitarie nel Paese Zeta**

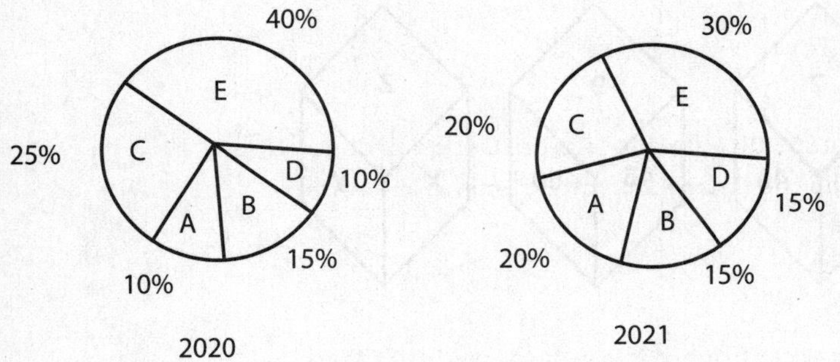


A = Ingegneria
B = Lettere
C = Giurisprudenza
D = Economia
E = Altre
Numero di iscritti totali nel 2020: 500.000
Numero di iscritti totali nel 2021: 600.000

**55** **Qual era la percentuale delle matricole di Giurisprudenza nel 2020 in rapporto al numero degli iscritti nella stessa facoltà nello stesso anno?**

A 20%
B 16%
C 8%
D 5%
E 14%

**56** **Qual era stata nel 2020 la percentuale delle matricole di Economia e di Ingegneria in rapporto al numero complessivo degli iscritti nelle due facoltà nello stesso anno?**

A 25%
B 2,5%
C 15%
D 10%
E 20%

**57** **Qual era la percentuale delle matricole di Economia nel 2021 in rapporto al numero degli iscritti nella stessa facoltà nell'anno precedente?**

A 20%
B 15%
C 30%
D 5%
E 25%

**Negli esercizi seguenti individuare il numero che completa correttamente la sequenza data.**

**58** **5, 25, 125, ..., 3.125**

- A 2.125
- B 625
- C 1.125
- D 2.000
- E 2.225

**59** **12, 13, 11, 14, 10, ...**

A 15 B 9 C 11 D 16 E 12

**60** **Individuare la terna mancante.**

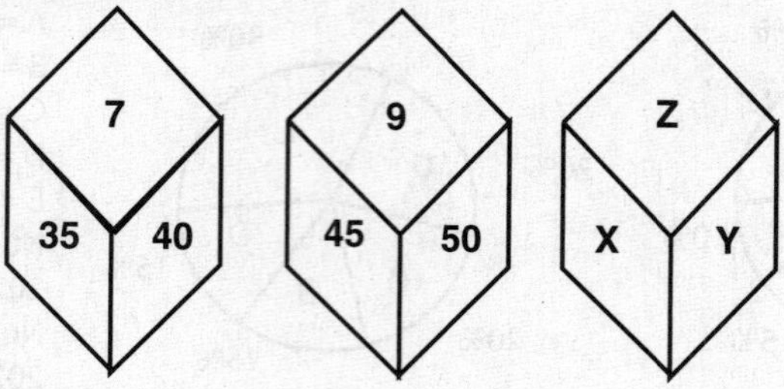


- A Z = 5; X = 10; Y = 15
- B Z = 4; X = 20; Y = 26
- C Z = 6; X = 30; Y = 35
- D Z = 10; X = 50; Y = 100
- E Z = 8; X = 45; Y = 40

# Soluzioni della nona prova

Alpha Test

**Risposte esatte della nona prova**

VERIFICARE LE RISPOSTE RELATIVE ALLE DOMANDE DELLA NONA PROVA

| | A | B | C | D | E | | A | B | C | D | E | | A | B | C | D | E |
|---|---|---|---|---|---|---|---|---|---|---|---|---|---|---|---|---|---|
| 1 | | | ■ | | | 21 | | | | ■ | | 41 | | | | | ■ |
| 2 | | ■ | | | | 22 | | | | ■ | | 42 | ■ | | | | |
| 3 | | ■ | | | | 23 | | | ■ | | | 43 | | | ■ | | |
| 4 | | | | | ■ | 24 | | | ■ | | | 44 | ■ | | | | |
| 5 | ■ | | | | | 25 | | ■ | | | | 45 | | ■ | | | |
| 6 | | ■ | | | | 26 | ■ | | | | | 46 | | ■ | | | |
| 7 | | | ■ | | | 27 | | | | ■ | | 47 | | | | | ■ |
| 8 | | | | | ■ | 28 | | | | ■ | | 48 | ■ | | | | |
| 9 | | | ■ | | | 29 | | | | | ■ | 49 | | | ■ | | |
| 10 | | | | | ■ | 30 | | | ■ | | | 50 | | | | | ■ |
| 11 | | ■ | | | | 31 | ■ | | | | | 51 | | | ■ | | |
| 12 | | | | | ■ | 32 | | ■ | | | | 52 | | | | ■ | |
| 13 | ■ | | | | | 33 | | ■ | | | | 53 | | | | | ■ |
| 14 | | | ■ | | | 34 | | ■ | | | | 54 | | | | ■ | |
| 15 | | ■ | | | | 35 | | | | ■ | | 55 | | ■ | | | |
| 16 | | | ■ | | | 36 | ■ | | | | | 56 | ■ | | | | |
| 17 | | ■ | | | | 37 | | | ■ | | | 57 | | | ■ | | |
| 18 | | | | ■ | | 38 | | ■ | | | | 58 | | ■ | | | |
| 19 | | ■ | | | | 39 | ■ | | | | | 59 | ■ | | | | |
| 20 | | | | ■ | | 40 | | | ■ | | | 60 | | | ■ | | |

Prove di verifica

# DECIMA PROVA

Alpha Test

# Scheda per le risposte della decima prova

CONTRASSEGNARE LE RISPOSTE RELATIVE ALLE DOMANDE DELLA DECIMA PROVA

| | A | B | C | D | E | | A | B | C | D | E | | A | B | C | D | E |
|---|---|---|---|---|---|---|---|---|---|---|---|---|---|---|---|---|---|
| 1 | | | | | | 21 | | | | | | 41 | | | | | |
| 2 | | | | | | 22 | | | | | | 42 | | | | | |
| 3 | | | | | | 23 | | | | | | 43 | | | | | |
| 4 | | | | | | 24 | | | | | | 44 | | | | | |
| 5 | | | | | | 25 | | | | | | 45 | | | | | |
| 6 | | | | | | 26 | | | | | | 46 | | | | | |
| 7 | | | | | | 27 | | | | | | 47 | | | | | |
| 8 | | | | | | 28 | | | | | | 48 | | | | | |
| 9 | | | | | | 29 | | | | | | 49 | | | | | |
| 10 | | | | | | 30 | | | | | | 50 | | | | | |
| 11 | | | | | | 31 | | | | | | 51 | | | | | |
| 12 | | | | | | 32 | | | | | | 52 | | | | | |
| 13 | | | | | | 33 | | | | | | 53 | | | | | |
| 14 | | | | | | 34 | | | | | | 54 | | | | | |
| 15 | | | | | | 35 | | | | | | 55 | | | | | |
| 16 | | | | | | 36 | | | | | | 56 | | | | | |
| 17 | | | | | | 37 | | | | | | 57 | | | | | |
| 18 | | | | | | 38 | | | | | | 58 | | | | | |
| 19 | | | | | | 39 | | | | | | 59 | | | | | |
| 20 | | | | | | 40 | | | | | | 60 | | | | | |

# DECIMA PROVA

Tempo a disposizione: 110 minuti

**In base alle informazioni contenute nel brano seguente, rispondere alle successive domande.**

Il buddhismo zen è una pratica e una visione della vita che non appartengono a nessuna categoria formale del moderno pensiero occidentale. Non è religione o filosofia; non è una psicologia o un tipo di scienza. È un esempio di ciò che è noto in India o in Cina come una «via di liberazione», ed è analogo sotto questo aspetto al taoismo, al vedanta e allo yoga. Come sarà presto evidente, una via di liberazione non può avere nessuna definizione positiva. Dev'essere suggerita dicendo ciò che essa non è, un po' come uno scultore rivela una figura rimuovendo le schegge da un blocco.

Storicamente, lo zen può considerarsi come il compimento di lunghe tradizioni di cultura indiane e cinesi, sebbene sia in realtà molto più cinese che indiano e, dal XII secolo, si sia profondamente radicato (e molto costruttivamente) nella cultura del Giappone. Come fruizione di queste grandi culture, e come esempio unico e particolarmente istruttivo di via di liberazione, lo zen è uno dei più preziosi doni dell'Asia al mondo. Le origini dello zen sono sia taoiste sia buddhiste, e poiché il suo profumo è così tipicamente cinese, è forse meglio iniziare indagando sui suoi antecedenti cinesi, e illustrando al tempo stesso mediante l'esempio del taoismo ciò che si intende per via di liberazione.

Gran parte della difficoltà e delle mistificazioni che lo zen presenta allo studioso occidentale è il risultato della sua scarsa familiarità con i modi di pensiero cinesi; modi che differiscono sostanzialmente dai nostri e che sono, proprio per questa ragione, di particolare valore per noi nella ricerca di una prospettiva critica delle nostre idee. Il problema non è qui semplicemente di padroneggiare idee diverse, che differiscono dalle nostre come, diciamo, le idee di Kant differiscono da quelle di Descartes, o quelle dei calvinisti da quelle dei cattolici. Il problema è di tenere in dovuto conto le differenze nelle premesse fondamentali del pensiero e nei veri e propri metodi del pensare; differenze così facilmente trascurate, che le nostre interpretazioni della filosofia cinese tendono a essere una proiezione, nella terminologia cinese, di idee tipicamente occidentali. Questo è l'inevitabile svantaggio di chi studia la filosofia asiatica coi metodi puramente letterari della cultura occidentale, poiché le parole possono essere comunicative solo tra coloro che dividono esperienze analoghe.

Ciò non significa che una lingua così ricca e articolata come l'inglese sia semplicemente inetta a esprimere idee cinesi. Al contrario, essa è in condizione di esprimere assai più di quanto abbiano creduto possibile taluni studiosi cinesi e giapponesi dello zen e del taoismo, la cui dimestichezza con l'inglese lascia alquanto a desiderare. La difficoltà risiede non tanto nel linguaggio quanto nei modelli di pensiero che sono finora sembrati inseparabili dal modo accademico e scientifico di affrontare un argomento. L'inadeguatezza di questi modelli per argomenti come il taoismo e lo zen è largamente responsabile dell'impressione che lo "spirito orientale" sia misterioso, irrazionale e imperscrutabile. Inoltre, non bisogna credere che questi soggetti siano così tipicamente cinesi e giapponesi da mancare di qualsiasi punto di contatto con la nostra cultura. Mentre è vero che nessuna delle suddivisioni formali della scienza e del pensiero occidentali corrisponde a una via di liberazione, il mirabile studio di R.H. Blyth sullo zen ha mostrato molto chiaramente che le intuizioni essenziali dello zen sono universali. Le ragioni per cui a prima vista il taoismo e lo zen rappresentano un tale enigma per la mente occidentale sta nel fatto che noi abbiamo una visione ristretta del sapere umano. Per noi quasi tutto il sapere consiste in ciò che un taoista chiamerebbe conoscenza convenzionale, poiché noi non sentiamo di sapere veramente qualcosa se non possiamo rappresentarcelo con parole, o con qualche sistema di segni convenzionali come le notazioni della matematica e della musica. Tale conoscenza è detta convenzionale poiché è un fatto di convenzione sociale né più ne meno che i codici del linguaggio. Proprio come la medesima gente che parla il medesimo linguaggio ha taciti accordi riguardo le parole da usare per indicare determinate cose, così i membri di ogni società e di ogni cultura sono tenuti uniti da vincoli di comunicazione che poggiano su ogni specie di accordo riguardo la classificazione e la valutazione di azioni e di cose.

**1 Nel quarto capoverso si parla di «conoscenza convenzionale», dove "convenzionale" significa:**

- A rappresentato secondo usi concordati
- B ipocrita
- C risultato di approssimazione
- D perbenista
- E non reale

**2 Nella frase «Gran parte della difficoltà e delle mistificazioni che lo zen presenta allo studioso occidentale è il risultato della sua scarsa familiarità con i modi di pensiero cinesi» (terzo capoverso), qual è il soggetto di "è il risultato"?**

- A Lo zen
- B Gran parte
- C La difficoltà
- D Le mistificazioni
- E La familiarità

**3 Secondo quanto riportato nel brano, lo zen:**

- A nacque in Cina
- B si diffuse in India
- C nacque in Giappone
- D si diffuse in Giappone
- E nacque in India

**4 Lo studioso occidentale ha difficoltà ad avvicinarsi allo zen perché:**

- A non riesce a padroneggiare idee diverse dalle sue
- B non riesce a tenere conto delle differenze nelle premesse fondamentali del pensiero
- C non riesce a capire la terminologia cinese
- D le parole riescono a essere comunicative solo tra chi studia le stesse materie
- E nessuna delle altre alternative è corretta

**5 Lo «spirito orientale» rimane misterioso perché:**

- A i modelli di pensiero accademico-scientifico non sono adeguati
- B è irrazionale e imperscrutabile
- C la lingua cinese è troppo diversa dalla lingua inglese
- D nessuna suddivisione della scienza occidentale corrisponde a una via di liberazione
- E nessuna delle altre alternative è corretta

**In base alle informazioni contenute nel brano seguente, rispondere alle successive domande.**

Durkheim considerava gli uomini creature dai desideri illimitati, per i quali, a differenza di altri animali, la soddisfazione dei bisogni biologici non era motivo di appagamento. «Più si ha e più si vorrebbe avere, e le soddisfazioni ottenute non fanno che stimolare anziché appagare i bisogni». La naturale insaziabilità dell'essere umano comporta che i suoi desideri possano essere contenuti solo tramite un'azione limitativa esterna, costituita appunto dal controllo sociale. La società impone dei limiti ai desideri umani, e costituisce «una potenza regolatrice [che ha] sui bisogni morali la funzione che l'organismo svolge su quelli fisici».

Nelle società ben regolate, il controllo sociale pone dei limiti alle inclinazioni individuali in modo tale che ognuno tende, nella sua sfera, a rendersi conto del punto estremo cui possono giungere le aspirazioni e non aspira a nulla che lo oltrepassi… segnando così un termine e uno scopo alle passioni. Quando i vincoli sociali si indeboliscono, l'influenza esercitata dalla società per contenere le inclinazioni individuali viene meno e gli individui sono lasciati in balìa delle loro passioni. Un tale stato di cose viene definito da Durkheim *anomìa*, termine che si riferisce a quella condizione di relativa assenza di norme che può caratterizzare una società nel suo complesso o alcuni suoi gruppi componenti. L'anomìa non si riferisce a uno stato mentale, ma a una proprietà della struttura sociale; è specifica di una condizione in cui i desideri individuali non trovano più una regolamentazione nelle norme comuni e dove, pertanto, gli individui sono lasciati senza una guida morale nel perseguimento dei loro obiettivi.

Sebbene una situazione di completa anomìa, o di totale assenza di norme, sia empiricamente impossibile, le società possono essere caratterizzate da un grado maggiore o minore di regolamentazione normativa. Inoltre, all'interno di qualsiasi specifica società, i gruppi possono differire tra loro in relazione al grado di anomìa che li contraddistingue. Il mutamento sociale può produrre anomia sia nell'intera società sia in alcune parti di essa. Le crisi economiche, ad esempio, possono avere conseguenze più rilevanti su coloro che occupano gli strati più elevati della piramide sociale che sulla popolazione sottostante. Quando un disastro economico spinge bruscamente certi individui verso una situazione inferiore a quella occupata sino a quel momento, costoro sperimentano nella loro esistenza una perdita di quei parametri normativi, di quelle certezze morali e di quelle aspettative abituali non più vivificate dal gruppo cui essi appartenevano. Analogamente, un improvviso accrescimento di potenza e di fortuna, comportando per taluni individui un subitaneo processo di mobilità ascensionale, li priva, nel loro nuovo stile di vita, del necessario sostegno sociale. Qualsiasi rapido mutamento nella struttura sociale che sconvolga la precedente rete di rapporti di cui gli stili di vita sono intessuti porta con sé una possibilità di anomìa.

Durkheim sosteneva che il benessere economico, eccitando i desideri umani, reca con sé un pericolo di condizioni anomiche perché «ci dà l'illusione di far capo solamente a noi stessi», mentre «la povertà protegge dal suicidio [in quanto] è di per sé un freno». Poiché la soddisfazione dei desideri umani dipende dalle risorse di cui si dispone, i poveri, possedendo soltanto mezzi limitati, sono costretti ad autoregolarsi e sono quindi meno soggetti all'anomìa. «Meno si possiede meno si è portati ad allargare senza limiti la cerchia dei bisogni».

Spiegando la diversa propensione dell'anomìa in termini di processo sociale, cioè sulla base dei rapporti interindividuali piuttosto che delle inclinazioni dei singoli individui, Durkheim propose una teoria propriamente sociologica del comportamento deviante anche se non riuscì a indicare le implicazioni generali di tale decisiva intuizione. Robert K. Merton, che fu il primo a individuare le implicazioni generali del pensiero di Durkheim a tale riguardo e a svilupparle in modo metodico, precisò come «le strutture sociali esercitino una pressione ben definita su certi membri della società, tanto da indurli a una condotta non conformista anziché a una conformista».

Durkheim, in tutto il suo programma di studio, in tutta la sua opera, ebbe come problema dominante quello di ricercare le origini dell'ordine e del disordine sociale, alla costituzione di una salda normativa o al venir meno di essa. La sua opera sul suicidio, di cui una parte è dedicata alla discussione e all'analisi dell'anomìa, deve essere letta in tale ottica. Dopo aver scoperto che certi tipi di suicidio possono essere spiegati con il ricorso al concetto di anomìa, Durkheim fu in grado di utilizzare il suicidio anomico come indice del grado di integrazione sociale altrimenti non misurabile. Non si è trattato di un ragionamento circolare, come si potrebbe sostenere, ma di una ulteriore applicazione del suo metodo di analisi. Egli infatti ha così proceduto nel suo ragionamento: non esistono società in cui il suicidio non si verifichi; inoltre molte società mostrano, a lungo termine, tassi di suicidio sostanzialmente costanti. Ciò indica che i suicidi possono essere considerati un fatto "normale", cioè un evento non patologico. Tuttavia, improvvisi aumenti in taluni gruppi o in talune società globali dei tassi di suicidio sono "anormali", e rivelano l'esistenza di certi elementi perturbatori non presenti in precedenza. Da ciò deriva che percentuali di suicidi patologicamente elevate in gruppi o categorie sociali specifiche o in società globali, possono essere considerate come un indice dell'azione di forze disgreganti all'interno di una struttura sociale.

Durkheim sulla base del rapporto tra il suicida e la società, distinse vari tipi di suicidio. Quando gli uomini diventano «distaccati dalla società», quando essi sono abbandonati ai loro impulsi e liberati dai vincoli per mezzo dei quali precedentemente erano legati ai loro simili, tendono al suicidio egoistico o individualistico. Quando le regole sociali che guidano la condotta individuale si affievoliscono, non riuscendo così a reprimere e a condizionare le inclinazioni umane, si è esposti al suicidio anomico.

---

**6** **Nella frase «il controllo sociale pone dei limiti alle inclinazioni individuali in modo tale che ognuno tende, nella sua sfera, a rendersi conto del punto estremo» (secondo capoverso), "che" è:**

- A pronome relativo riferito a "modo"
- B pronome relativo riferito a "tale"
- C pronome relativo riferito a "ognuno"
- D pronome interrogativo
- E congiunzione

---

**7** **Nella frase «possono essere considerate come un indice dell'azione di forze disgreganti all'interno di una struttura sociale» (sesto capoverso) "disgreganti" significa:**

- A immorali
- B feroci
- C che distraggono
- D distruttive
- E che umiliano

---

**8** **L'autore del brano riconosce quale nucleo principale del pensiero di Durkheim:**

- A l'identificazione nella povertà dello stato di migliore sanità morale
- B la distinzione fra due differenti tipologie di suicidio: quello anomico e quello egoistico
- C l'identificazione nella ricchezza delle cause di suicidio
- D l'analisi sociologica che conduce alla formulazione del concetto di anomìa
- E il riconoscimento del suicidio come stato non patologico della società

---

**9** **Qual è la differenza fondamentale fra suicidio anomico e suicidio egoistico?**

- A Il primo è la conseguenza di regole sociali ammorbidite e il secondo è la conseguenza della rottura dei vincoli che tengono legati gli uomini fra loro
- B Il suicidio egoistico è determinato dalla mancanza di leggi ferree, mentre quello anomico è causato dalla mancanza di valori personali
- C Il suicidio anomico si può verificare solo in società in decadenza, mentre il suicidio egoistico è prodotto solo da momenti di crisi personale di singoli suicidi
- D Sono la stessa cosa, varia solo il modo in cui vengono considerati in relazione ai parenti dei suicidi
- E Il suicidio egoistico riguarda gli individui che vivono da soli, quello anomico riguarda gli individui che non rispettano nessuna legge

**10 Vi è qualche elemento nel brano che lascia trasparire la posizione dell'autore nei confronti dell'analisi sociologica di Durkheim?**

- **A** Sì, può sembrare che l'autore condivida l'analisi sulle cause che generano il suicidio
- **B** Sì, in relazione alla condanna dell'esasperata ricerca di ricchezza come generatrice di continui bisogni e quindi di infelicità
- **C** No, il tono del brano è oggettivo e distaccato e si limita a riportare una teoria senza esprimere giudizi a tal proposito
- **D** No, perché il tono del brano è divulgativo e non vuole influenzare i lettori che ignorano i fondamenti della sociologia
- **E** Sì, l'autore condivide la necessità che la società imponga leggi rigide e invasive per evitare fasi di decadenza

## Comprensione del testo e conoscenza della lingua italiana - Testo 3

**In base alle informazioni contenute nel brano seguente, rispondere alle successive domande.**

### Roma: centro di diffusione della cultura mediterranea

Roma fu un grande centro di diffusione culturale, certo non il solo, ma sicuramente il più importante. All'inizio del XVI secolo, Roma non era ancora una città degna di nota. In questo modo è stata vista da Rabelais nel suo primo viaggio nel 1532 e così viene descritta nella *Topographie* di Marliano e in numerose altre guide. Era una piccola città al centro di un'economia pastorale; disseminata e contornata da monumenti antichi, spesso semidistrutti, terribilmente sfigurati, più spesso ancora seppelliti sino alle fondamenta sotto la terra e le macerie. Nella parte abitata della città si trovavano case di mattoni, viuzze strette e sordide e vasti spazi vuoti.

Tuttavia nel XVI secolo la città si trasformò, si riempì di vita e vennero costruiti palazzi e chiese; la popolazione crebbe, conservandosi anche nel XVII secolo, un'epoca generalmente tutt'altro che favorevole alle città mediterranee. Roma divenne, dunque, un immenso cantiere. Ogni artista vi trovava lavoro, a partire da un esercito di architetti: Baldassare Peruzzi di Siena (morto nel 1536), Sanmicheli di Verona (m. 1559), Jacopo Sansovino di Firenze (m. 1570), il Vignola (m. 1573) originario del nord della penisola (da cui sono venuti quasi tutti i grandi architetti italiani), Ligorio di Napoli (m. 1583), Andrea Palladio di Vicenza (m. 1580), Pellegrini di Bologna (m. 1596). L'Olivieri, un'eccezione, era romano (m. 1599). Al seguito di questi artigiani, architetti e scalpellini, si affrettava l'esercito dei pittori: esercito necessario in un'epoca in cui la pittura ornamentale raggiunse il suo apogeo. Volte e soffitti offrivano ai pittori uno spazio illimitato, sebbene venissero talvolta loro imposti temi strettamente definiti. La pittura sacra del barocco non è altro che la conseguenza logica della sua architettura.

In quest'epoca venne terminata la basilica di San Pietro e fu edificata la Chiesa del Gesù, tra il 1568 e il 1575, da Jacopo Vignola, morto nel 1573, senza aver avuto il tempo di vedere compiuta la sua opera. Era stata edificata la prima chiesa gesuitica, che spesso doveva servire da modello in tutta la Cristianità. Ogni ordine avrebbe voluto possedere le sue chiese a Roma e fuori Roma, con decorazioni uniche e con le immagini delle loro devozioni particolari. Così nella città eterna, poi in tutto il mondo cristiano, vennero erette le prime chiese a cupole e ornate a volute, di una geometria sobria, e di cui il Val-de-Grâce, in Francia, è un esempio più tardo, ma ugualmente tipico.

Il prodigioso sviluppo di Roma richiese spese ingenti. Stendhal comprese correttamente il problema quando notò che «solo quei Paesi che non dovettero temere per la loro autorità commissionarono le più grandi opere di pittura, di scultura, di architettura dei tempi moderni». Ciò ci riporta alla storia delle finanze pontificie. È un fatto accertato che i papi seppero trarre grandi risorse dal loro Stato ricorrendo utilmente al credito pubblico. Le loro politiche religiose e la loro politica in genere furono, nella Cristianità, sostenute solitamente più a loro vantaggio che a quello delle chiese nazionali; le chiese di Francia e di Spagna furono abbandonate alle cupidigie e alle esigenze finanziarie del Cristianissimo Re francese e del Re Cattolico di Spagna.

Durante il mezzo secolo di cui ci stiamo occupando, lo Stato Pontificio fece grosse spese militari solo raramente (nel 1557 e negli ultimi tre anni della Lega Santa). Il papato poté, dunque, destinare una ricca somma alle Belle Arti. L'invasione del Mediterraneo da parte dell'argento americano facilitò questi ingenti investimenti. Dopo il 1560-1570 venne realizzato tutto ciò che Leone X e Giulio II avevano ideato. D'altro canto, gli ordini religiosi, il cui numero era stato notevolmente incrementato dall'onda della pietà cattolica, unirono i loro sforzi a quelli del papato. Dato che Roma era anche la capitale di questi piccoli Stati dentro lo Stato, vale a dire la loro vetrina, gesuiti, domenicani, carmelitani, francescani apportarono ciascuno il loro contributo finanziario e di emulazione artistica e copiarono, fuori da Roma, i risultati raggiunti nella capitale. Se vi fu un'espansione artistica e religiosa del barocco, fu grazie a questi ordini, in particolare quello di Sant'Ignazio. Fu per questa ragione che l'aggettivo "gesuitico" sembra più appropriato di "barocco" per designare questa espansione, nonostante le riserve che sono state avanzate al riguardo.

---

**11** **Nel terzo capoverso, nella frase «che spesso doveva servire da modello» il monosillabo *che* in ultima istanza indica:**

- **A** Jacopo da Vignola
- **B** la Chiesa del Gesù
- **C** la basilica di San Pietro
- **D** niente: è una congiunzione
- **E** la parola "opera"

---

**12** **Nel primo capoverso, l'aggettivo "sordide" significa:**

- **A** spilorce
- **B** anguste
- **C** meschine
- **D** scoscese
- **E** sudicie

---

**13** **La sviluppo urbano e demografico di Roma nel XVI secolo:**

- **A** fu un fenomeno analogo a quello di molte altre città europee
- **B** fu il culmine di un processo di lunga durata avviatosi a partire almeno dal Medioevo
- **C** fu una fase di breve respiro che si esaurì nel giro di pochi anni
- **D** si protrasse, anche in controtendenza rispetto al tempo e all'area considerati
- **E** fu significativo per la città ma restò un fenomeno di rilievo per lo più regionale

---

**14** **I soldi necessari alla ricostruzione di Roma furono disponibili per le seguenti ragioni tranne una. Quale?**

- **A** Lo Stato Pontificio era stato impegnato in poche guerre alla fine del XVI secolo
- **B** L'argento americano cominciava a circolare nell'economia mediterranea
- **C** Il Papa utilizzava prevalentemente a Roma le risorse dell'intero Stato Pontificio
- **D** I re di Spagna e Francia si appropriavano delle finanze delle chiese nazionali
- **E** Il credito pubblico era disponibile

---

**15** **Nell'ultimo capoverso, parlando di piccoli Stati dentro lo Stato si intendono:**

- **A** le diverse botteghe degli architetti citati, che lavoravano a Roma tra loro in competizione
- **B** gli Staterelli in cui era all'epoca divisa la penisola italiana
- **C** le diverse Chiese nazionali subordinate alla Chiesa di Roma e allo Stato pontificio
- **D** gli ordini religiosi che unirono i loro sforzi a quelli del papato
- **E** nessuna delle precedenti è corretta



 

## Matematica di base

**16** **Il 20% dei partecipanti a un concorso non supera la prova, che è stata superata da 400 candidati. Il numero totale di candidati era:**

A 350 B 400 C 420 D 480 E 500

**17** **Quanti sono i divisori del numero 10?**

A 1 B 4 C 5 D 10 E 2

**18** $\dfrac{a^8 - b^4}{a^2 - b} =$

A $(a^4 + b^2)(a^2 + b)$

B $a^6 - b^3$

C $a^4 - b^4$

D $a^2 + b^2$

E $(a^2 - b)(a^2 + b)$

**19** **La potenza $9^{1/2}$ è equivalente a:**

A 45 B $\sqrt[5]{9}$ C $(1/9)^2$ D 3 E 4,5

**20** **Se il discriminante di un'equazione di secondo grado è negativo, le radici dell'equazione:**

A sono entrambe reali, ma irrazionali

B non sono reali

C sono due, entrambe reali e di segno opposto

D sono una reale e una immaginaria

E sono due reali coincidenti

**21** **La soluzione della disequazione**

$$(x + 3)(x + 5) > (x + 1)(x + 9)$$

**è:**

A $x \leq 3$

B $x \geq 3$

C $x < 3$

D $x > 3$

E $0 < x < 3$

**22** **Quale delle seguenti è l'equazione di una retta perpendicolare alla retta $4x + 6y = 5$?**

A $4x - 6y = 21$

B $x + 3y = 1$

C $3x - 2y = 14$

D $6x + 4y = 17$

E $2x + 3y = 5$

DECIMA PROVA

**23** **Log 399.255.040.041.042 è un numero compreso tra:**

- A 11 e 12
- B 13 e 14
- C 39 e 40
- D 10 e 11
- E 14 e 15

**24** **Due pentagoni che hanno la stessa area sono:**

- A regolari
- B simili
- C uguali
- D equivalenti
- E isoperimetrici

**25** **In un rombo una diagonale è il doppio dell'altra e l'area vale 36 $cm^2$. Quanto vale il lato del rombo?**

- A $3\sqrt{5}$ cm
- B $6\sqrt{5}$ cm
- C Non si può determinare
- D $6\sqrt{2}$ cm
- E 6 cm

## Biologia

**26** **Quale delle seguenti sostanze non può essere sintetizzata dall'uomo?**

- A Insulina
- B Emoglobina
- C Cheratina
- D Dopamina
- E Saccarosio

**27** **Qual è la parte che comunemente si consuma della pianta di fagiolo?**

- A Il fiore
- B Una porzione del fusto
- C La radice
- D Il seme
- E Le foglie

**28** **Un apparato è costituito da:**

- A organi e tessuti organizzati in un gruppo che svolge specifiche funzioni dell'organismo
- B un gruppo di organi con la stessa derivazione embrionale
- C l'insieme dei tessuti che formano un organo
- D un gruppo di organi localizzati, evidenziabili mediante una sezione trasversale dell'organismo
- E un gruppo di cellule con la stessa struttura e la stessa funzione

29 **Il numero cromosomico delle cellule somatiche è detto:**

A aploide
B diploide
C triploide
D mitosi
E meiosi

30 **Il cariotipo umano è formato da:**

A 23 coppie di cromosomi omologhi e da una coppia di cromosomi sessuali
B 22 coppie di cromosomi omologhi e da una coppia di cromosomi sessuali
C 1 coppia di cromosomi omologhi e da 22 coppie di cromosomi sessuali
D coppie di cromosomi omologhi e da 4 coppie di cromosomi sessuali
E coppie di cromosomi omologhi e da 2 coppie di cromosomi sessuali

31 **In un'infezione latente:**

A il virus è subito distrutto
B il batterio si riproduce all'interno della cellula e la distrugge
C il virus non è patogeno
D il virus vive all'interno della cellula in modo quiescente
E nessuna delle altre alternative è corretta

32 **L'acetilcolina è un neurotrasmettitore che:**

A agisce solo a livello di sistema nervoso centrale
B impedisce alla noradrenalina di legarsi ai propri recettori
C viene liberata in seguito a un impulso nervoso
D agisce solo a livello dei mitocondri
E viene prodotto all'inizio dai dendriti neuronali

33 **L'accelerazione della frequenza delle pulsazioni del cuore, conseguente a un forte spavento, è dovuta a una stimolazione da parte del:**

A cervelletto
B sistema nervoso parasimpatico
C sistema nervoso volontario
D sistema nervoso simpatico
E sistema endocrino

34 **Nell'incrocio tra un individuo omozigote dominante e un individuo eterozigote, quale è la probabilità che nel fenotipo della prole compaia il carattere recessivo?**

A 0
B 1/2
C 1/4
D 1/16
E 100%

DECIMA PROVA

**35** **Il midollo allungato o bulbo contiene i centri nervosi preposti:**

- A al coordinamento dei movimenti muscolari
- B alla regolazione della frequenza respiratoria e cardiaca
- C al mantenimento dell'equilibrio
- D al coordinamento dei riflessi visivi e uditivi
- E alla percezione del dolore e del piacere

## Ragionamento verbale

**36** **Si considerino vere le due affermazioni:**

- **ogni cosa dara è stota;**
- **qualche cosa dara è zoma.**

**Si scelga fra le seguenti l'affermazione che segue necessariamente dalle premesse:**

- A nulla segue
- B qualche cosa zoma non è stota
- C ogni cosa zoma è stota
- D qualche cosa zoma è stota
- E nessuna cosa zoma è stota

**37** **Si considerino vere le due affermazioni:**

- **ogni cosa tima è maza;**
- **qualche cosa zeba non è maza.**

**Si scelga fra le seguenti l'affermazione che segue necessariamente dalle premesse:**

- A nulla segue
- B nessuna cosa zeba è tima
- C qualche cosa zeba non è tima
- D ogni cosa zeba è tima
- E qualche cosa zeba è tima

**38** **Socrate e Senofonte sono chiamati a deporre come testimoni in una lite tra due vicini, Alcibiade e Nicia, su chi abbia manomesso il muretto di confine tra i terreni di loro proprietà. Purtroppo uno tra Socrate e Senofonte mente sempre, invece l'altro dice solo la verità. Socrate afferma che il muretto è crollato da solo, Senofonte che la colpa è o di Alcibiade o di Nicia.**

**Quale delle seguenti situazioni NON consegue con certezza dalle premesse date?**

- A Se il muretto è crollato da sé, Alcibiade è innocente
- B Se Socrate mente, Alcibiade può essere colpevole
- C Se Socrate mente, Nicia può essere innocente
- D Se Nicia è innocente, Alcibiade è colpevole
- E O il muretto non è crollato da sé o Alcibiade è innocente



 

**39** **“Non è impossibile che non esista una persona che non abbia negato di aver trovato il segreto per ottenere la vita eterna”.**

**Basandosi sulla precedente affermazione, individuare quale delle seguenti alternative è esatta.**

A È impossibile che qualcuno abbia già affermato di aver trovato il segreto per ottenere la vita eterna

B Almeno una persona ha già trovato il segreto per ottenere la vita eterna

C È possibile che non esista una persona che abbia affermato di aver trovato il segreto per ottenere la vita eterna

D È escluso che esista una persona che abbia negato di aver trovato il segreto per ottenere la vita eterna

E Nessuna delle alternative è corretta

**40** **“Non si può affermare che chi non è stato condannato con sentenza passata in giudicato si possa considerare innocente”.**

**Se l’argomentazione precedente è corretta quale delle seguenti è certamente vera?**

A Finché una persona non è stata condannata con sentenza passata in giudicato viene considerata innocente

B Non è detto che finché una persona non ha subito una condanna con sentenza passata in giudicato possa essere considerata colpevole

C Se si viene considerati colpevoli, ciò vuol dire che c’è stata sentenza di condanna passata in giudicato

D Soltanto se la sentenza è passata in giudicato si è innocenti

E Nessuna delle altre alternative è corretta

**41** **“Coloro che bevono vino non mangiano patate, chi non mangia patate ha carenze di vitamine, Giovanni non mangia patate”.**

**Se le precedenti affermazioni sono vere allora è sicuramente falso che:**

A chi beve vino non ha carenza di vitamine

B Giovanni ha carenza di vitamine

C non è detto che tutte le persone che hanno carenza di vitamine bevano vino

D Giovanni non beve vino

E Chi mangia patate non ha carenza di vitamine

**42** **“Tutti i calciatori sono sportivi; Marco è sportivo; tutti gli sportivi sono educati e gioviali; tutte le persone che amano gli scacchi sono gioviali”.**

**Se le precedenti affermazioni sono vere, quale delle seguenti non è possibile dedurre con certezza?**

A Marco è educato

B I calciatori sono gioviali

C Marco è gioviale

D Marco ama gli scacchi

E I calciatori sono educati

DECIMA PROVA

43 **Alla domanda: "Quanti cugini hai?", Luca risponde: "Se il numero dei miei cugini è divisibile per sei, allora è pari".**

**Basandosi sulle precedenti informazioni, individuare quale delle seguenti alternative è esatta.**

A Il numero dei cugini di Luca è un multiplo di sei

B Il numero dei cugini di Luca è un numero pari

C Se il numero dei cugini di Luca non è divisibile per sei, è un numero dispari

D Non è possibile aggiungere alcuna informazione certa sul numero dei cugini di Luca

E Luca ha 18 cugini

44 **«Non si può essere allegri quando non si è sereni, equilibrati e spensierati».**

**«Non si può essere sereni, equilibrati e spensierati senza essere allegri».**
**Se le precedenti affermazioni sono vere, quale delle seguenti conclusioni è errata?**

A Se si è sereni, spensierati ed equilibrati, allora si è allegri

B Essere sereni, equilibrati e spensierati è condizione necessaria per essere allegri

C Chi non è allegro non può essere sereno, equilibrato e spensierato

D Chi è allegro non può non essere sereno, equilibrato e spensierato

E Essere sereni, equilibrati e spensierati è condizione necessaria, ma non sufficiente per essere allegri

45 **Sul comodino di Paolo ci sono tre libri. È dunque vero che sul comodino di Paolo:**

A c'è un libro

B ci sono solo tre libri

C non ci sono quattro libri

D ci sono solo libri

E non ci sono solo libri

## Ragionamento numerico

46 **Tre fratelli devono dividersi un'eredità costituita da una casa che vale 200.000 euro, un campo che vale 50.000 euro e un trattore che vale 10.000 euro. A questo fine decidono di scrivere su tre biglietti il nome dei tre beni, di mettere i tre biglietti in un sacchetto e di estrarre ciascuno un biglietto con l'indicazione del bene ereditato. L'estrazione avviene per ordine d'età con il fratello più vecchio che pesca per primo e il più giovane che pesca per ultimo. Chi è avvantaggiato da questo sistema?**

A Il fratello più vecchio

B Il fratello "di mezzo"

C Il fratello più giovane

D Il più giovane e il più vecchio

E Nessuno dei tre fratelli

**47** **Due innamorati si corrono incontro su una spiaggia. Il ragazzo con una falcata percorre 2 metri e compie 40 falcate al minuto, la ragazza con una falcata percorre un metro e mezzo e compie 30 falcate al minuto. Se la spiaggia è lunga 1 km e i due ragazzi partono dalle estremità opposte, dopo quanto tempo si potranno finalmente abbracciare?**

- A Un quarto d'ora
- B 10 minuti
- C 400 secondi
- D 8 minuti
- E 12 minuti

**48** **Una persona distratta è alla guida di un'automobile che dista da un incrocio 3 km. Sulla strada che interseca quella su cui viaggia l'auto sono in arrivo un'autobotte che viaggia a 80 km/h e che dista 4 km dall'incrocio e una motocicletta che viaggia a 120 km/h e che dista 2 km dallo stesso incrocio.**

**Sapendo che l'auto viaggia a una velocità di 60 km/h e che non si fermerà a dare la precedenza, come dovrebbe, cosa accadrà?**

- A L'auto si scontrerà con l'autobotte
- B L'auto si scontrerà con la motocicletta
- C L'auto si scontrerà sia con l'autobotte sia con la motocicletta
- D L'auto passerà indenne l'incrocio
- E I dati non sono sufficienti per dare una risposta

**49** **L'attrezzatura di 3 carabinieri sommozzatori costa 21.000 euro, di 5 carabinieri paracadutisti costa 25.000 euro e di 6 carabinieri scelti costa 18.000 euro. Quanto costa fornire l'attrezzatura a un Gruppo antiterroristico formato da 10 sommozzatori, 25 paracadutisti e 50 carabinieri scelti?**

- A 345.000 euro
- B 450.000 euro
- C 255.000 euro
- D 155.000 euro
- E 295.000 euro

**50** **Se 3 kg di pomodori, del peso di 600 grammi ciascuno, costano 4 euro, quanto costa una dozzina degli stessi pomodori?**

- A 9,00 euro
- B 8,60 euro
- C 8,20 euro
- D 9,60 euro
- E 12,00 euro

DECIMA PROVA

**51** **La differenza tra la variazione percentuale del prodotto interno lordo italiano registrata nel 2009 e quella registrata nel 2008 è pari al 3,3%; operando un confronto analogo tra i valori relativi al 2010 e al 2009 si osserva una differenza pari allo 0,9%. Sommando gli incrementi del 2008 e del 2010 si ottiene una percentuale pari all'1,8%. Quali sono stati, rispettivamente, gli incrementi del prodotto interno lordo italiano nel 2008, 2009 e 2010?**

- **A** 0%; 3,3%; 1,8%
- **B** –1,2%; 2,1%; 3%
- **C** 1%; 4,3%; 5,2%
- **D** 1,8%; 3,3%; 3,6%
- **E** 2,4%; 4,2%; 5,1%

**52** **Qual è la probabilità di pescare, da un mazzo di 40 carte (composto da quattro serie da 1 a 10), una carta inferiore al 3 o superiore al 9?**

- **A** 1/2h
- **B** 0,039
- **C** 0,3
- **D** 0,2
- **E** 12

**53** **Un'automobile sorpassa una bicicletta che procede lungo la stessa strada. La somma della velocità dei due mezzi è pari a 110 km/h e l'auto si sposta a una velocità dieci volte superiore a quella della bicicletta.**

**Dopo un'ora dal momento del sorpasso a quale distanza si trovano i due mezzi?**

- **A** 90 km/h
- **B** 100 km
- **C** 80 km
- **D** 90 km
- **E** 110 km

**54** **L'equazione $x + y = k$ rappresenta, nel piano cartesiano:**

- **A** una circonferenza
- **B** una parabola
- **C** un'ellisse
- **D** un'iperbole
- **E** una retta

**55** **Individuare il numero mancante identificato dal punto interrogativo.**

| | | | | | | | |
|---|---|---|---|---|---|---|---|
| 9 | : | 3 | x | 5 | : | 5 | 3 |
| + | | + | | + | | – | |
| 6 | + | 5 | + | 8 | + | 3 | 22 |
| – | | + | | – | | + | |
| … | x | … | x | … | : | … | ? |
| 13 | | 13 | | 7 | | 4 | |

- **A** 30
- **B** 60
- **C** 32
- **D** 40
- **E** 35

**In base alle tabelle e ai grafici riportati, rispondere alle successive domande.**

**Tabella 1: statistica relativa al numero di nascite negli ultimi tre anni (valori espressi in migliaia di unità)**

| Nazione | 2019 | 2020 | 2021 |
|---|---|---|---|
| Italia | 300 | 200 | 400 |
| Francia | 120 | 250 | 450 |
| Spagna | 200 | 150 | 200 |
| Belgio | 80 | 120 | 160 |
| Germania | 400 | 350 | 400 |
| Paesi Bassi | 250 | 150 | 180 |

**Tabella 2: statistica relativa alla popolazione negli ultimi tre anni (valori espressi in milioni di unità)**

| Nazione | 2019 | 2020 | 2021 |
|---|---|---|---|
| Italia | 45 | 50 | 56 |
| Francia | 50 | 55 | 60 |
| Spagna | 30 | 30 | 32 |
| Belgio | 15 | 18 | 18 |
| Germania | 60 | 65 | 68 |
| Paesi Bassi | 12 | 14 | 12 |

**Grafico 1: andamento della popolazione nei Paesi dell'UE negli ultimi tre anni (valori espressi in milioni di unità)**

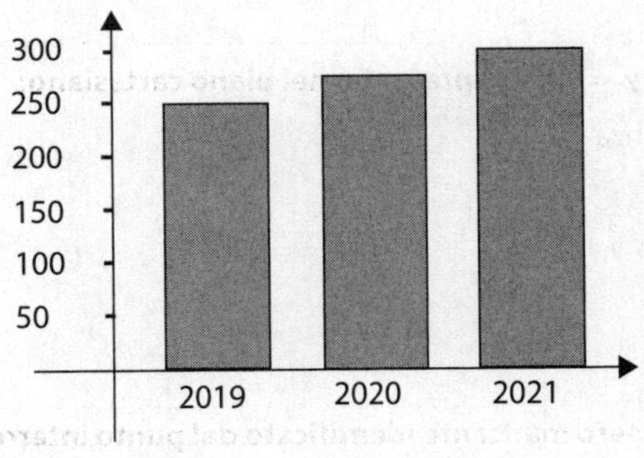


**56** **Qual è stata in Spagna la percentuale di nuove nascite sulla popolazione esistente nel 2020?**

A 0,5%
B 1%
C 5%
D 0,25%
E 2%



 

**57** **Quale tra i seguenti Paesi ha fatto registrare nel 2020 la più alta percentuale di nuove nascite rispetto alla popolazione esistente nel Paese stesso in quello stesso anno?**

- A Germania
- B Spagna
- C Belgio
- D Italia
- E Paesi Bassi

**58** **Nel 2021, rispetto al totale della popolazione UE, che percentuale rappresentava la somma delle popolazioni dei Paesi considerati nelle tabelle 1 e 2?**

- A Circa il 58%
- B Circa il 76%
- C Circa l'82%
- D Circa il 95%
- E Circa l'80%

**59** **Completare correttamente la seguente successione numerica: 262; 226; 228; 204; 168; 170; ?; ?**

A 146; 110 B 104; 146 C 140; 150 D 110; 180 E 151; 108

**60** **Individuare il numero mancante.**

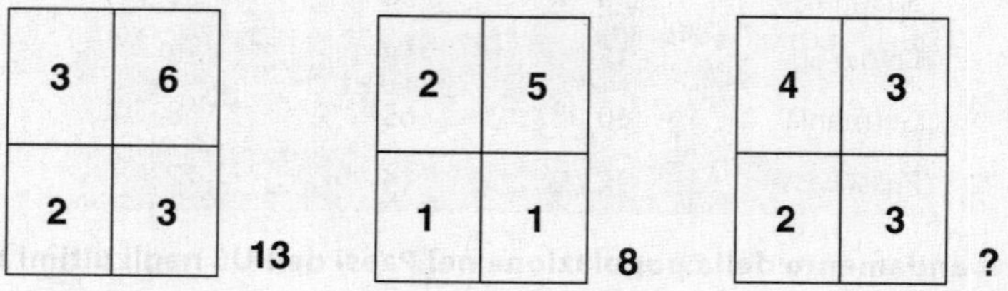


- A 8
- B 6
- C 12
- D 5
- E 7

# Soluzioni della decima prova

Alpha Test

**Risposte esatte della decima prova**

VERIFICARE LE RISPOSTE RELATIVE ALLE DOMANDE DELLA DECIMA PROVA

| | A | B | C | D | E |
|---|---|---|---|---|---|
| 1 | ■ | □ | □ | □ | □ |
| 2 | □ | ■ | □ | □ | □ |
| 3 | □ | □ | □ | ■ | □ |
| 4 | □ | ■ | □ | □ | □ |
| 5 | ■ | □ | □ | □ | □ |
| 6 | □ | □ | □ | □ | ■ |
| 7 | □ | □ | □ | ■ | □ |
| 8 | □ | □ | □ | ■ | □ |
| 9 | ■ | □ | □ | □ | □ |
| 10 | □ | □ | ■ | □ | □ |
| 11 | □ | ■ | □ | □ | □ |
| 12 | □ | □ | □ | □ | ■ |
| 13 | □ | □ | □ | ■ | □ |
| 14 | □ | □ | □ | ■ | □ |
| 15 | □ | □ | □ | ■ | □ |
| 16 | □ | □ | □ | □ | ■ |
| 17 | □ | ■ | □ | □ | □ |
| 18 | ■ | □ | □ | □ | □ |
| 19 | □ | □ | □ | ■ | □ |
| 20 | □ | ■ | □ | □ | □ |
| 21 | □ | □ | ■ | □ | □ |
| 22 | □ | □ | ■ | □ | □ |
| 23 | □ | □ | □ | □ | ■ |
| 24 | □ | □ | □ | ■ | □ |
| 25 | ■ | □ | □ | □ | □ |
| 26 | □ | □ | □ | □ | ■ |
| 27 | □ | □ | □ | ■ | □ |
| 28 | ■ | □ | □ | □ | □ |
| 29 | □ | ■ | □ | □ | □ |
| 30 | □ | ■ | □ | □ | □ |
| 31 | □ | □ | □ | ■ | □ |
| 32 | □ | □ | ■ | □ | □ |
| 33 | □ | □ | □ | ■ | □ |
| 34 | ■ | □ | □ | □ | □ |
| 35 | □ | ■ | □ | □ | □ |
| 36 | □ | □ | □ | ■ | □ |
| 37 | □ | □ | ■ | □ | □ |
| 38 | □ | □ | □ | ■ | □ |
| 39 | □ | □ | ■ | □ | □ |
| 40 | □ | □ | □ | □ | ■ |
| 41 | ■ | □ | □ | □ | □ |
| 42 | □ | □ | □ | ■ | □ |
| 43 | □ | □ | □ | ■ | □ |
| 44 | □ | □ | □ | □ | ■ |
| 45 | ■ | □ | □ | □ | □ |
| 46 | □ | □ | □ | □ | ■ |
| 47 | □ | □ | □ | ■ | □ |
| 48 | ■ | □ | □ | □ | □ |
| 49 | ■ | □ | □ | □ | □ |
| 50 | □ | □ | □ | ■ | □ |
| 51 | □ | ■ | □ | □ | □ |
| 52 | □ | □ | ■ | □ | □ |
| 53 | □ | □ | □ | ■ | □ |
| 54 | □ | □ | □ | □ | ■ |
| 55 | ■ | □ | □ | □ | □ |
| 56 | ■ | □ | □ | □ | □ |
| 57 | ■ | □ | □ | □ | □ |
| 58 | □ | □ | ■ | □ | □ |
| 59 | ■ | □ | □ | □ | □ |
| 60 | □ | □ | □ | □ | ■ |

# Appendice

# PROVA DI INGLESE 1

Alpha Test

# Scheda per le risposte della prova di inglese 1

CONTRASSEGNARE LE RISPOSTE RELATIVE ALLE DOMANDE DELLA PROVA DI INGLESE 1

| | A | B | C | D | E | | A | B | C | D | E |
|---|---|---|---|---|---|---|---|---|---|---|---|
| 1 | | | | | | 16 | | | | | |
| 2 | | | | | | 17 | | | | | |
| 3 | | | | | | 18 | | | | | |
| 4 | | | | | | 19 | | | | | |
| 5 | | | | | | 20 | | | | | |
| 6 | | | | | | 21 | | | | | |
| 7 | | | | | | 22 | | | | | |
| 8 | | | | | | 23 | | | | | |
| 9 | | | | | | 24 | | | | | |
| 10 | | | | | | 25 | | | | | |
| 11 | | | | | | 26 | | | | | |
| 12 | | | | | | 27 | | | | | |
| 13 | | | | | | 28 | | | | | |
| 14 | | | | | | 29 | | | | | |
| 15 | | | | | | 30 | | | | | |

# PROVA DI INGLESE 1

Tempo a disposizione: 15 minuti

**Fill in the blanks with the right word(s).**

1 **_____ he pays a visit to his friends.**

- A Yesterday
- B Ever
- C In two weeks
- D Every now and then
- E Next week

2 **Massive deforestation _____ before the XX century.**

- A always takes place
- B didn't take place
- C has never taken place
- D will take place
- E did never taken place

3 **If I bought a house I would have to _____.**

- A refuse a loan
- B take out a mortgage
- C do without a mortgage
- D quit my job
- E take in a mortgage

4 **Bye bye, _____!**

- A enjoy your day
- B let's toast
- C don't blame yourself
- D what a sunny day
- E nice to meet you

5 **Why _____ Hugh join the party without Mary's invitation?**

A has
B ought
C should
D used
E will be

6 **We are late! _____!**

A We should arrive before
B We need to hurry
C You are absolutely right
D We arrived on time
E We don't miss him

7 **Many things have happened _____ you went away.**

A since
B for
C as
D over
E to

8 **Deserts are _____ the largest source of oil.**

A long
B by far
C as long
D far much
E too much

9 **«I usually enjoy parties, but I _____ this one very much».**

A enjoy
B don't enjoy
C am not enjoying
D am enjoying
E am so enjoying

10 **Where _____ so far?**

A have you been
B did you go
C do you go
D are you going
E will you go

11 **George has planned everything for next summer: he _____ a short holiday and then he _____ a computer programming course».**

A will have – will start
B is going to take – will start
C will have – is going to start
D is going to take – is going to start
E will take – is going to start

**12** **Tom isn't here _____ the moment. He'll be back _____ about five minutes. He never comes home after 8.00 p.m. _____ Fridays.**

- A in – in – at
- B at – in – on
- C on – in – at
- D for – in – in
- E by – in – at

**13** **The board has rejected the workers' _____ an increase in pay.**

- A asking
- B ask for
- C demand for
- D request to
- E willing to

**14** **_____, Madam, for arriving so late.**

- A My apologies
- B I excuse
- C My excuse
- D Apologise
- E Excuse me

**15** **The doorbell rings. «It _____ Jim. He said he would come after 7.00 and it's only 6.00 now. He _____ still at work».**

- A can't be – must be
- B mustn't be – must be
- C can't be – can be
- D mustn't be – can be
- E isn't – can be

**16** **The teacher has praised Miriam's work. Mine is definitely _____ hers.**

- A the worst of
- B as bad as
- C worse than
- D no better
- E worse from

**17** **If _____ has _____ questions, I'll be pleased to answer.**

- A somebody – some
- B nobody – any
- C everybody – some
- D anyone – any
- E they – some

18 **Who is the girl _____ car you borrowed last Sunday?**

A whose
B which
C who
D whom
E hers

19 **The train was about to leave but I _____ to the station on time.**

A have to get
B am able to get
C couldn't get
D managed to get
E must be

20 **_____ being grown in France, he can't speak French.**

A In spite
B Even
C Despite
D Although
E Having

21 **If she hadn't spoken so quickly we _____ her speech.**

A would have understood
B would understand
C had understood
D are understanding
E were understanding

22 **The offer was below our expectations and we decided to _____.**

A Agree on it
B take it over
C call it off
D turn it down
E increase it

23 **The discovery of the vaccine against COVID-19 will be a great _____ in scientific research.**

A achievement
B goal
C commitment
D effort
E work

24 **The company could cut costs and improve quality _____.**

A on the whole
B at first
C all at once
D all of a sudden
E all together

**25** **Last year's agricultural output _____ as farmers produced additional crops.**

A decreased
B soared
C slumped
D collapsed
E broke down

**26** **A tsunami _____ an earthquake under the sea.**

A is owned to
B is given to
C is due to
D is given by
E is due by

**Find the right synonym of the word.**

**27** **Issued**

A Written
B Published
C Revised
D Checked out
E Printed

**28** **Plane**

A Flight
B Aircraft
C Fly
D Cockpit
E Glider

**Find the word that is not related to the one given.**

**29** **Injury**

A Sprain
B Blue
C Scrape
D Anxiety
E Wound

**30** **Noise**

A Rustle
B Crackle
C Buzz
D Drop
E Fizzle

# Soluzioni della prova di inglese 1

**Alpha Test**

**Risposte esatte della prova di inglese 1**

VERIFICARE LE RISPOSTE RELATIVE ALLE DOMANDE DELLA PROVA DI INGLESE 1

| | A | B | C | D | E | | A | B | C | D | E |
|---|---|---|---|---|---|---|---|---|---|---|---|
| 1 | □ | □ | □ | ■ | □ | 16 | □ | □ | ■ | □ | □ |
| 2 | □ | □ | ■ | □ | □ | 17 | □ | □ | □ | ■ | □ |
| 3 | □ | ■ | □ | □ | □ | 18 | ■ | □ | □ | □ | □ |
| 4 | ■ | □ | □ | □ | □ | 19 | □ | □ | □ | ■ | □ |
| 5 | □ | □ | ■ | □ | □ | 20 | □ | □ | ■ | □ | □ |
| 6 | □ | ■ | □ | □ | □ | 21 | ■ | □ | □ | □ | □ |
| 7 | ■ | □ | □ | □ | □ | 22 | □ | □ | □ | ■ | □ |
| 8 | □ | ■ | □ | □ | □ | 23 | ■ | □ | □ | □ | □ |
| 9 | □ | □ | ■ | □ | □ | 24 | □ | □ | ■ | □ | □ |
| 10 | ■ | □ | □ | □ | □ | 25 | □ | ■ | □ | □ | □ |
| 11 | □ | □ | □ | ■ | □ | 26 | □ | □ | ■ | □ | □ |
| 12 | □ | ■ | □ | □ | □ | 27 | □ | ■ | □ | □ | □ |
| 13 | □ | □ | ■ | □ | □ | 28 | □ | ■ | □ | □ | □ |
| 14 | ■ | □ | □ | □ | □ | 29 | □ | □ | □ | ■ | □ |
| 15 | ■ | □ | □ | □ | □ | 30 | □ | □ | □ | ■ | □ |

# Appendice

# PROVA DI INGLESE 2

Alpha Test

## Scheda per le risposte della prova di inglese 2

CONTRASSEGNARE LE RISPOSTE RELATIVE ALLE DOMANDE DELLA PROVA DI INGLESE 2

| | A | B | C | D | E | | A | B | C | D | E |
|---|---|---|---|---|---|---|---|---|---|---|---|
| 1 | | | | | | 16 | | | | | |
| 2 | | | | | | 17 | | | | | |
| 3 | | | | | | 18 | | | | | |
| 4 | | | | | | 19 | | | | | |
| 5 | | | | | | 20 | | | | | |
| 6 | | | | | | 21 | | | | | |
| 7 | | | | | | 22 | | | | | |
| 8 | | | | | | 23 | | | | | |
| 9 | | | | | | 24 | | | | | |
| 10 | | | | | | 25 | | | | | |
| 11 | | | | | | 26 | | | | | |
| 12 | | | | | | 27 | | | | | |
| 13 | | | | | | 28 | | | | | |
| 14 | | | | | | 29 | | | | | |
| 15 | | | | | | 30 | | | | | |

# PROVA DI INGLESE 2

Tempo a disposizione: 15 minuti

1 **A waistcoat is a:**

- A clothes
- B garment
- C rubbish
- D insect
- E pullover

2 **The opposite of impartial is:**

- A prejudiced
- B wrong
- C unfair
- D shy
- E deserving

**Fill in the blanks with the right word(s).**

3 **_____ we meet at the coffee bar?**

- A Shall
- B Do
- C Will
- D Are
- E Now

4 **Nobody turned up. I met _____ Jennifer _____ her friends.**

- A either, or
- B both, and
- C neither, neither
- D neither, nor
- E once, once

5 _____ saw the thief stealing in that day.

A No
B None of
C No one
D No of us
E Neither

6 I heard the cats _____ all night long.

A miaowing
B miaows
C to miaow
D to be miaowing
E did miaow

7 If you don't need my help I'll offer it someone _____.

A another
B other
C else
D more
E need

8 Kate hasn't submitted her work _____.

A again
B yet
C still
D already
E now

9 The door is open! I remember _____ it!

A locking
B lock
C to have locked
D locked
E to lock

10 The garden needs _____.

A to cut
B cutting
C to cutting
D to be cutting
E to have cutted

11 I'm sorry _____ your absence _____ the inauguration of Brenda's exhibition.

A about, at
B for, from
C about, from
D that, at
E about, in

12 **My uncle is _____ he has got two luxurious yachts and three nice cottages.**

A as rich as
B so rich
C so rich as
D so rich that
E as rich that

13 **My mother is 45 year old and _____ 46 in two days.**

A is
B has to be
C must be
D will be
E should be

14 **I'm sure he will _____ and won't make the same mistake again.**

A make a suggestion
B raise his hand
C take your advice
D bat his eyes
E listen your implication

15 **_____ in two years I will have got my diploma and will be probably working with my father.**

A By this time
B Now
C At present
D So far
E By far

16 **_____ insist on the matter.**

A Don't let us
B Let us not
C Don't let
D Don't we
E Let not

17 **My parents always go on holiday _____.**

A at summer, at July
B in summer, on July
C on summer, in July
D in summer, in July
E on summer, on July

18 **"Would you like some tea?" "No, thanks. _____ tea in the afternoon."**

A I have usually no
B I usually have some
C I have usually none
D I usually have no
E I don't usually have none

19 **There are _____ things to do.**

A lots
B enough
C plenty of
D a lot of
E a much of

20 **"Will he come with us?" "No, he won't. He is _____".**

A some tired
B a few tired
C a little tired
D any tired
E not tired

21 **Please, phone the campsite and ask if they have a _____ free.**

A park
B pitch
C campsite
D playground
E camping

22 **You cannot find a better offer. _____!**

A Think it over
B Get it through
C Find it out
D Let it up
E Sure

23 **The lights are so low that I can't _____ a single word of this book.**

A make for
B make up
C make over
D make out
E make it

24 **I don't like well-done steaks but _____ steaks.**

A rare
B cut
C washed
D roast
E hot

**Find the right synonym of the word.**

**25** **Almighty**

A Powerful
B Sweet
C Possible
D Weak
E Possibly

**26** **To link**

A To jump
B To gather
C To connect
D To despise
E To fasten

**Find the wrong synonym of the word.**

**27** **Match**

A Combination
B Couple
C Competition
D People
E Peer

**28** **To state**

A To claim
B To affirm
C To assert
D To crash
E To utter

**Find the opposite of the word.**

**29** **To rise**

A To recall
B To increase
C To detect
D To fall
E To stand up

**30** **Zenith**

A Depths
B Peak
C Height
D Summit
E Apex

# Soluzioni della prova di inglese 2

Alpha Test

**Risposte esatte della prova di inglese 2**

VERIFICARE LE RISPOSTE RELATIVE ALLE DOMANDE DELLA PROVA DI INGLESE 2

| | A | B | C | D | E | | A | B | C | D | E |
|---|---|---|---|---|---|---|---|---|---|---|---|
| 1 | □ | ■ | □ | □ | □ | 16 | □ | ■ | □ | □ | □ |
| 2 | ■ | □ | □ | □ | □ | 17 | □ | □ | □ | ■ | □ |
| 3 | ■ | □ | □ | □ | □ | 18 | □ | □ | □ | ■ | □ |
| 4 | □ | □ | □ | ■ | □ | 19 | □ | □ | □ | ■ | □ |
| 5 | □ | □ | ■ | □ | □ | 20 | □ | □ | ■ | □ | □ |
| 6 | ■ | □ | □ | □ | □ | 21 | □ | ■ | □ | □ | □ |
| 7 | □ | □ | ■ | □ | □ | 22 | ■ | □ | □ | □ | □ |
| 8 | □ | ■ | □ | □ | □ | 23 | □ | □ | □ | ■ | □ |
| 9 | ■ | □ | □ | □ | □ | 24 | ■ | □ | □ | □ | □ |
| 10 | □ | ■ | □ | □ | □ | 25 | ■ | □ | □ | □ | □ |
| 11 | □ | □ | ■ | □ | □ | 26 | □ | □ | ■ | □ | □ |
| 12 | □ | □ | □ | ■ | □ | 27 | □ | □ | □ | ■ | □ |
| 13 | □ | □ | □ | ■ | □ | 28 | □ | □ | □ | ■ | □ |
| 14 | □ | □ | ■ | □ | □ | 29 | □ | □ | □ | ■ | □ |
| 15 | ■ | □ | □ | □ | □ | 30 | ■ | □ | □ | □ | □ |